Wir sind Engeltal

Die Mädels:

Nicky (Die Optimistin): Inhaberin des Zumba- und Kursstudios in Engeltal, immer gut gelaunt und aufgedreht. Der wohl optimistischste Mensch auf dieser Welt. Der mysteriöse Leon stellt ihr Leben gehörig auf den Kopf.

Sandra (Die Sexbombe): Eigentümerin des Hotels „Rosental", beste Freundin von Chris. Sie ist viele Jahre um die ganze Welt gereist, bevor sie in Engeltal gestrandet ist. Traut sich viel zu und hat nicht gerne Unrecht. Von ihrer Geschichte handelt der Roman „Check-In für die Liebe".

Annika (Die Direkte): Mechanikerin und Inhaberin der Werkstatt in Engeltal, beste Freundin von Alina. Immer für ihre Freundinnen da, sehr burschikos, trägt am liebsten weite Shirts und Latzhosen. Ihre Geschichte trägt den Namen „Liebe in Latzhosen".

Alina (Die Romantische): Inhaberin des Kosmetikstudios „Beauty Love", beste Freundin von Annika, Spitzname Barbie. Ist unsterblich verliebt in ihren Verlobten Ben. Ihre Geschichte ist im Roman „Anti-Aging für die Liebe" zu finden.

Emma (Engel ohne Flügel): Inhaberin des „Café Himmelreich" und Teilhaberin des Second-Hand-Shops „Kinderlieb", beste Freundin von Isabella, Frau von Tom, ist in jeder Situation bedacht und hilfsbereit. Ist immer für all ihre Freundinnen da und nimmt sich selbst nicht so wichtig.

Isabella (Die Tollpatschige): Inhaberin des Second-Hand-Shops „Kinderlieb", beste Freundin von Emma, Frau von Chris und Mutter vom Emilia. „Liebe auf High Heels" ist die erste Geschichte aus Engeltal und erzählt von Isabellas Lovestory mit Chris.

Tante Marietta (Die Skurile): Großtante von Isabella, bekannt für ihre direkten Worte und ihren ganz besonderen Kleidungsstil. Ist unsterblich verliebt in Isabellas Tochter Emilia und möchte Engeltal am liebsten nie wieder verlassen.

Samantha (Der Teenager): Sam, wie alle das Mädchen gerne nennen, ist Bens Tochter, von der er erst erfahren hatte, als sie mit fünfzehn Jahren vor seiner Tür stand. Nach anfänglichen Problemen hat sie sich gut eingelebt.

Pia (Die Geheimnisvolle): Schwester von Leon und neu in Engeltal. Sie arbeitet bei Marc in der Eventagentur, lebt sonst aber sehr zurückgezogen und lässt niemanden an sich heran.

Die Jungs:

Leon (Mister Mystery): Ist mit seiner Schwester Pia nach Engeltal gezogen und arbeitet in der Agentur von Marc. Er trägt ein folgenschweres Geheimnis mit sich herum und weigert sich, dieses zu teilen. Nicky geht ihm nicht mehr aus dem Kopf.

Alex (Mister Big City): Absoluter Großstadtmensch, hat sich durch seine Liebe zu Sandra aber an Engeltal gewöhnt und fühlt sich inzwischen sehr wohl in der Kleinstadt.

Marc (Der Frauenschwarm): Marc ist wie Chris ehemaliger Fußball-Profi auf der Suche nach einer neuen Aufgabe. Er ist absolut in seine Freundin Annika verschossen und hat eine Eventfirma.

Ben (Der Schüchterne): Ist bis über beide Ohren in seine Verlobte Alina verliebt, Paketbote in Engeltal, Vater von Sam.

Chris (Der Bürgerfreund): Ehemann von Isabella und bester Freund von Ben und Marc, Bürgermeister von Engeltal. Ist immer für seine Freunde da.

Tom (Der Ruhige): Ehemann von Emma, Inhaber des „Café Himmelreich". Versteckt sich am liebsten in seiner Küche, um neue Kreationen auszuprobieren.

Sonstige:

Vincenzo:	Mariettas neue Flamme
Matteo:	Vincenzos Neffe
Matthias Steiner:	Polizist
Herr Eisenmann:	Kunde von Leon
Herr Zauner:	Kunde von Leon

Kapitel 1

Raise Your Glass
Pink, 2010

»Na, meine kleine Discokugel? Amüsierst du dich?«

Alina spielte damit auf Nickys silbernes Partykleid an. Sie sah aus, als wäre sie in einen Topf Lametta gefallen, aber Nicky gefiel es. Es war Silvester, und wenn das nicht der richtige Anlass war, um zu feiern, dann wusste sie auch nicht.

Bei jeder ihrer Bewegungen schwang das Kleid um ihre schlanke Figur. Seit sie das Café Himmelreich betreten hatte, wippte sie zur Musik und konnte die Füße wieder einmal nicht stillhalten. Sie wusste genau, dass dieses Kleid ihren sportlichen Körper perfekt betonte. Es ging gerade einmal über ihren Hintern und gab somit den Blick auf ihre wohlgeformten Beine frei.

Mit gespielter Empörung blickte sie ihre Freundin an. »Was hast du denn gegen mein Kleid?«

Alina lachte. »Gar nichts. Dein Kleid ist super. Es steht dir perfekt. Für wen hast du dich denn so herausgeputzt?«

Alina ließ den Blick an die hintere Wand des Cafés wandern. Dort standen die Jungs zusammen und unter ihnen kein Geringerer als Leon, Marcs neuer Mitarbeiter.

»Zu Silvester wird man doch wohl mal etwas Besonderes anziehen dürfen, oder?«

»Nicky, ich habe Augen im Kopf. Und ich muss ja zugeben, Leon ist schon ein richtiges Sahneschnittchen.

Du hättest dir einen deutlich schlechteren Kandidaten aussuchen können.«

In diesem Moment gesellten sich die anderen Freundinnen dazu.

»Nicky, warum hast du mich denn nicht gefragt?«

»Was meinst du?«

»Na, ich hätte dir meine Schuhe ausgeliehen.«

Isabella zeigte mit einem ungläubigen Gesichtsausdruck auf Nickys Turnschuhe. Aber die zog nur die Schultern nach oben.

»Ach, weißt du, ich habe in meinem Leben noch kaum hohe Schuhe getragen, und ich glaube nicht, dass ich jetzt damit anfangen möchte. In meinen Chucks fühle ich mich einfach wohl, sie passen zu mir.«

Nicky wusste, dass es ungewöhnlich war, zu ihrem schicken silbern glitzernden Minikleid weiße Sportschuhe zu wählen. Aber so war sie eben. Dass es das Kleid überhaupt in ihren Kleiderschrank geschafft hatte, war einer Laune beim Shopping zuzuschreiben. Sie war durch Engeltal gelaufen und hatte in einer kleinen Boutique das Kleid hängen sehen. Es war deutlich heruntergesetzt gewesen, und sie hatte nichts Passendes zum heutigen Motto „Silber" vorzuweisen gehabt. Wer hatte schon silberne Klamotten im Schrank? Außer vielleicht Marietta. In ihrem Kleiderschrank fanden sich hauptsächlich Sportklamotten. Für welchen Anlass brauchte sie schon schicke Kleider?

An einem normalen Tag wandte Nicky nicht besonders viel Zeit auf, um sich zu stylen. Ein bisschen waschen, ein Hauch Wimperntusche, und schon war sie bereit, in den Tag zu starten. Dass andere Frauen morgens eine ganze Stunde lang vor dem Spiegel standen, war für sie unvorstellbar. Überhaupt würde es sich nicht lohnen, denn Nicky kam bei ihrem Job regelmäßig ins Schwitzen. Sie hatte die sportinteressierten Engeltaler nicht nur für Zumba begeistert, sondern brachte sie auch beim Jumping ordentlich zum Schnaufen. Seit Neuestem bot sie ergänzend Personal Training an, und es hatten sich bereits einige Kunden angemeldet. An manchen Abenden traf sie sich mit ihren Freundinnen zum Stammtisch, und auch dafür warf sie sich üblicherweise nicht besonders in Schale. Heute Abend hatte sie aber das Bedürfnis überkommen, sich einmal richtig aufzubrezeln.

Ein lauter Knall erklang, und Nicky zuckte zusammen. Da hatten es wohl ein paar Übereifrige besonders eilig. Sie blickte überrascht auf ihre Armbanduhr. Es war gerade einmal halb zwölf, und schon wurde das erste Feuerwerk des Abends abgeschossen. Lächelnd schüttelte sie den Kopf.

Sie wippte weiter zur Musik und ließ den Blick durch den Raum wandern. Silvester hatte für sie seit jeher eine magische Ausstrahlung gehabt. Sie liebte diesen Abend, das Gefühl, etwas abzuschließen und gleichzeitig etwas Neues zu beginnen. Der Silvesterabend und das neue Jahr versprachen jede Menge Aufregung, und in Nickys Magen kribbelte es leicht. Gemeinsam mit ihren Freunden war sie im Café Himmelreich zusammengekommen, um das alte Jahr ausklingen zu lassen und das neue Jahr zu begrüßen.

Wie immer hatte Emma keine Mühen gescheut, um den Raum dem Anlass entsprechend vorzubereiten. Auf den Tischen lagen schwarze Tischdecken, zu denen die weißen Teller einen effektvollen Kontrast bildeten. Darauf hatte sie weiße, gestärkte Servietten gelegt, die von einem silbern glitzernden Stern zusammengehalten wurden. Auch auf den Tischen hatte sie kleine Sterne, silbern angesprühte Trockenblumen, Kerzenleuchter sowie zarte Lichterketten verteilt. Alles war edel, aber schlicht. Emma hatte eben ein Händchen für sowas.

Nicky nahm einen großen Schluck aus ihrem Sektglas. Sie liebte es, Zeit mit ihren Freundinnen zu verbringen, und konnte sich keinen Ort vorstellen, an dem sie in diesem Moment lieber sein wollte.

Langsam - und wie sie hoffte unauffällig - ließ sie den Blick wieder durch das Café schweifen. Leon war erst vor zwei Wochen nach Engeltal gekommen. Er und seine Schwester Pia hatten sich auf die Ausschreibung von Marcs Eventagentur beworben, und kurz vor Weihnachten waren sie mit Sack und Pack angereist. Schon, als Nicky Leon das erste Mal erblickt hatte, hatte dieser Mann sie wie magnetisch angezogen. Sie wusste nicht, was diese Wirkung hervorzauberte, aber sie konnte sich ihr nur schwer entziehen. Nicky hatte eine gute Menschenkenntnis. Sie merkte es, wenn jemand unehrlich war oder ihr etwas vorgaukelte. Bei ihren Kunden durchschaute sie jede Ausrede, weshalb sie ihre Übungen zu Hause angeblich nicht hatten machen können und in Folge dessen auch keine Fortschritte im Training vorzuweisen hatten. Sie grinste. Was da alles für Ausflüchte zusammenkamen ... Es war fast wie früher in der Schule, als der Hund die Hausaufgaben gefressen hatte. Nur hatte sie eigentlich angenommen, dass erwachsene Menschen solche Ausreden nicht mehr nötig hätten.

In diesem Moment drehte Leon seinen Kopf in Nickys Richtung, und ihre Blicke verhakten sich ineinander. Nicky wollte wegschauen, aber ihr Blick war wie gefangen von Leons grünen Augen. Augen, die wie Smaragde glänzten und denen sie sich unmöglich entziehen konnte. Was machte dieser Mann nur mit ihr?

Jahrelang hatte sie keine Verabredung gehabt, weil sie ihre Zeit nicht mit halbgaren Affären verschwenden wollte. Sie hatte immer gewusst, dass eines Tages der eine Mensch in ihr Leben treten würde, dem sie alles zu geben bereit war. Ihr Seelenverwandter, der Mann, der für sie allein bestimmt war. Ihren Freundinnen gegenüber hatte sie immer behauptet, sie bräuchte überhaupt keinen Kerl. Doch in ihrem Inneren hatte sie sich stets nach einem Partner gesehnt, an den sie sich anlehnen, den sie mit ihrer Begeisterungsfähigkeit anstecken und mit dem sie wertvolle Momente teilen konnte. Vielleicht sollte das nächste Jahr genau das alles für sie bereithalten?

Nicky schüttelte fast unmerklich den Kopf über sich. Jedes Jahr am Silvesterabend machte sie sich Gedanken darüber, was das nächste Kalenderjahr bringen könnte, und spann sich ihre Traumbilder zusammen. Meistens verliefen die kommenden zwölf Monate dann doch eher in ruhigeren Bahnen. Zumindest, was ihr eigenes Leben betraf. Ihre Freundinnen hatten dagegen in den letzten Jahren einiges durchgemacht, und Nicky war stets an ihrer Seite gewesen. Das Studio weiter auszubauen und das Personal Training anzubieten, waren im vergangenen Jahr wichtige Schritte für sie gewesen. Und doch waren ihre eigenen Errungenschaften verblasst im Vergleich zu dem Trubel rund um Sandras Hotel, das im letzten Sommer eröffnet worden war.

Dankbar ließ sie den Blick über ihre Freundinnen schweifen. Sie bedeuteten ihr alles. Ohne diese Menschen könnte sie nicht atmen, nicht leben und nicht sein. Und auch, wenn sie so unterschiedlich waren, passten sie doch perfekt zueinander. Vielleicht auch gerade deshalb. Nicky war mit ihrer stets fröhlichen und optimistischen, energiegeladenen Art der Gute-Laune-Garant in der Gruppe und wurde nicht selten als ihr kleiner Flummi bezeichnet, weil sie kaum stillsitzen konnte.

Sie glaubte immer an das Gute im Menschen, und in jeder Situation suchte sie stets das Positive, auch in schwierigen Zeiten. Das war nicht immer so gewesen. Es hatte Zeiten gegeben, in denen sie gedacht hatte, sie hätte es nicht verdient, glücklich zu sein. Zeiten, in denen sie sich selbst nicht leiden konnte, aber diese waren vorbei. In den letzten Jahren hatte sie ihren Traum verfolgt und auf ihr Herz gehört. Allein die Dankbarkeit dafür, dass sie das Studio hatte eröffnen können, dass sie Unterstützung aus dem ganzen Ort bekam und sich ihren Herzenswunsch erfüllen konnte, ließ sie jeden Tag genießen.

»Hey, hast du mir überhaupt zugehört?« Annika stieß sie mit dem Ellenbogen unsanft in die Seite.

»Na, ich kann mir schon genau vorstellen, von wem du träumst!«

Wie aufs Stichwort blickten alle zu Leon, und Nicky wollte am liebsten im Erdboden versinken. Sie hatte nur ganz unauffällig hinschauen wollen, und nun starrten alle in seine Richtung, was er natürlich spürte. Leon drehte sich zu ihnen um, und hob sein Glas, um ihnen zuzuprosten.

Nicky versteckte peinlich berührt das Gesicht hinter den Händen.

Alina grinste. »Wisst ihr noch, wie ihr mich immer aufgezogen habt, weil ich jahrelang für Ben geschwärmt habe? Das war auch nicht subtiler. Aber im Endeffekt war es auch gar nicht so schlimm.« Alina hatte bemerkt, dass sie Nicky gerade blamiert hatten, und versuchte nun, sie aufzumuntern.

»Na ja, aber bei euch beiden war das auch etwas völlig anderes. Ben konnte man an der Nasenspitze ansehen, dass er so was von in dich verschossen war, dass es jeden in der Stadt gewundert hat, warum ihr nicht endlich aufeinander zugegangen seid. Hier ist das was komplett anderes. Ich meine, ich kenne Leon ja gar nicht. Aber ihr habt recht, ich finde ihn süß.«

Nicky versuchte, die Situation etwas zurechtzubiegen. Süß war die Untertreibung des Jahrhunderts, aber sie wollte sich jetzt noch nicht zu sehr öffnen. Meistens lag ihr das Herz auf der Zunge, aber sie wusste, in Liebesdingen musste sie etwas zurückhaltender sein, wenn sie nicht riskieren wollte, dass ihre Freundinnen sich einmischten. Sie meinten es stets gut, aber nicht immer war das Ergebnis ihrer Anstrengungen das, was sie hatten erreichen wollen. Ja, Leon hatte ihr ein bisschen den Kopf verdreht, aber das war es auch schon. Sie wollte nicht, dass ihre Freundinnen mehr daraus machten, als da war.

»Mädchen, jetzt lasst unsere Nicky doch mal in Ruhe. Es ist schön, dass sie auch endlich einen Mann gefunden hat, der ihr gefällt. Nicky, Cara, lass dir nichts einreden. Du bist jung, du solltest das Leben genießen. Und wenn du ihn nicht nimmst, schnappe ich ihn mir vielleicht?«

Marietta lachte ihr kehliges Lachen und steckte Nicky damit sofort an. Isabellas dreiundsiebzigjährige Großtante machte keinen Hehl daraus, dass sie gerne mit jüngeren Männern flirtete. Wie immer hatte sich Marietta in Schale geworfen. Sie trug ein langes, silbern glänzendes Kleid mit Schleppe, dazu silberne Handschuhe bis über die Ellenbogen, und ihre hochgesteckten Haare wurden von einem Fascinator in Silber und Schwarz geschmückt. Wie ein kleines Spinnennetz legten sich die feinen Fäden über ihren Kopf und verschmolzen mit den immer noch sehr dunklen Haaren. Marietta war ein Original. Nicky könnte sich jedes Mal kaputtlachen, wenn sie einen ihrer Sprüche zum Besten gab. Und doch war die Italienerin erstaunlich tiefgründig und für sie eine perfekte Anlaufstelle, wenn sie Rat benötigte. Marietta war für sie nicht nur eine Freundin, sondern auch wie eine Mutter, bei der sie sich geborgen fühlte.

Plötzlich knallte es wieder, und dieses Mal nicht nur einmal. Was, war es schon zwölf? Nicky hatte das alte Jahr mit allerlei Gedanken beendet, aber gar nicht mitbekommen, dass bereits das neue aufgezogen war. Glücklich nahm sie ihre Freundinnen in die Arme.

»Ein gutes neues Jahr!«

Gläser klirrten, Küsschen wurden verteilt, und sie lagen sich freudestrahlend in den Armen. Jede von ihnen versprach sich vom neuen Jahr etwas ganz Besonderes, und sie waren alle gespannt, wessen Wünsche und Träume in Erfüllung gehen würden. Nun waren die Jungs dazugekommen und nahmen ihre Partnerinnen in die Arme. Trotz aller Fröhlichkeit spürte Nicky einen kurzen Stich in ihrem Herzen. All ihre Freundinnen lagen in den Armen ihrer Männer, nur sie stand einsam mittendrin.

Sollte sie auf Leon zugehen? Nein, lieber nicht. Sie würde sich nur lächerlich machen, und vielleicht mochte er sie ja auch gar nicht. Nur, weil sie diese Anziehung spürte, musste das ja nicht heißen, dass es ihm auch so ging.

Nicky wippte von einem Fuß auf den anderen. Jetzt komm schon, stell dich nicht so an! Es ist nur ein Neujahrsgruß, was soll schon passieren? Sie seufzte. Nicht zum ersten Mal diskutierten zwei Stimmen in ihrem Inneren und brachten sie der Verzweiflung nahe. Sie war schon so oft auf andere Menschen zugegangen, und trotzdem fiel es ihr immer noch schwer. Vor allem bei Leon, weil sie ihm gerne gefallen wollte. Ach, was sollte es? Sie strich sich die roten Haare hinter die Ohren, sog noch einmal tief die Luft ein und straffte den Rücken. Sie nahm sie all ihren Mut zusammen, trat auf Leon zu, sah zu ihm auf und hob ihr Glas.

Zu ihrem Erstaunen nahm er sie in den Arm, drückte sie fest an sich und flüsterte: »Ein gutes neues Jahr, Nicky. Mögen all deine Träume in Erfüllung gehen.«

Ein Schauer rann über Nickys Rücken. Sie war kurz davor, Leon darauf hinzuweisen, dass er in ihrem Traum für das nächste Jahr die Hauptrolle spielen könnte, aber das wäre vielleicht doch etwas zu forsch.

Sie zog sich aus seiner Umarmung zurück und strahlte ihn an. »Danke, das wünsche ich dir auch, Leon. Und dass Engeltal zu deiner neuen Heimat werden kann.«

Kurz legte sich ein Schatten über Leons smaragdgrüne Augen. Hatte sie etwas Falsches gesagt? Noch bevor sie richtig darüber nachdenken konnte, war der Ausdruck wieder verschwunden. Vielleicht hatte sie sich auch getäuscht?

Leon war noch neu in Engeltal, und vielleicht fiel es ihm schwer, sich einzuleben. Möglicherweise vermisste er seine Heimat in Köln oder seine Freunde. Laut Marc hatten die Geschwister sonst keine Verwandten mehr. Aber wer wusste schon, was in seinem Inneren vorging?

Schnell wandte sie sich Pia zu, die sich etwas im Hintergrund gehalten hatte. Leons Schwester war immer freundlich, aber doch sehr in sich zurückgezogen. Nicky hatte das Gefühl, nicht so recht an sie heranzukommen, aber vielleicht erwartete sie in der kurzen Zeit auch zu viel. Manche Menschen brauchten eben etwas Zeit, um sich an neue Gegebenheiten zu gewöhnen.

»Auch dir ein gutes neues Jahr, Pia!«

Nicky hielt Pia ihr Glas entgegen. Die stieß vorsichtig mit ihr an und lächelte schüchtern.

»Ein gutes neues Jahr«, erwiderte sie leise.

»Jetzt nichts wie raus!«

Alina zog Nicky mit nach draußen. In der Garderobe warf sie sich schnell ihre schwarze Daunenjacke über, denn unter freiem Himmel hatte es gerade mal null Grad.

Vor dem Café angekommen, legten sie die Köpfe in den Nacken und genossen das große Feuerwerk, das in Engeltal jedes Jahr zum Jahreswechsel abgeschossen wurde. Auch wenn Engeltal eine kleine Stadt war, legten sich die Bewohner extra ins Zeug, um ihre Heimatstadt zu etwas Besonderem zu machen. Das fing beim Feuerwerk an Silvester an, ging über die Stadtfeste, die von den Bewohnern zu einem großen Teil selbst gestemmt wurden, und endete beim Plausch mitten auf der Straße. Nicky ließ den Blick zu Leon schweifen, der nachdenklich das Feuerwerk beobachtete, das sich in seinen Augen widerspiegelte. Er hatte Pia fest in den Arm genommen und flüsterte ihr irgendetwas zu. Sie nickte und versuchte zu lächeln, aber im Schein des Feuerwerks erkannte Nicky, wie eine Träne über Pias Wange rann. Was auch immer die beiden veranlasst hatte, ihre Heimat in Köln aufzugeben und nach Engeltal zu ziehen, es machte Pia traurig. Vielleicht würde sie in den nächsten Wochen erfahren, was geschehen war, und könnte den beiden helfen, sich in Engeltal einzuleben.

Nicky konnte es nicht ertragen, wenn andere traurig waren. Es passte nicht zu ihrem neuen Weltbild. Sie wollte einfach ganz fest daran glauben, dass jede schlechte Erfahrung etwas Positives in sich trug. Und sie würde den beiden helfen, dieses Positive zu finden. Das war doch mal ein lohnendes Ziel für das neue Jahr.

Kapitel 2

Happy New Year
ABBA, 1980

Der Silvesterabend war in diesem Jahr ein ganz besonderer Abend für ihn. Erst vor wenigen Tagen waren er und Pia in dem kleinen Ort Engeltal angekommen. Ein ziemlicher Kulturschock, schließlich war er das Großstadtfeeling gewohnt. Es war anders, ja, aber keinesfalls schlechter. Der Neuanfang in Engeltal schien ihm außergewöhnlich gut geglückt zu sein. Schließlich stand er hier inmitten von vielen freundlichen Menschen, die ihn mit offenen Armen empfangen hatten. Und nicht nur ihn, auch seine Schwester Pia. Aus dem Augenwinkel nahm er wahr, wie sie stocksteif in der Ecke stand.

»Alles in Ordnung bei dir?«

Pia fuhr sich über die Arme, als würde sie frösteln. Gerade erst hatte er seine Schwester zurück ins Café Himmelreich geführt. In dem Raum hatte es mindestens fünfundzwanzig Grad, da würde ihr sicher schnell wieder warm werden.

»Geht schon.«

Leon seufzte leise. Es würde noch geraume Zeit in Anspruch nehmen, bis sie sich auf das neue Abenteuer Engeltal einlassen würde. Er blickte hinüber zu den anderen Mädchen, die alle dicht beisammenstanden und über irgendetwas kicherten. Diese Clique war schon etwas Besonderes.

Marc, sein zukünftiger Chef, hatte ihn und Pia eingeladen, an diesem Fest in seinem Freundeskreis teilzunehmen. Leon hatte nicht zu träumen gewagt, dass es hier normal war, gleich von Anfang an dazuzugehören. In der Großstadt war das anders gewesen, und es hatte eine ganze Weile gedauert, bis er Anschluss gefunden hatte. Das war einer der Vorteile der Kleinstadt, wie Marc nicht müde wurde, ihm zu versichern.

Eine Person zog seinen Blick fast magisch an. Nicky, die kleine, quirlige Inhaberin des ortsansässigen Sportstudios, wirbelte bereits seit ihrem ersten Aufeinandertreffen durch seine Gedanken. Vielleicht waren es ihre strahlenden Augen. Oder waren es ihre zierliche, aber trainierte Figur oder ihr sonniges Gemüt? Oder eine Mischung von allem. Vom ersten Augenblick an hatte er begriffen, dass Nicky ein ganz außerordentlicher Mensch war.

Leon verfluchte sein Schicksal einmal mehr. Sein Leben - und das von Pia - war in den letzten Monaten alles andere als einfach gewesen. Nun hatte er gehofft, endlich wieder ein bisschen Ruhe zu finden. Und stattdessen traf er völlig unverhofft eine Frau, die sein Interesse weckte, was schon lange nicht mehr der Fall gewesen war. Natürlich hatte er auch früher Freundinnen gehabt, und es gab eine ganze Menge Anwärterinnen. Doch keine schwirrte ihm so durch den Kopf und brachte seine Gefühlswelt so durcheinander wie diese kleine Person, die am anderen Ende des Raumes stand und ihn aufmerksam musterte.

Aber ausgerechnet jetzt war es nötig, dass er eine hohe Mauer um sich und sein Herz zog. Er konnte es sich im Moment unmöglich leisten, sich vollkommen zu öffnen. Es ging einfach nicht. Sein Leben war kompliziert genug, da brauchte er nicht auch noch undefinierbare Gefühle für eine ihm völlig fremde Frau.

Marc kam auf ihn zu und stieß mit ihm an.

»Na, habt ihr euch schon ein bisschen eingelebt?«

Leon zuckte mit den Schultern. »Na ja, wir sind ja erst ein paar Tage hier, und zum Einleben war sicher noch nicht genug Zeit. Aber wir wurden herzlich empfangen, nicht zuletzt von dir, und wir sind dir wirklich dankbar, dass du uns gleich in deinen Freundeskreis aufgenommen hast. Das hatten wir garantiert nicht erwartet.«

»Ja, in Engeltal ist alles etwas anders. Das werdet ihr auch noch herausfinden. Ich hoffe, die Kleinstadtidylle erschreckt euch nicht allzu sehr.«

Marc ließ seinen Blick zu Pia wandern. »Pia, fühlst du dich wohl? Du siehst blass aus.«

»Alles in Ordnung, danke. Ich bin nur müde. Und der Silvesterabend löst in mir manchmal etwas gemischte Gefühle aus.«

»Ja, das kann ich verstehen. Alle legen immer so viel Wert auf diesen einen Abend. Mit dem Jahreswechsel soll alles so viel anders und besser werden. Dabei kann man doch jeden Tag in seinem Leben neu beginnen und muss nicht warten, bis ein neues Jahr beginnt. Aber ich kann mir vorstellen, was du meinst. Für euch ist dies ja tatsächlich ein absoluter Neuanfang, und ich hoffe, dass er euch gut gelingen wird. Wenn ihr etwas braucht oder wenn ich euch unterstützen kann, dann gebt mir gerne Bescheid.«

Marc lächelte Pia aufmunternd an. »Ich bin übrigens sehr dankbar, dass ihr nun doch gleich in meiner Firma anfangen könnt. Natürlich hätte ich auch noch bis zum Februar durchgehalten, aber dass ihr jetzt so schnell aus euren Verträgen herausgekommen seid, ist für mich ein wahrer Glücksfall. Ich habe den ganzen Schreibtisch voll mit Eventanfragen und komme kaum noch hinterher. Ich bin also wirklich froh, dass ich so tatkräftige Unterstützung bekommen werde. Besser könnte das Jahr für mich gar nicht anfangen.«

Leon lächelte geschmeichelt. Er wusste, dass Marc dringend Verstärkung gesucht hatte, und er war seinerzeit sehr froh gewesen, dass sich diese Möglichkeit für ihn und Pia ergeben hatte. Der Umzug war unabdingbar gewesen, aber dass sie nun sogar gemeinsam in der gleichen Firma arbeiten konnten, war wirklich ein Glücksfall für sie. Auch wenn Pia im Moment nicht so aussah, als würde sie das genauso sehen.

»Das machen wir sehr gerne, und wir sind auch sehr froh, dass wir das neue Jahr in Engeltal starten können. Wir freuen uns auf die Events, die wir hier planen dürfen. Eine neue Herausforderung hat noch nie jemandem geschadet, oder?«

Marc klopfte Leon freundschaftlich auf die Schulter. »Da hast du recht. Ich bin mir sicher, gemeinsam werden wir diese Kleinstadt hier auf den Kopf stellen. Aber jetzt steht doch nicht so am Rand herum, kommt rüber und lernt meine Freunde besser kennen. Sie beißen nicht, ich schwöre es.«

Pia schüttelte den Kopf. »Also, ich denke, wir sollten jetzt nach Hause gehen. Es war wirklich ein schöner Abend, aber ich bin sehr müde. Würdest du mich bitte begleiten, Leon?«

Leon nickte ergeben. Ihm war klar gewesen, dass Pia sich damit schwertun würde, hier Anschluss zu finden. Und trotzdem hoffte er immer noch, dass diese Clique etwas für sie wäre. Natürlich würde er sie nicht alleine nach Hause gehen lassen, das wusste sie, und das wusste er.

»Natürlich, dann sehen wir uns übermorgen zum Dienstantritt, in Ordnung, Marc?«

Marc zog kurz die Augenbrauen nach oben und schaute sie ungläubig an. »Wie jetzt? Ihr wollt wirklich schon nach Hause gehen? Das neue Jahr hat doch gerade erst begonnen, und wir haben es noch gar nicht richtig begrüßt.«

Pia schüttelte wiederholt den Kopf, und Marc hob die Hände nach oben. »Aber gut, wenn ihr schon müde seid, kann ich euch wahrscheinlich nicht aufhalten. Wir sehen uns dann im neuen Jahr. Ich freue mich schon sehr darauf, übermorgen mit euch gemeinsam loszulegen.«

Leon nickte und warf noch ein kurzes Tschüss in die Runde, bevor er mit Pia hinaus in die kalte Nachtluft trat. Der Himmel spannte sich dunkel über die Häuser der Kleinstadt. Er war voller Sterne. Noch vor wenigen Minuten war der Himmel erfüllt gewesen von leuchtenden Feuerwerkskörpern, jetzt war wieder Ruhe eingekehrt in der verschlafenen Kleinstadt in Süddeutschland.

Niemals hätte Leon gedacht, dass es ihn einmal hierher verschlagen würde. Vor wenigen Wochen hatte er noch nicht einmal gewusst, wo Engeltal lag, geschweige denn, dass es diesen Ort überhaupt gab. Sein Leben hatte sich um hundertachtzig Grad gedreht. Jetzt stand er hier und blickte auf ein neues Jahr voller Möglichkeiten und Herausforderungen. Er würde auf jeden Fall versuchen, der ganzen Sache eine Chance zu geben und das Bestmögliche daraus zu machen. Es war sein Schicksal, hier zu sein, und er würde es annehmen und damit klarkommen. Irgendwie.

Kapitel 3

Dance Again
Jennifer Lopez ft. Pitbull, 2012

Nicky nahm den Bass wahr, der durch ihren Körper pulsierte. Sie bemerkte die Schweißtropfen, die ihr langsam den Rücken hinab liefen, und sie spürte die Energie, die sie jedes Mal ergriff, wenn sie Zumba tanzte. Zumba war schon seit vielen Jahren ihre große Leidenschaft. Noch bevor sie das Studio eröffnet hatte, war sie diesem Sport verfallen, der Tanz und Aerobic miteinander verband und ihre Glücksgefühle nur so in die Höhe schießen ließ. Sie hatte ihre Ausbildung zur Zumbatrainerin gemacht, lange bevor in Engeltal überhaupt jemand diesen Sport gekannt hatte. Aber das Fieber hatte sie bis heute nicht mehr losgelassen. Ihr eigenes Studio zu eröffnen, war ihr großer Traum gewesen. Jetzt war ihr Herzensbusiness Wirklichkeit geworden. Noch nie hatte sie sich etwas so sehr gewünscht, und sie liebte ihre Arbeit. Es gab keinen Tag, an dem sie aufstand und sich wünschte, sie hätte sich damals für einen anderen Beruf entschieden.

Das Lied endete, und Nicky hüpfte zur Soundanlage. Sie drehte die Musik etwas leiser, es war Zeit für eine kurze Pause. Die Mädels sollten etwas zu Atem kommen. Sie genoss diese Stunden ganz besonders, in denen sie alleine mit ihren Freundinnen ihrer Leidenschaft nachgehen konnte. Natürlich gab sie auch Kurse mit anderen Engeltalern, aber dieser eine Abend in der Woche gehörte nur ihnen. Hier konnten sie offen über ihre Probleme sprechen, konnten sich austauschen, um

Rat fragen oder einfach nur über die Neuigkeiten in der kleinen Stadt reden.

»Na, Mädels, könnt ihr noch?«

Annika atmete hörbar aus. »Ja, ich kann ungefähr noch drei Schritte bis in die Umkleidekabine laufen. Heute hast du mich echt fertiggemacht. Sind wir immer noch nicht durch?«

Nicky lachte kurz auf. Annikas direkte Art überraschte sie immer wieder, obwohl sie die Freundin nun schon so lange kannte und eigentlich wissen sollte, dass sie kein Blatt vor den Mund nahm.

»Noch nicht ganz. Ich dachte, wir machen eine kurze Pause und dann geben wir zum Abschluss noch mal richtig Gas.«

Die Mädels stöhnten im Chor.

»Ernsthaft jetzt?« Isabellas wilde Locken standen ihr wirr vom Kopf ab, der schon ein flammendes Rot angenommen hatte. Für sie war das Zumbatraining schon alleine deshalb eine Herausforderung, weil sie des Öfteren ihre Füße verwechselte und in die falsche Richtung lief.

»Gut, vielleicht lassen wir es auch langsam angehen, wenn ihr unbedingt wollt.«

»Also ich könnte noch. Mädchen, Mädchen, was soll ich nur mit euch machen? Ihr seid vierzig Jahre jünger als ich und habt eine Ausdauer wie eine Hundertjährige. Was soll man denn davon halten?«

Isabellas Großtante Marietta war mit ihren dreiundsiebzig Jahren mit Abstand die Älteste in der Gruppe. Und trotzdem war sie unermüdlich. Nicky fragte sich oft, ob sie in diesem Alter wohl auch noch so fit sein würde wie Marietta. Sie würde es sich wünschen, denn die Italienerin war das beste Beispiel dafür, dass man auch im Alter sein Leben genießen konnte.

»Danke, Marietta, du sprichst mir aus dem Herzen. Aber wenn der Großteil der Gruppe beschließt, dass sie genug haben, dann sollten wir es für heute gut sein lassen. Ich wollte aber noch etwas anderes mit euch besprechen.«

Nicky blickte aufmerksam von einer zur anderen. Wie die Mädels ihre Ankündigung wohl aufnehmen würden? Sie war nervös und bemerkte, dass es in ihrem Magen etwas zwickte und ihr Puls noch mehr in die Höhe schoss.

»Also, ich dachte, vielleicht, wenn ihr Lust ...«

»Na, komm schon, raus mit der Sprache! Was willst du denn von uns?« Alina hatte die Augenbraue fragend gehoben und wartete, dass Nicky endlich zum Punkt kam.

»Also gut, ich dachte, vielleicht könnten wir noch öfter auftreten. Bestimmt gibt es noch die eine oder andere Gelegenheit für eine kleine Showeinlage. Was meint ihr?«, fragte Nicky vorsichtig. Sie wusste, dass nicht all ihre Freundinnen von den Auftritten auf den Sommerfesten und dem letzten Weihnachtsmarkt begeistert waren. Zwar hatten auch sie Spaß bei dem Auftritt gehabt, aber die Vorbereitung und die Aufregung waren ihnen doch zu viel. Nicky dagegen war sich sicher, dass sie nicht nur zweimal im Jahr auf einer Bühne tanzen wollte. Diese Auftritte brachten ihr Herz zum Hüpfen und waren eine tolle Abwechslung zu ihrem durchgetakteten Alltag. Natürlich konnte sie sich nicht darüber beschweren, dass sie zu wenig zu tun oder gar einen langweiligen Job hätte. Und doch brauchte sie ab und zu diesen Adrenalinkick, vor hunderten Menschen zu stehen und zu zeigen, was sie konnte.

»Noch mehr Auftritte? Ich erinnere mich noch mit Grausen an unser Outfit beim Weihnachtsmarkt. Diese viel zu kurzen Röcke! Also, ich weiß nicht.« Annika hatte die Arme vor der Brust verschränkt und zeigte damit ganz klar ihre Abneigung gegenüber Nickys Vorschlag.

»Und überhaupt, wo willst du denn auftreten? Es ist ja nicht so, dass wir in Engeltal jeden Tag ein Fest zu feiern hätten.«

»Da hast du recht. Aber wir könnten ja Marc fragen, ob er bei seinen Firmenevents noch jemanden als Showact gebrauchen könnte, sozusagen.«

Die Begeisterung der Frauen ließ zu wünschen übrig. Nicky seufzte. Sie hatte es befürchtet.

»Weißt du, Nicky, wir wissen ja, dass Zumba dein Leben ist. Und wir treten auch gerne mit dir auf. Aber eben nur ab und zu. Wir haben auch noch unsere anderen Jobs, und in meinem Fall mit dem Hotel ist es eigentlich ein 24/7-Job. Du weißt, dass ich mir nicht besonders oft Freizeit gönne. Und so lange, bis das Hotel richtig angelaufen ist, wird sich das auch nicht ändern. Aber ich bin euch nicht böse, wenn ihr ohne mich auftretet.«

Sandra dachte wie immer zuerst an ihr Hotel. Erst vor ein paar Monaten hatte sie es eröffnet, und obwohl es ständig ausgebucht war, hatte Sandra alle Hände voll damit zu tun, die Kinderkrankheiten auszumerzen. Nicky wusste natürlich auch, dass Sandra ihre spärliche freie Zeit gerne mit ihrem Freund Alex verbringen wollte.

Nun stimmten auch die anderen mit ein.

»Ich hätte auch nichts dagegen, wenn ihr ohne mich auftreten würdet.« Isabella strich sich wieder die schwarzen Locken aus dem Gesicht. »Ich habe sowieso das Gefühl, dass ich euch bei den Auftritten mehr störe, als dass ich zu einer gelungenen Performance beitragen kann. Ihr wisst schon, meine zwei linken Füße.«

Nicky schüttelte den Kopf. Das Gespräch lief leider überhaupt nicht so, wie sie es sich erhofft hatte. »Nein, das finde ich absolut nicht. Wir alle zusammen sind ein Team. Wir sollten auch zusammen auftreten. Aber wenn ihr keine Lust darauf habt, dann lassen wir es eben.«

Enttäuschung legte sich über ihr sonst so positives Gemüt. Sie hatte gewusst, dass es nicht einfach werden würde, ihre Freundinnen von weiteren Auftritten zu überzeugen. Aber dass sie ihr so geradeheraus eine Absage erteilten, enttäuschte sie nun doch.

»Weißt du was? Ich habe eine Idee.« Emma nahm sie kurz in den Arm und hielt sie dann an den Schultern ein bisschen von sich weg, damit sie Nicky in die Augen sehen konnte.

»Du solltest dir eine Solo-Show ausdenken, die du alleine aufführen kannst.«

»Ich alleine? Aber das ist doch etwas ganz anderes.«

»Klar, das ist nicht das, was du geplant hattest. Aber du siehst ja, dass wir anderen nicht noch mehr Auftritte stemmen können. Natürlich unterstützen wir dich auf den Stadtfesten, das ist keine Frage, sondern Ehrensache. Aber die vielen Proben sind für uns einfach schwierig umzusetzen. Deshalb denke ich, du solltest alleine auftreten. Du bist diejenige mit der größten Zumbaerfahrung, und du bist die Choreografin. Ich bin mir sicher, dass du sie alle aus den Socken hauen wirst, wenn du auf einer Firmenfeier auftrittst.«

»Meinst du? Aber ob das alleine überhaupt was hermacht?«

Würde sie alleine die Zuschauer begeistern können, oder wäre das eher eine peinliche Lachnummer? Wenn sie eine Choreografie entwickelte, die aus schnellen und langsamen Bewegungen bestand, die mehrere Tanzstile vereinte, vielleicht wäre es denkbar, dass ...

»Hm, vielleicht probiere ich da mal was aus.«

Nicky war selbst überrascht, wie gut ihr die Idee gefiel. Und was hatte sie schon zu verlieren?

An Annika gewandt fragte sie: »Meinst du, ich sollte mal mit Marc reden? Vielleicht hätte er ja wirklich eine Möglichkeit, ab und an einen Auftritt von mir einzuplanen? Und vielleicht könnte ich mir so auch noch ein bisschen was dazuverdienen.«

Annika lächelte. »Das ist eine ganz ausgezeichnete Idee. Gleich nachher werde ich mit Marc sprechen. Ich bin sicher, dass er es genauso sehen wird. Wenn es gut läuft, dann hast du dir gleich noch ein zusätzliches Standbein geschaffen. Und wenn die Kunden begeistert sind, kann es Marc ja nur recht sein.«

»Okay, ich mach's. Ich rede mit Marc.«

Ein Energiestoß durchfuhr Nicky. Auch, wenn die Absage ihrer Freundinnen sie kurz enttäuscht hatte, so hatten sie doch eine wunderbare Idee entwickelt, wie sie ihre Leidenschaft ausleben konnte, ohne ihre Freundinnen über Gebühr zu strapazieren. Sie würde Marc schon irgendwie davon überzeugen, dass ihre Showeinlage seinen Events noch einen extra Schwung verleihen könnte. Was hatte sie denn zu verlieren?

Und vielleicht würde sie auch dem mysteriösen Leon bei der Gelegenheit begegnen. Ein Lächeln überzog ihr Gesicht bei der Aussicht.

Kapitel 4

Welcome to My Life
Simple Plan, 2004

»Also Jungs, dann auf ein gutes neues Jahr!« Gläser klirrten aneinander, und die Männer wurden nicht müde, sich zu versichern, dass es ein fantastisches neues Jahr werden würde. Leon hatte Marcs Einladung angenommen und begleitete dessen Freunde heute in den Goldenen Adler auf ein Bier. Er war seit einer Woche bei Marc angestellt und genoss jeden Tag. Es machte so viel Spaß, mit seinem neuen Chef zusammenzuarbeiten. Er hatte Ideen, war motiviert und offen für seine Vorschläge. Leon hatte noch nie einen Chef gehabt, der so auf Augenhöhe mit ihm agiert hatte. Marc verhielt sich eher wie ein Kollege oder ein Freund, nicht wie ein Vorgesetzter. Dabei war die Eventfirma sein großes Baby, sein Herzensprojekt. Leon wusste, dass Marc sich nach seinem Karriereende als Profifußballer neu aufstellen musste und die Eventfirma praktisch aus dem Boden gestampft hatte. Was mit einem Musikfestival begonnen hatte, war schon nach kurzer Zeit eine feste Institution in Engeltal geworden, und die erste Anlaufstelle für Unternehmenseigner, wenn es darum ging, Firmenfeiern auszurichten. Auch Hochzeiten, Taufen oder größere Geburtstage wurden gerne bei Marc in Auftrag gegeben. Die Leute wussten, dass man sich auf ihn verlassen konnte, dass die Qualität stimmte und Marc niemanden über den Tisch zog. Inzwischen waren einige Projekte auf seinem Schreibtisch liegen geblieben, die er noch nicht abarbeiten konnte. Viele kleinere Aufträge musste er komplett abweisen. Nun aber waren Leon und Pia als Verstärkung hinzugestoßen, und man merkte Marc an, dass er nicht nur den Austausch mit ihnen schätzte, sondern dass die Unterstützung ihm Erleichterung verschaffte. Marc hasste es, Menschen zu enttäuschen, weshalb er sich immer schwergetan hatte, einzelne Anfragen abzulehnen.

»Es ist so toll, dass ihr hier seid. Endlich kann ich die Abende wieder in Ruhe mit Annika verbringen. Der Aufbau der Firma hat einiges an Zeit verschlungen, und ich muss sagen, eine One-Man-Show möchte ich nicht weiterhin haben. Ich freue mich, dass es so gut läuft, aber irgendwann kam ich dann doch an meine Grenzen. Aber jetzt wird es ein richtig cooles Jahr werden. Mit tollen Events.«

Leon ließ den Blick durch die Runde schweifen. Neben Marc saßen noch Ben, Alex und Chris mit am Tisch. Die Jungs hatten sich in den letzten Jahren angefreundet und genossen es sichtbar, auch einmal ohne ihre weiblichen Gegenstücke miteinander reden zu können.

»Leon, was hat dich denn eigentlich dazu veranlasst, ausgerechnet hierher nach Engeltal zu kommen?« Alex war, wie Marc ihm schon erzählt hatte, erst im letzten Jahr aus Berlin zugezogen. Und das nicht ganz freiwillig. Alex hatte zu Beginn wohl ziemliche Probleme mit dem Kleinstadtleben gehabt. Leon konnte das in gewisser Weise nachvollziehen. Zwischen Berlin und Engeltal lagen nicht nur ein paar hundert Kilometer, sondern ganze Welten.

Was genau sollte er jetzt erzählen? Es fiel ihm nicht leicht, sich wieder irgendeine Geschichte aus den Fingern zu saugen.

»Ach, weißt du, Pia und ich haben eine neue Herausforderung gesucht. Wir wollten unbedingt wieder zusammen in der gleichen Firma arbeiten, Events veranstalten und das Ganze in einem beschaulicheren Rahmen. Und da kam Marcs Anzeige gerade recht. Engeltal hat dabei eigentlich eine eher untergeordnete Rolle gespielt.«

Hoffentlich hatte das überzeugend geklungen. Leon bemerkte, dass ihm kleine Schweißtropfen auf der Stirn standen und seine Finger leicht anfingen zu zittern. Zwar war es keine Lüge, aber es war eben auch nicht die volle Wahrheit. Nur konnte er diese Wahrheit unmöglich erzählen. Niemandem.

»Dann hat es euch nicht in die Beschaulichkeit der Kleinstadt gezogen?«

»Nicht direkt, aber es hat uns auch nicht abgeschreckt.«

Marc lachte auf. »Siehst du, Alex, es gibt noch Leute, die keine Angst vor der Kleinstadt haben.«

Ben und Chris stimmten in das Lachen ein, und Leon nahm beruhigt einen großen Schluck von seinem Bier. Es schien so, als hätte er die erste Klippe erfolgreich umschifft. Er hatte gewusst, dass es nicht leicht werden würde, und hatte sich lange überlegt, ob er sich überhaupt in den Freundeskreis integrieren sollte. Aber Marc hatte keine Ruhe gegeben, ihn dazu gedrängt, heute Abend mit den Jungs einen drauf zu machen. Und so war er jetzt hier und hoffte, dass sie ihm seine Geschichte abkauften.

Mitten in ihr Lachen platzte ein etwa zwanzigjähriger Mann vom Nebentisch. Unverkennbar ein Tourist auf Durchreise, oder jemand, der in Engeltal ein paar Tage Ruhe suchte. Mit einer großen Kamera bewaffnet, stand er vor ihnen und starrte sie an.

»Kann ich Ihnen helfen?« Chris hatte dem jungen Mann die Hand entgegengestreckt und schüttelte sie lächelnd.

»Ja, es tut mir leid ...«, stammelte der fremde Mann.

»Sie brauchen sich nicht zu entschuldigen, was kann ich denn für Sie tun?«

»Also, ich wollte fragen, ob ich ein Foto von Ihnen beiden machen darf.«

Chris lachte auf. »Natürlich, das hat uns ja schon lange niemand mehr gefragt, was, Marc?« Chris stieß seinem Kumpel den Ellenbogen in die Seite.

»So ist das halt. Je älter wir werden, desto weniger Menschen werden sich an unsere heldenhaften Zeiten auf dem Fußballplatz erinnern. Aber natürlich, gerne können wir ein gemeinsames Foto schießen.«

»Ich kann das Foto machen. Ich bin ja nur der Paketbote, ich glaube nicht, dass Sie besonders viel Wert darauf legen, dass ich auf dem Foto zu sehen bin, oder?«

Ben war hilfsbereit aufgesprungen und streckte die Hand nach der Kamera aus. Der junge Mann lief rot an und traute sich gar nicht, etwas zu erwidern. Dann aber reichte er Ben die Kamera, der sich gleich damit in Stellung brachte.

»So, Jungs, jetzt nehmt mal den jungen Mann in eure Mitte. Und bitte alle immer recht freundlich.«

Ben drückte zweimal ab und präsentierte dann stolz seine geschossenen Fotos. Die Männer prusteten los. Sie kriegten sich fast nicht mehr ein.

»Was denn?«

Ben drehte die Kamera um, und auch Leon blickte amüsiert auf das Display. Genau in dem Moment, als Ben abgedrückt hatte, hatten Chris und Marc so komische Grimassen geschnitten, dass sie aussahen, als würden sie für eine Geisterbahn posieren. Marc hatte die Augen unnatürlich weit aufgerissen und sein schiefes Grinsen ließ ihn ein kleines bisschen wahnsinnig aussehen. Chris wiederum hatte die Augen geschlossen und seine Lippen zu einer Art Kussmund verzogen.

»Ein schlimmeres Foto habe ich in meinem ganzen Leben noch nicht gesehen.« Leon nahm Ben die Kamera lachend aus der Hand.

»So, jetzt lass mal den Profi ran.«

Er postierte sich vor den drei Männern und schoss drauflos. Mehr als zehn Fotos knipste er von den dreien, bis auf jeden Fall eines davon gelungen sein musste. So viele blöde Grimassen konnten die beiden gar nicht machen.

Der junge Mann bedankte sich artig und verließ unter dem Gejohle der Jungs den Tisch. Leon hielt sich den Bauch vor Lachen. So viel Spaß hatte er schon lange nicht mehr gehabt. Vielleicht war es doch nicht die schlechteste Idee gewesen, sich diesem Freundeskreis anzuschließen.

Kapitel 5

I Want to Hold Your Hand
The Beatles, 1964

Nicky hüpfte gut gelaunt durch ihr Sportstudio. Sie trällerte bereits den ganzen Morgen eines ihrer Lieblingslieder, denn es brachte ihre ausgezeichnete Laune genau auf den Punkt. Die Sonne schien durch die großen Fenster in das Studio hinein, davor glitzerte der mit Eis überzogene Baum, der schon in wenigen Monaten wieder seine unvergleichlich schönen, rosafarbenen Blüten tragen würde. Zum wiederholten Male starrte sie in den riesigen Spiegel, der die ganze Wand einnahm. Sie zupfte hier und dort an ihrem Shirt herum, legte ihre kurzen, roten Haare auf eine Seite, dann auf die andere. Sie konnte einfach nicht stillsitzen, und sie wusste auch genau, was der Grund dafür war. Leon würde heute zum ersten Mal zum Personal Training vorbeikommen. Er hatte sich gestern erst bei Nicky gemeldet, und natürlich hatte sie alle Hebel in Bewegung gesetzt, um ihm heute einen Termin einzuräumen. Wieder sang sie den Refrain aus vollem Halse. Schief und laut, bevor sie sich selbst einen Kussmund im Spiegel zuwarf.

In diesem Moment klopfte es hinter ihr an der Tür.

»Guten Morgen, Nicky. Ich bin etwas zu früh, ich hoffe, das ist kein Problem?«

Leon stand mit einem breiten Grinsen in der Tür. Seine Sporttasche hatte er lässig über die Schulter gehängt, seine Sonnenbrille in die Haare gesteckt.

Wie lange er dort wohl schon stand? Hoffentlich war er nicht Zeuge davon geworden, wie Nicky ihre Haare hin und her geworfen und in den schiefsten Tönen ihren Lieblingshit geschmettert hatte. Wie peinlich. Nicky bemerkte, wie ihr Gesicht warm wurde. O Mann, das war ja ein klasse Start. Und dabei wollte sie Leon doch unbedingt gefallen. Hoffentlich fand er sie jetzt nicht blöd.

»Äh, ja, guten Morgen. Ich meine, kein Problem. Wie schön, dass du da bist.« Du liebe Güte, sie wusste gar nicht, was sie da vor sich hin stammelte. »Ich zeige dir alles, und dann kannst du dich gleich umziehen, in Ordnung?«

»Das hört sich toll an.«

»Okay, besonders lang wird die Führung nicht dauern, das Studio ist ja nicht so groß. Aber es ist trotzdem mein ganzer Stolz.«

Leon nickte. »Das kann ich verstehen. Es ist fantastisch, was du dir hier aufgebaut hast.«

Nicky errötete schon wieder und räusperte sich. »Sehr gut, also dann legen wir doch gleich los.«

Sie atmete einmal tief durch. Das konnte doch nicht angehen, dass ein Blick aus diesen smaragdgrünen Augen sie dermaßen durcheinanderbrachte. Sie bekam kaum ein vernünftiges Wort heraus, in ihrem Bauch kribbelte es nur so vor lauter Aufregung, und obwohl es im Studio kühl war, sammelten sich leichte Schweißperlen auf ihrer Stirn. Dieser Mann hatte eine unfassbar intensive Wirkung auf sie. Sie konnte es gar nicht erwarten, ihm bei den Übungen näher zu kommen. Oder besser doch nicht?

»Also, das ist der Trainingsraum. Hier gebe ich meine Kurse. Da hinten in der Ecke stehen die Trampoline für das Jumping, und in der anderen Ecke die Soundanlage für die Musik, die es natürlich braucht, um Spaß beim

Sport zu haben. Die richtige Energie ist ausschlaggebend für den Erfolg. Ja, hier hinten habe ich noch ein paar Matten versteckt, und das war's eigentlich schon.«

Nicky lächelte und drückte sich an Leon vorbei. Der Türrahmen war so schmal, dass sie gar nicht anders konnte, als seine breite Brust zu berühren. Es war, als würde ein Blitz durch ihren Körper fahren, als sie ihn streifte.

Leon sah sie überrascht an. Ob es ihm genauso ging wie ihr? Nicky schüttelte innerlich den Kopf über sich. Sie kannte diesen Menschen doch überhaupt nicht. Außer, dass er wahnsinnig attraktiv war, konnte sie noch gar nichts über ihn sagen. Bisher war er immer ausgesucht freundlich, aber doch reserviert gewesen. Na ja, vielleicht würde ihr das Personal Training die Möglichkeit geben, ihn besser kennenzulernen und herauszufinden, ob er wirklich ihr Traummann war oder ob sie sich das alles nur zurechtlegte. Sie musste sich auf jeden Fall zusammenreißen, wenn sie sein Interesse wecken wollte. Sie musste die beste Version von sich zeigen, sonst würde sie Leon nicht für sich gewinnen können. Schnell drückte sie sich vollends durch die Tür und präsentierte verlegen ihren Eingangsbereich.

»Das hier hast du ja schon gesehen. Hier ist meine Anmeldetheke, wo ich auch meine Terminplanung machen kann. Kurz vor den Kursen begrüße ich hier die Teilnehmer. Im Umgang mit Menschen bin ich besser als mit meiner Buchhaltung.« Nicky runzelte bei dem Gedanken an diese ungeliebte Tätigkeit die Stirn. Dann wandte sie sich um.

»Wenn du nach links gehst, kommst du zu den Umkleide- und Waschräumen. Ja, und das war's eigentlich schon.«

Nicky lächelte Leon zittrig zu. Sie hatte das Gefühl, sich absolut zum Idioten zu machen. Das war genau das

Gegenteil von dem, was sie bewirken wollte. Natürlich wollte sie charmant und sexy sein, wollte Leon genauso den Kopf verdrehen wie er ihr. Aber mit ihrem dämlichen Geschwafel würde sie das sicher nicht erreichen. Sie zwang sich, einfach mal den Mund zu halten und auf eine Reaktion von ihm zu warten.

»Es ist alles da, was man braucht, und das auch noch wirklich schick. Ich muss sagen, dein Studio gefällt mir ausnehmend gut. Es ist hell und modern eingerichtet, der Laminatfußboden scheint mir für die Sportarten, die du anbietest, perfekt geeignet zu sein. Und der riesige Spiegel ist echt der Wahnsinn. Arbeitest du denn damit? Ich meine, wenn ich Sport mache, sehe ich meistens nicht so aus, dass ich mich dabei unbedingt anschauen möchte.«

Leon nahm die Sonnenbrille aus dem Haar und strich sich verlegen eine Strähne aus dem Gesicht.

»Na ja, gerade beim Zumba ist es schon wichtig, dass man den Spiegel hat. Du musst dir das so vorstellen: Ich stehe vor der Gruppe von Mädels und einem Quotenmann.« Nicky grinste. »Und sie sehen im Spiegel genau, was ich mache. Nicht jeder kann alle meine Bewegungen sehen, weil wir in mehreren Reihen tanzen. Deshalb ist der Spiegel beim Zumba unerlässlich.«

»Ich verstehe. Aber beim Personal Training muss ich mir nicht ständig dabei zusehen, wie mein Kopf immer mehr die Farbe einer reifen Tomate annimmt, oder?«

Nicky lachte laut auf. Leons Humor war ein weiterer Pluspunkt auf ihrer Liste, wie sie verschmitzt feststellte.

»Nein, beim Personal Training konzentrierst du dich ganz auf dich selbst und vielleicht noch ein bisschen auf mich. Den Spiegel brauchen wir dazu nicht.«

»Dann ist es gut, auf dich konzentriere ich mich gern.«

Dieser eine Satz ließ Nickys Herz in ungeahnte Höhen hüpfen. War das ernst gemeint? Oder hatte er das nur so dahingesagt?

»Gut, dann gehe ich mich mal umziehen.«

»Ja, tu das. Hier gleich links.«

Leon betrat die Umkleidekabine für Männer, die deutlich kleiner war als die für die Damen. Schließlich hatte Nicky in ihrem Zumbakurs gerade mal einen männlichen Teilnehmer, und beim Jumping waren die Ladys nur für sich. Erst jetzt, wo sie das Personal Training ausbaute, hatte sie auch ein paar Männer unter ihren Kunden. Nicky sah Leon an und konnte sich keinen Zentimeter zur Seite bewegen. Es war so unfassbar schön, dass er hier war und dass sie in nächster Zeit öfter gemeinsam trainieren würden. In ihrem Innersten hatte sie sich genau das gewünscht, aber sie hatte ja schlecht mit der Tür ins Haus fallen und Leon ein Training vorschlagen können.

»Nicky?«

»Ja?«

»Wenn du noch zwei Schritte zurückgehst, kann ich die Tür schließen.«

»Oh! Klar, sorry.«

Nicky drehte sich auf dem Absatz um und eilte in den Trainingsraum. Wie peinlich konnte man eigentlich sein? Wie angewurzelt hatte sie dagestanden und darauf gewartet, dass Leon sich vor ihr auszog. Nun gut, sie könnte sich Schlimmeres vorstellen, aber das wäre vielleicht doch etwas verfrüht.

Sie stellte sich vor den Spiegel und versuchte, langsam wieder runterzukommen. Sie musste einen kühlen Kopf bewahren, sonst würde sie Leon gleich wieder verschrecken. Gut, einatmen und ausatmen. Einatmen und ausatmen. Nicky wandte eine kleine Meditationsübung an, konzentrierte sich auf ihre Atmung und wurde langsam wieder etwas ruhiger.

»Störe ich?«

»Nein, überhaupt nicht. Können wir anfangen?«

Leon stand im Sportdress vor ihr. Er trug eine kurze schwarze Sweathose und ein petrolfarbenes Achselshirt, das die Farbe seiner Augen unterstrich. Seine Arme waren muskulös, ohne aufgepumpt zu wirken, und die Waden waren so trainiert, als würde er regelmäßig laufen. Sie konnte sich fast nicht an ihm sattsehen, so perfekt war er.

»So, dann fangen wir mal an. Ich freue mich schon darauf, dich zu quälen.«

Leon grinste. »Ich kann es kaum erwarten. Von niemandem würde ich lieber gequält werden als von dir.«

Eine halbe Stunde später konnte sich Nicky wieder etwas besser konzentrieren. Sie hatten verschiedene Aufwärmübungen gemacht, und im Moment plagte sie Leon damit, zehn einhändige Liegestütze vorzuführen. Schweiß glitzerte auf seiner Stirn und lief seinen Nacken hinab. Nur zu gerne hätte sie diese Tropfen auf ihrem Weg unter sein Shirt verfolgt. Leon machte seine Sache wirklich gut. Er war top in Form, und Nicky fragte sich, was sie ihm eigentlich noch beibringen sollte. Seine Ausdauer war fast besser als ihre eigene, und das, obwohl sie den ganzen Tag Sport machte. Er musste schon regelmäßig trainiert haben, anders konnte sie sich das nicht erklären.

»Zehn. Wie wäre es mit einer kleinen Pause, Sklaventreiber?«

»So, so. Du willst jetzt schon eine Pause? Ich habe nicht das Gefühl, dass dich die letzten Minuten so richtig gefordert haben. Bist du dir sicher, dass da nicht mehr geht?«

Leon stöhnte gequält. »Das habe ich nun davon, dass ich einen guten ersten Eindruck bei dir hinterlassen wollte, was? Ehrlich gesagt, bin ich total am Ende und das schon nach dreißig Minuten. Ich habe keine Ahnung, wie ich bei dem Tempo die nächste halbe Stunde überleben soll.«

Er hatte sich aufgerichtet und stand nur wenige Zentimeter vor Nicky. Zu gern hätte sie ihre Hände auf seine breite Brust gelegt. Wie es sich wohl anfühlte, Leon zu berühren?

»Nicky? Alles in Ordnung?«

O mein Gott, sie hatte ihn angestarrt. Seine Brust und seinen unheimlich verführerischen Mund. Sie räusperte sich und reichte Leon sein Handtuch, das er dankbar annahm, um sich über das Gesicht zu wischen.

»Natürlich. Ich habe nur kurz überlegt, was wir in der nächsten halben Stunde noch machen könnten. Etwas, was dich nicht aus der Puste bringt. Ich glaube, wir sollten noch was mit Gewichten machen. Du bist ja schon recht trainiert, aber wenn wir das schleifen lassen, könnten deine Muskeln relativ schnell abbauen. Hast du denn bisher viel Sport gemacht?«

»Nein, eigentlich nicht. Ich war manchmal abends im Fitnessstudio oder bin ab und an ein bisschen gelaufen. Das war's schon. Aber der Job war stressig, und ich musste oft mit Hand anlegen. Und wenn du dann Boxen und Equipment durch die Gegend trägst, bekommst du automatisch Muskeln. Da brauchst du gar kein anderes Training mehr.«

Nicky nickte. »Ach so, na, das erklärt natürlich, warum du so durchtrainiert bist. Hast du denn auch noch andere Hobbys?«

Nicky wollte unbedingt mehr über Leon erfahren. Sie schätzte ihn als offenen und ehrlichen Menschen ein und wollte gerne herausfinden, ob sie mit ihrem Eindruck ins Schwarze getroffen hatte. Vielleicht war sie auch meilenweit davon entfernt. Was wusste sie schon? Schließlich hatte sie mit diesem Menschen gerade mal ein paar Stunden verbracht, und meistens waren sie dabei nicht ungestört gewesen. Doch Leon beantwortete ihre Frage ausweichend, er wollte wohl nicht zu viel von seinem Leben preisgeben. Also hakte Nicky nicht weiter nach. Sie würde noch genug Gelegenheiten finden, um ihn auszuquetschen.

Das erste Training war schnell beendet. Nicky hatte Leon noch ein paar Kraftübungen machen lassen, bis er ihr gestehen musste, dass er total ausgebrannt war. Dann hatte sie es für das erste Mal gut sein lassen. Es hatte Spaß gemacht, aber vor allem hatte sie das Gefühl genossen, mit Leon im gleichen Raum zu sein, und sie wollte unbedingt mehr davon. Es war ihr größter Wunsch, Leon näher zu kommen, ihn besser kennenzulernen. Und sie spürte, dass es nicht nur ihr so ging. Die Luft knisterte geradezu zwischen ihnen, man konnte die Spannung mit Händen greifen, und die Anziehungskraft war so stark, als wären sie zwei Magnete, die aufeinander zugezogen wurden. Selbst wenn sie sich mit aller Kraft wehrte, könnte sie nichts dagegen tun, dass sich Leon immer wieder in ihre Gedanken und Träume schlich.

Kapitel 6

Here Comes The Sun
The Beatles, 1969

Leon stellte sich unter das warme Wasser der Dusche. Er ließ den Strahl über seine verkrampften Muskeln wandern. Nicky hatte ihn heute wieder ganz schön in die Mangel genommen. Er genoss das Personal Training bei ihr. Er war inzwischen ein paar Mal dort gewesen, und sie hatte die Intensität der Übungen immer ein wenig gesteigert. Jedes Mal war es ein bisschen herausfordernder, aber sie zeigte ihm dadurch, dass er problemlos seine Grenzen überschreiten konnte, dass er mehr schaffte, als er jemals gedacht hatte. Nicky motivierte ihn in einem für ihn vollkommen unbekannten Maße. Und er war auch ein bisschen stolz auf sich. Zum einen, weil sich seine Fitness deutlich besserte. Es sah bereits die ersten Anzeichen dafür an seinem Körper. Der Bauch war straffer geworden, die Muskeln an seinen Oberarmen etwas praller. Und vor allem fühlte er sich besser. Das Training half ihm, den Kopf frei zu kriegen.

Gleichzeitig war das Training mit Nicky eine enorme Herausforderung für ihn. Nicht nur in sportlicher Hinsicht, sondern weil er sich beherrschen musste, um sie nicht in seine Arme zu reißen und diesen unglaublich süßen Mund zu küssen. Nicky hatte eine Energie, die geradewegs auf ihn überschwappte. Sie war immer positiv, freundlich, motivierend und hatte jedes Mal ein Lächeln auf den Lippen und ein Strahlen in den Augen, wenn sie ihn ansah. Fast bildete er sich ein, dass dieses

Strahlen noch ein bisschen stärker wurde, wenn er sie anlächelte. Vielleicht wünschte er sich das aber nur. Nicky war die Versuchung in Person, und er wusste, dass es unvernünftig gewesen war, sich bei ihr zum Training anzumelden. Aber er war so neugierig gewesen, hatte unbedingt wissen wollen, wer diese Person war, die ihm seit ihrem ersten Treffen nicht mehr aus dem Kopf ging. Ihre unbeschwerte Art tat ihm so gut. Nach der schlimmen Zeit in den letzten Monaten hatte er ein unbändiges Bedürfnis, sich abzulenken, sich nicht ständig Sorgen zu machen um Pia und um ihrer beider Zukunft. Hier würde er vielleicht wieder das Gefühl haben können, ein normales Leben zu leben. Auch wenn es nur eine Illusion war.

Außerdem könnte es nicht schaden, seinem Körper wieder etwas mehr Aufmerksamkeit zu schenken. Der Job hatte ihn quasi aufgefressen, all seine Zeitressourcen geschluckt und kaum Freizeit übriggelassen. Er hatte mit Pia in einer großen Eventagentur gearbeitet. Es war eine anonyme Arbeit gewesen. Für jedes Event wurden spezielle Teams anhand ihrer Erfahrungen und Stärken zusammengestellt. Bei jedem Projekt hatten sie mit anderen Menschen zusammengearbeitet, und so war es schwierig, Beziehungen zu den Kollegen aufzubauen. So gerne hätte er feste Mitstreiter gehabt, mit denen er sich austauschen, mit denen er nach Feierabend ein Bier trinken gehen könnte. Aber diese Art Beziehungen waren von der Chefetage nicht gern gesehen und wurden durch die Projektarbeit zusätzlich erschwert.

Hier in Engeltal was das anders. Sie waren ein kleines Team von drei Leuten, die Events wurden untereinander aufgeteilt. Meistens waren sie alle drei daran beteiligt. Pia war mehr für die Organisation im Hintergrund zuständig, während Leon die Gespräche mit den potentiellen Kunden führte und die gesamte Planung durchdachte.

Marc kümmerte sich meistens um die Kalkulation und die Angebote, und so ergänzten sie sich perfekt. Der Start in Engeltal war ausgezeichnet gelungen, und er hatte unter dem Strich mit seinem neuen Job richtig Glück gehabt. Und dann war da noch Nicky.

Wieder schweiften seine Gedanken zu der kleinen energiegeladenen Frau, die vorne an der Theke saß und neue Trainingspläne ausarbeitete. Er genoss es, gleich in Nickys Studio zu duschen, weil er nicht so verschwitzt in die langen Klamotten steigen wollte. Und in der kurzen Hose wollte er bei minus fünf Grad auch nicht durch Engeltal laufen.

Seine Gefühle für Nicky hatten sich in den letzten Tagen weiter verstärkt. Sie zog ihn noch immer an, als würde sie an einer unsichtbaren Schnur ziehen, die sie ihm umgebunden hatte. Es kostete ihn all seine Kraft, ihr zu widerstehen. Er wusste, es wäre vernünftiger, sich von ihr fernzuhalten, aber er schaffte es einfach nicht. In den Stunden, die sie in den letzten Wochen miteinander verbracht hatten, hatte er sie ein bisschen kennengelernt, und er war sich sicher, dass ihre Fröhlichkeit nicht aufgesetzt war. Nicky sah immer das Gute in den Menschen und in den Dingen, ließ sich von ungeplanten Schwierigkeiten nicht aus der Bahn werfen und ging ihren Weg. Sie war eine selbstbewusste Persönlichkeit, gleichzeitig aber ungewöhnlich sanft. Immer noch in seine Gedanken vertieft, trocknete er sich ab und zog sich wieder an. Von draußen hörte er Marcs Stimme.

Nicky hatte Marc eingeladen, nach Leons Training bei ihnen im Studio vorbeizuschauen. Nicky wollte ihren großen Traum Realität werden lassen und hatte Leon gebeten, ihr dabei zu helfen. Schnell verließ er den Waschraum und trat zu Nicky und Marc an die Theke.

»Super, dass es geklappt hat. Danke.«

Leon klopfte Marc freundschaftlich auf die Schulter. Sein Chef war wirklich eher wie ein Kumpel für ihn.

»Hallo ihr zwei, ihr scheint in letzter Zeit ziemlich viel Zeit miteinander zu verbringen. Habe ich da was verpasst?«

Marc wackelte mit den Augenbrauen und sah dabei so witzig aus, dass Leon losprusten musste.

»Ja, wenn du noch nie einen Kurs bei Nicky gebucht hast, hast du definitiv was verpasst. Du würdest nicht glauben, wie hart diese kleine Frau beim Training sein kann.«

»Klein, aber oho. Hast du schon mal davon gehört?«

Nicky hatte ihre Hände in die Hüften gestützt und baute sich vor den beiden Männern auf, die beide etwa einen Kopf größer waren als sie.

»Scherz beiseite. Worüber wolltet ihr denn mit mir sprechen?«

Leon blickte zu Nicky. Er wusste nicht, ob sie mit der Sprache rausrücken wollte, oder ob er ihr das abnehmen sollte.

»Also, weißt du, Marc …«

»Weißt du, …«

Das war klar gewesen. Erst hatte keiner von ihnen den Mund aufgemacht, und dann beide gleichzeitig. Mit einem kurzen Lachen hatten beide ihren Satz unterbrochen und blickten sich nun fragend an.

»Ladys first.«

»Okay, Marc, wir haben uns etwas überlegt und wollten dich fragen, ob sich das vielleicht umsetzen lässt.«

Nicky sah angespannt aus. Ihre Hände wischte sie an ihrer Trainingshose ab, als wären sie verschwitzt. Ihr Gesichtsausdruck war ungewöhnlich ernst. Es war ihr wirklich wichtig, Marc von ihrer Idee zu überzeugen.

»Na, jetzt bin ich aber gespannt.«

Marc ließ sich auf einen der Besucherstühle sinken, während Leon sich an die Wand lehnte.

»Es ist nichts Schlimmes, keine Sorge. Aber du weißt ja, dass ich so gerne auftrete. Auf Stadtfesten und auf dem Weihnachtsmarkt hat es schon super geklappt, und es macht mir eine unbändige Freude.«

»Ja, Annika hatte schon so etwas in der Richtung erzählt. Sie hat mir gesagt, dass du gerne noch mehr Auftritte mit den Mädels machen wolltest, dass sie dich aber haben abblitzen lassen. Das hat ihr leidgetan, aber, na ja, du kennst ja Annika. Sie tanzt liebend gerne Zumba, aber nicht unbedingt auf einer Bühne vor vielen Menschen.«

»Ja, das hat sie mir ziemlich deutlich zu verstehen gegeben. Deshalb habe ich mir überlegt, alleine aufzutreten. Ich habe mir schon ein paar Choreografien ausgedacht, die auch ganz gut ankommen müssten, wenn ich sie alleine tanze. Und nun dachte ich, vielleicht wäre es möglich, dass ich bei dem einen oder anderen Event auftreten könnte, das Leon organisiert?«

Nicky sah Marc mit einem solch intensiven Augenaufschlag an, dem Leon niemals hätte widerstehen können.

Marc grinste. »So, das habt ihr euch gemeinsam ausgedacht?«

Er blickte Leon mit fragendem Ausdruck an.

»Eigentlich war es Nickys Idee, aber ich habe sie darin bestärkt. Ich könnte mir vorstellen, dass so ein Auftritt gerade auf Firmenfeiern ganz gut ankommt. Als Show-Act zwischendurch, eine Viertelstunde oder zwanzig Minuten. Zumindest könnte man das mal ausprobieren und schauen, wie es aufgenommen wird.«

Marc hatte die Arme vor der Brust verschränkt und schaute streng drein. Aber er hielt nicht lange durch. Schon zogen sich seine Mundwinkel nach oben.

»Natürlich können wir das machen. Das ist eine grandiose Idee, und ich bin mir sicher, dass es bei den Kunden gut ankommen wird. Lasst es uns doch gerne gleich in zwei Wochen ausprobieren. Da hast du doch das Event bei der Firma Eisenmann, Leon, oder?«

»Ja, daran habe ich auch gedacht. Der Inhaber ist richtig cool und auch noch ziemlich jung. Ihm würde das bestimmt gefallen. Wenn ihr möchtet, kann ich ihn gleich anrufen und fragen.«

Nicky war aufgesprungen und hüpfte auf der Stelle, bevor sie Marc und dann auch Leon um den Hals fiel.

»Ihr seid wirklich die Besten! Ich freue mich so, das ist ein riesiger Traum für mich. Wenn das klappt, dann …«

Nicky rang sichtbar mit Worten, so begeistert war sie und so übermannt von ihren eigenen Gefühlen. Ihre Energie füllte den Raum, und auch er konnte es kaum erwarten, seinen Events mit Nickys Auftritten noch ein extra Highlight zu verpassen.

»Klasse, dann haben wir einen Plan. Nicky, wie lange brauchst du denn Vorlauf für die Choreografie?«

»Ach, mir reichen zwei Tage. Ich habe mir schon alles ausgedacht und auch schon heimlich trainiert. Ich hatte gehofft, dass du so reagierst und mir eine Chance gibst.«

»Eigentlich ist es andersherum. Ich finde eher, dass du unseren Events eine Chance gibst. Ich freue mich, Nicky, das wird richtig klasse.« Marc klatschte in die Hände. Die Idee gefiel ihm wirklich gut. »Also, Leon, dann sollten wir vielleicht zurück in die Agentur gehen und einen Plan aushecken, was denkst du?«

»Nichts lieber als das.«

Leon konnte es kaum erwarten, in Nickys strahlende Augen zu blicken, wenn er ihr sagen würde, dass es mit dem Auftritt in zwei Wochen klappen würde. Denn er würde nicht aufgeben, bis er genau das erreicht hatte. Für Nicky. Und irgendwie auch für sich selbst.

Kapitel 7

Scars to Your Beautiful
Alessia Cara, 2015

Nicky blickte in den Spiegel. Was war so falsch an ihr? Vor wenigen Tagen noch hatte sie gedacht, ihr Traum würde endlich wahr werden. Sie spürte doch genau, dass da etwas zwischen ihr und Leon war. Noch nie hatte sie sich so zu einem Mann hingezogen gefühlt, und noch nie war sie sich so sicher gewesen, dass er der Richtige wäre. Der Eine. Und doch zog sich Leon immer wieder von ihr zurück. Es war, als würde eine unsichtbare Wand zwischen ihnen stehen. Jedes Mal, wenn sie sich näherkamen, machte er einen Rückzieher. Gerade so, als würde er gar nicht spüren, was zwischen ihnen war. So, als wäre Nicky nicht gut genug für ihn.

Erneut sah sie in den Spiegel, konnte aber nichts erkennen, was heute anders war als noch vor ein paar Wochen. Vielleicht wollte Leon sie einfach nicht? Möglicherweise war sie nicht sein Typ? Vielleicht suchte er nach etwas ganz anderem oder eben nach gar nichts? Sicher lag es an ihr. Sie war einfach nicht die Traumfrau, die sie so unbedingt sein sollte. Je mehr sie sich anstrengte, Leon zu beeindrucken, desto weniger gelang es ihr. Sie machte sich lächerlich.

Nicky wusste nicht viel über Leons Vergangenheit. Er machte ein großes Geheimnis daraus, und jedes Mal, wenn sich das Gespräch in diese Richtung entwickelte, blockte er ab. Er wollte schlicht nichts erzählen, was in seinem Leben geschehen war, bevor er in Engeltal angekommen war. Über die Zeit danach konnte man sich ganz normal mit ihm unterhalten, in seiner Vergangenheit jedoch klaffte ein großes schwarzes Loch. Irgendwas stimmte da nicht. Welches Geheimnis trug er mit sich herum, und warum wollte er sie ausschließen?

Nicky schüttelte den Kopf. Es sah ihr überhaupt nicht ähnlich, so viel zu grübeln, und vor allem nicht, an sich und ihrem Charakter zu zweifeln. Normalerweise war sie ein Quell der Fröhlichkeit, aber sie bemerkte selbst, dass sie sich in den letzten Tagen verändert hatte, weil Leon sie immer wieder zurückstieß. Jedes Mal, wenn Nicky sich ihm näherte, bog er den Kopf weg oder trat einen Schritt zurück, drehte sich um und lief einfach davon. Er ließ sie stehen, als wäre sie ein alter Sack Kartoffeln, der ihn nicht die Bohne interessierte. Und trotzdem sah sie das Leuchten in seinen Augen, das Lächeln, das bei jeder ihrer Begegnungen sein Gesicht erhellte.

Was genau war eigentlich sein Problem?

Und was genau war ihr Problem? Wenn Leon sie nicht wollte, dann hatte er eben Pech. Sie würde sich doch von so etwas nicht runterziehen lassen! Sie wusste doch, dass sie ein guter Mensch war. Sie war beliebt, hatte mit niemandem Probleme, und jeder fühlte sich von ihrer positiven Art angesprochen. Nur Leon nicht. Das machte sie unsicher, ließ sie zweifeln, und dieser Zweifel schob sich wie ein Schatten über ihr sonst so sonniges Gemüt. Sie hasste sich dafür, dass ein einzelner Mensch die Macht darüber hatte zu bestimmen, wie sie sich fühlte, für wie wertvoll sie sich hielt. Sie müsste es doch eigentlich besser wissen.

Jahrelang hatte sie an sich gearbeitet, hatte ihr Leben vollkommen auf den Kopf gestellt und war von einer in sich gekehrten Persönlichkeit zu einem fröhlichen und optimistischen Menschen geworden. Es hatte sie Jahre gekostet, ihre Schüchternheit zu überwinden. Und sie hatte nicht nur einmal über ihren Schatten springen müssen, um so zu werden, wie sie heute war. Oder vielmehr, wie sie bis vor ein paar Tagen gewesen war. Denn heute fühlte sie sich wieder wie die junge Nicky, zerfressen von Selbstzweifeln und Selbstvorwürfen.

Nickys Eltern hatten ihr immer das Gefühl gegeben, mit ihren vier Brüdern nicht mithalten zu können. Nie war sie schlau genug, ehrgeizig genug oder erfolgreich genug gewesen. Von klein auf hatte sie gelernt, dass es nur darauf ankam, sich im Leben zu beweisen. Hart zu arbeiten und etwas aus sich zu machen. Doch nichts, was sie tat, war gut genug gewesen. Irgendwann hatte sie sich selbst für eine Versagerin gehalten, die keine Liebe verdient hatte. Sie hatte gedacht, dass nie etwas aus ihr werden würde.

Nicky seufzte. Ihre Jugend war ein Alptraum gewesen, aber sie hatte diese Zeit hinter sich gelassen, hatte gelernt, auf eigenen Füßen zu stehen und sich selbst zu lieben. Und sie hatte das Studio ganz allein aufgebaut, um sich selbst zu beweisen, wozu sie fähig war. Sie hatte ihre Selbstzweifel hinter sich gelassen. Eigentlich.

Nicky wusch sich die Hände und spritzte sich gleich noch ein bisschen kühles Wasser ins Gesicht. Sie musste endlich aufhören, über Leon nachzudenken. Wenn er sie nicht wollte, dann würde sie sich ihm gegenüber ab sofort eben professioneller verhalten müssen. Sie würde versuchen, über seine blitzenden Augen hinwegzusehen, die süßen Grübchen, die sich bei jedem Lächeln in seine Wangen gruben und über seinen absolut göttlichen Körper. Sie musste einsehen, dass sie niemals zu Leon gehören würde, egal, wie sehr sie sich genau das wünschte.

Nicky schluckte. Wollte sie wirklich jetzt schon aufgeben? Sie straffte die Schultern und warf sich selbst einen strengen Blick zu.

»Du bist eine erwachsene, vernünftige Frau. Du siehst gut aus, bist intelligent und ein netter Mensch. Warum solltest du ihm nicht gefallen?«

Sie versuchte, sich selbst gut zuzureden, um zurück zu ihrem Selbstbewusstsein zu finden. Aber so richtig wollte es nicht klappen. Sie ließ die Schultern wieder nach vorne sinken und stützte sich auf dem Rand des Waschbeckens auf.

»Na klar, das glaubst du doch selbst nicht.«

Sie war noch nie in ihrem Leben so verliebt gewesen. Weil sie gedacht hatte, dass dieses Gefühl auf Gegenseitigkeit beruhte, hatte sie ihr Herz geöffnet, hatte Leon in ihr Leben gelassen und konnte ihn nun nicht mehr gehen lassen. Und doch hatte sie Angst davor, dass er sie mit seiner Zurückweisung verletzen würde. Noch mehr, als er das schon tat. Nicky hatte sich seit Jahren nicht so wertlos gefühlt. Und allein, dass ihr Leon dieses Gefühl gab, sollte ihr doch zeigen, dass sie sich von ihm fernhalten musste, dass sie ihr Herz von Neuem verschließen und einen anderen Weg zu ihrem Glück finden musste. Ihr Kopf wusste das alles. Und doch steckte der Stachel der Enttäuschung tief in ihrem Herzen. Was sollte sie dagegen tun? Sie sah Leon quasi jeden Tag. Sie hatten wegen des bevorstehenden Auftritts einiges zu besprechen. Außerdem kam er regelmäßig zu seinem Personal Training ins Studio. Und es fiel ihr so unsagbar schwer und mit jedem Mal noch schwerer, sich nicht an seine breite Brust zu kuscheln, ihn zu küssen und noch mehr.

Nein. Sie würde sich ab jetzt zusammenreißen. Sie würde darauf warten, dass Leon den ersten Schritt machte. Bis er weniger abweisend wäre und ihr zeigte, dass er sie genauso wollte wie sie ihn. Sie würde ihm die Initiative überlassen, denn sie wollte ihn nicht überfahren.

Aber vielleicht würde sie in nächster Zeit versuchen, ihm die Entscheidung zu vereinfachen.

Endlich fand ein kleines, vorsichtiges Lächeln den Weg zurück in ihr Gesicht. Genau, das war ein guter Plan. Sie würde Leon so viel Appetit machen, dass er sie unmöglich weiter zurückstoßen könnte. Wenn er dann endlich begriffen hatte, dass sie zusammen gehörten, würde sie sich noch einmal überlegen, ob er wirklich der Richtige war und sie sich auf ihn einlassen wollte. Aber bis dahin musste sie die Füße stillhalten. Nicky strich sich die roten Haare aus dem Gesicht, hob das Kinn und straffte die Schultern. Ja, so könnte das etwas werden.

Kapitel 8

I Won't Back Down
Tom Petty, 1989

»Du weißt, was du tust, oder?«
Pia hatte sich vor Leon aufgebaut. Gerade an diesem Abend hätte er ein bisschen Ruhe gebraucht. Darum hatte er sich mit einem Buch auf das Sofa zurückgezogen. Pia hatte wohl andere Pläne für den Abend.

»Was genau meinst du denn?« Seufzend schloss er das Buch. Gerade einmal fünf Seiten hatte er gelesen, und er hatte eigentlich keine Lust, mit seiner Schwester wieder irgendetwas zu diskutieren. Die letzten Wochen waren anstrengend gewesen. Zum einen die Einarbeitung in der neuen Firma, die vielen Events, die darauf warteten, umgesetzt zu werden. Und dann auch noch Pias Veränderung, die Tatsache, dass sie sich immer mehr in sich zurückzog. Er machte sich Sorgen um seine Schwester, aber er versuchte sich einzureden, dass die Zeit die Wunden heilen würde. Dass sie irgendwann zurück zu ihrem wahren Ich fand.

Er hatte sich entschieden, diese Sache mit ihr gemeinsam durchzustehen. Klar, auch er hatte Angst, dass die Schweine ihnen auf die Spur kommen könnten. Aber ihm fiel es leichter, sich auf den Neuanfang in Engeltal einzulassen. Schließlich brachte es niemandem etwas, immer nur damit zu hadern, was passiert war. So ungerecht es auch war, dass sie in diesen Schlamassel hineingeschlittert waren. Die idyllische Umgebung sollte

Pia helfen, sich an den kleinen Dingen zu freuen. Er schaffte es doch auch, sich abzulenken.

Okay, da war Nicky, die ihm quasi vierundzwanzig Stunden am Tag im Kopf herumgeisterte. Nicht einmal in seinen Träumen hatte er vor ihr Ruhe. Sie verfolgte ihn Tag und Nacht. Und er verfluchte seine Situation, sie ausgerechnet jetzt kennengelernt zu haben.

»Was ich meine? Das sollte dir klar sein.«

»Kannst du mir vielleicht sagen, was das Problem ist? Ich hatte einen anstrengenden Tag und habe jetzt echt keinen Bock mehr, Rätsel zu raten.«

»Nicky?!«

»Was genau ist mit ihr?«

»Mensch, Leon, ich habe Augen im Kopf. Ich sehe doch, wie viel Zeit ihr miteinander verbringt, und vor allem sehe ich das Strahlen in deinen Augen, wenn Nicky in die Agentur kommt, um mit dir irgendwelche Kleinigkeiten zu besprechen. Ich kriege mit, wie du sie ansiehst. Du bist ihr richtiggehend verfallen.«

»Ach, jetzt mach mal halblang. Ich mag sie, und wir arbeiten zusammen ...«

»Leon, das kannst du irgendjemand anderem erzählen. Ich kenne dich wie kein zweiter, und ich sehe, wenn du verliebt bist.«

»Okay. Nicky gefällt mir. Ich würde sie gerne richtig kennenlernen. Ich habe so meine Schwierigkeiten damit, ihr aus dem Weg zu gehen. Zufrieden?« Er erhob erst die Hände zur Kapitulation und ließ sie dann fallen. Nur, um im nächsten Moment den Kopf in die Hände sinken zu lassen und ihn zu schütteln.

»Ich wusste es. Ich habe geahnt, dass es zu Problemen kommen würde. Leon, du weißt doch, dass du jetzt keine Beziehung eingehen kannst. Muss ich dir das wirklich so deutlich sagen? Schalte doch endlich mal deinen Kopf ein.«

»Das hat mit meinem Kopf recht wenig zu tun. Mein Kopf weiß genau, dass es nicht sein darf. Steiner hat uns das oft genug eingetrichtert. Pia, was soll das? Das weiß ich doch alles selbst. Zwischen mir und Nicky läuft nichts.«

»Im Grunde geht es mich gar nichts an, aber ich möchte nicht, dass du uns in Gefahr bringst, verstehst du das? Begreifst du, was auf dem Spiel steht?«

»Pia, jetzt halt mal die Luft an! Ich weiß, dass es nicht sein darf, und ich werde mich daran halten.«

»Das hoffe ich sehr, denn wenn du mit einer Liebelei unser beider Leben in Gefahr bringst, würde ich dir das niemals verzeihen.«

Pia drehte sich um und verließ das Wohnzimmer. Er hörte noch, wie sie ihre Zimmertür mit voller Wucht zuwarf, um ihre harten Worte zu unterstreichen.

Es tat ihm leid für seine Schwester. Wieder einmal haderte er mit dem Schicksal. Es war so ungerecht, dass ausgerechnet sie zur falschen Zeit am falschen Ort gewesen war. Sie konnte nichts dafür, dass sie in diese verdammte Sache hineingezogen worden war, es hätte genauso gut ihn treffen können. Sie hatten gemeinsam beschlossen, dass sie die Konsequenzen tragen würden. Sie hatten ihre Jobs gekündigt, die Wohnungen aufgegeben, im Grunde ihr ganzes Leben, und waren untergetaucht. Zu ihrer eigenen Sicherheit. Aber es war hart, so verdammt hart.

Er wusste, dass Pia recht hatte mit ihren Bedenken, und trotzdem machten ihn ihre Vorhaltungen wütend.

Erbost warf er den Roman quer durchs Zimmer. Er klatschte an die Wand und landete mit einem lauten Knall auf dem Boden. Leon hatte nicht vergessen, dass er gerade jetzt keine Beziehung beginnen konnte. Jeden einzelnen Tag erinnerte er sich daran, dass sie um jeden Preis verhindern mussten, Aufmerksamkeit auf sich zu ziehen. Und jeden Tag verfluchte er seine Lage mehr. Dazu brauchte er keine Schwester, die ihn darauf hinwies. Was fiel ihr eigentlich ein? Das hier war sein Leben, und sie hatte sich da rauszuhalten. Nur wegen Pia war er überhaupt in dieser Situation.

Wütend strich sich Leon eine Strähne aus der Stirn. Nein, so durfte er nicht denken. Auch Pia hatte sich dieses Leben nicht ausgesucht, und er wusste, es war ungerecht, es ihr in die Schuhe zu schieben. Und doch war er im Moment so verzweifelt, dass sich seine Wut über seiner Schwester entlud. Es kostete ihn all seine Kraft, nicht an ihre Tür zu hämmern und sie zu beschuldigen, dass sie dabei war, sein Leben zu zerstören. Dazu durfte er sich nicht hinreißen lassen. Er wusste, dass Pia ihm eine solche Entgleisung niemals verzeihen würde. Und ihm war klar, dass sie selbst sich genug Vorwürfe machte und ihrem neuen Leben herzlich wenig abgewinnen konnte. Die letzten Monate hatte sie in Angst verbracht, und es tat ihm leid zu sehen, was das bei ihr anrichtete. Und doch war dieses Gespräch so ziemlich das Letzte gewesen, was er an einem solchen Abend gebraucht hatte.

Plötzlich verließ alle Kraft seinen Körper, und er fiel zurück auf das Sofa. Die Situation war ausweglos. Nicky ging ihm unter die Haut. Er wusste nicht, warum. Und es spielte auch überhaupt keine Rolle. Er musste sich genau diese überwältigenden Gefühle verbieten. Nur wie?

Kapitel 9

Kiss Me

Sixpence Non the Richer, 1999

»Noch zwei mehr. Du schaffst das.«

Nicky beobachtete, wie Leon verzweifelt versuchte, zwei weitere einhändige Liegestütze zu machen. Sie hatte ihn heute extrem gequält, aber das hatte er in ihren Augen verdient. Das Schöne am Personal Training war, dass sie sich für sein Ausweichen an ihm rächen konnte, ohne dass er es bemerkte.

»Geschafft.« Leon brach zu ihren Füßen quasi zusammen und lag schnaufend auf dem Boden.

»Na, na, du bist doch kein alter Mann. Ich glaube, wir müssen noch viel mehr an deiner Kondition arbeiten.«

»Gott bewahre, nicht noch mehr, hab doch Mitleid mit mir!«

Nicky grinste. »Ach, ich weiß nicht, ob ich bei dir Gnade walten lassen sollte.«

Leon rappelte sich auf und stellte sich direkt vor Nicky. Er stand nur etwa zehn Zentimeter vor ihr. »Und warum nicht?«

»Weil ich glaube, dass du ein böser Junge bist, und es nicht anders verdient hast.«

Nicky drehte sich um und lief in Richtung Musikanlage. Sie achtete darauf, ihre Hüften lasziv zu bewegen, und spürte Leons Blicke auf ihrem Hintern. Wie zufällig streckte sie ihm eben diesen entgegen, als sie sich um die Lautstärke der Musik kümmerte. Leons Atem war noch etwas lauter geworden. Sie drehte sich um und lächelte Leon zu.

»Na, was meinst du? Soll ich Gnade walten lassen?«

Mit wenigen Schritten kam er zu ihr. »Ja, unbedingt. Ich revanchiere mich auch.«

Mit diesen Worten zog Leon Nicky in seine Arme. Sein Mund drückte sich hart auf ihren, und all die Energie, die sich in den letzten Wochen zwischen ihnen aufgeladen hatte, entlud sich in diesem einen Kuss. Er war wie eine Explosion, und Nicky drückte sich eng an Leon. Dieser Kuss dürfte niemals zu Ende gehen, denn er war genau das, was sich Nicky so sehr wünschte. Er ließ ihr Herz vor Freude springen, ihre Knie wurden weich, und ja, sie stand regelrecht in Flammen. Sie wollte diesen Mann mit jeder Faser ihres Körpers. Koste es, was es wolle. Sie ließ ihre Hände unter sein Shirt wandern, spürte die harten Muskeln, die sich bei ihrer zarten Berührung noch mehr anspannten. Leon drückte sie an sich und vertiefte den Kuss. Nicky ließ sich fallen. Es sah aus, als wäre sie am Ziel ihrer Träume angekommen.

Doch plötzlich schob Leon sie weg. Nicky überkam ein kurzes Frösteln. Sie wollte unbedingt zurück in seine starken Arme, wollte ihn an sich spüren, wollte selbst diese paar Zentimeter zwischen ihnen überwinden.

Leon fuhr sich über sein Gesicht. Er sah verwirrt aus, die Augen hatte er unnatürlich aufgerissen, er schnappte nach Luft.

»Nicky, das …«

Sie spürte die Enttäuschung wie einen Faustschlag in den Magen, noch bevor Leon seinen Satz beendet hatte. Sie wusste, was er sagen würde. Es hatte sich überhaupt nichts verändert. Sie waren einen Schritt weiter gegangen, aber jetzt würde er sie wieder abweisen. So, wie er das in den letzten Tagen immer getan hatte. Sie legte einen Finger auf seine Lippen.

»Leon, bist du sicher, dass du jetzt etwas sagen solltest? Bitte zerstöre nicht diesen wunderschönen Moment.«

Sie sah einen Schatten, der sich über seine Augen legte. Nein, bettelte sie in Gedanken, lass mich jetzt nicht einfach stehen.

Als könnte Leon ihre Gedanken lesen, streichelte er sanft über die Wange. »Nicky, es ist ... Ich weiß nicht, wie ich es erklären soll. Aber ich denke, wir sollten uns mehr Zeit lassen. Es geht mir einfach alles zu schnell. Wir kennen uns überhaupt nicht richtig, und ich denke, wir sollten jetzt nicht weitergehen.«

»Ist das dein Ernst? Du bist der erste Mann auf der Welt, der abbricht, bevor er eine Frau in seinem Bett hat. Leon, was ist dein Problem?«

»Es gibt kein Problem, Nicky. Vertrau mir bitte. Lass es uns langsam angehen, in Ordnung?«

Sie ließ den Kopf hängen. »Natürlich, wenn du das möchtest.«

Ein letztes Mal streichelte Leon über ihre Wange, ließ den Daumen sanft über ihren Mund streifen. Wie sehr sie sich wünschte, dass er sie genau dort mit seinen Lippen berührte! Dieser Kuss war der Wahnsinn gewesen, er hatte ihr kurzzeitig den Boden unter den Füßen weggezogen, auf dem sie nun wieder hart landete.

»Ich glaube, es ist besser, wenn ich jetzt gehe. Das Training war auch so schon intensiv genug, und ich habe Angst, dass du mich jetzt erst recht bestrafst.« Leon versuchte, die angespannte Atmosphäre durch seinen flapsigen Spruch aufzulockern. Es gelang ihm nicht.

Nicky wurde von einer Welle der Enttäuschung überschwemmt. Was genau sollte das hier mit ihnen eigentlich werden?

Ohne eine Antwort von ihr abzuwarten, drehte sich Leon um, schnappte seine Sporttasche und verließ das Studio. Dieses Mal, ohne zu duschen und sich umzuziehen. Wahrscheinlich würde er sich draußen den Tod holen, aber auch das konnte sie nicht ändern, und es war ihr auch egal. Dass Leon sie jetzt allein ließ, sagte mehr als tausend Worte. Er gab ihr mehr als deutlich zu verstehen, dass er zwar die Spannung zwischen ihnen spürte, eine tiefere Verbindung aber nicht zulassen wollte. Dass er jetzt ging, ohne sie ein weiteres Mal zu küssen, machte alles kaputt. Nicky wusste überhaupt nicht mehr, wie sie sich Leon gegenüber verhalten sollte. War das jetzt der Anfang von etwas gewesen oder das Ende? Was sollte diese Hinhaltetaktik? Und was verschwieg Leon? Was war sein Problem? Sie spürte doch, dass auch er sich zu ihr hingezogen fühlte, warum ließ er die Nähe nicht zu? Hatte er schlechte Erfahrungen gemacht, war er verlassen worden, hatte eine Frau sein Herz gebrochen? Oder gab es vielleicht ganz andere Gründe für seine Zurückhaltung? Und lagen diese Gründe in ihr oder in ihm selbst?

Nicky ließ sich auf dem Boden plumpsen und setzte sich im Schneidersitz mitten in ihren Trainingsraum. Tränen der Verzweiflung traten in ihre Augen, aber sie wischte sie wütend weg. Leon spielte mit ihr. Er allein legte die Spielregeln fest, und sie hatte nach seiner Pfeife zu tanzen. Das war nicht nur unfair, das war ein absolutes No-Go. Erst küsste er sie, als gäbe es kein Morgen, und dann war's das? Was dachte er eigentlich, wer er war? Nicky könnte zehn Verehrer haben. Aber sie wollte nur ihn, und das wiederum war ihr Problem, nicht seines.

Sanft ließ sie die Finger über ihre Lippen gleiten. Sie waren leicht geschwollen und kribbelten noch von Leons atemberaubenden Kuss. Eines stand für sie fest: Sie wollte Leon entweder ganz oder gar nicht. So eine halbgare und offene Beziehung war überhaupt nicht ihr Ding. Sie wollte einen Partner, der fest an ihrer Seite stand und sie unterstützte. Keinen Mann, über den sie sich den ganzen Tag den Kopf zerbrechen musste und der sie mehr verwirrte als beruhigte. Sie wusste, dass er das Zeug zu genau diesem Partner hätte. Aber wie es aussah, wollte er es einfach nicht sein.

Sie seufzte. Bald würde sie ihren ersten Auftritt haben, und sie wusste noch nicht, wie sie sich überhaupt darauf konzentrieren sollte.

Kapitel 10

Can't Help Falling in Love
Elvis Presley, 1961

Leon stapfte durch den kleinen Stadtpark in Engeltal. Die Wege waren mit Kies gestreut und an den Rändern wuchsen große, alte Bäume. Manche davon ließen ihre Äste bis zum Boden hängen. Er war sich sicher, im Sommer würden sie wohltuenden Schatten spenden. Die Beete rechts und links waren für den kommenden Frühling vorbereitet, und in wenigen Wochen würde es überall zu blühen beginnen. Doch Leon hatte im Moment keine Augen für die Schönheit des Parks. Er wollte einfach nur alleine sein.

Er hatte die Kontrolle verloren. Das hätte niemals passieren dürfen. Aber was sollte er sagen? Er war halt auch nur ein Mann, und Nicky hatte ihm gehörig den Kopf verdreht. Er hatte so sehr dagegen angekämpft, aber er hatte geahnt, dass er ihr nicht lange würde widerstehen können. Jetzt hatte er den Salat. Er hatte Nicky vor den Kopf gestoßen. Wie musste sie sich jetzt nur fühlen? Erst wollte er ihr an die Wäsche, und bevor es ernst wurde, ließ er sie einfach stehen. Sein Verhalten war unverzeihlich, und er hatte keine Ahnung, wie er es ihr erklären sollte. Aus diesem Grund war er so schnell wie möglich aus dem Studio geflohen. Jetzt lief er in kurzen Hosen bei zwei Grad durch den Stadtpark, aber er spürte die Kälte überhaupt nicht. Im Gegenteil, ihm war so heiß geworden, dass er die Temperaturen um sich herum gar nicht wahrnahm. Was sollte er jetzt nur tun?

Sein Herz riet ihm dazu, sofort umzudrehen und Nicky zurück in seine Arme zu ziehen. Sein Kopf wiederum verbot ihm genau dies. Warum nur konnte er beides nicht mehr in Einklang bringen? Was hatte Nicky an sich, das ihn so komplett aus der Bahn warf? Er hatte doch auch schon früher schöne Frauen kennengelernt. Doch keine hatte ihm so den Kopf verdreht wie dieses kleine, gut gelaunte Geschöpf, das er gerade ziemlich bedröppelt zurückgelassen hatte. Er war so ein Idiot. Nun hatte er Nicky unberechtigte Hoffnungen gemacht. Hatte sie spüren lassen, dass er Gefühle für sie hatte, hatte sie hinter seine Mauer blicken lassen. Und dabei wusste er doch, dass das äußerst gefährlich war.

Pia hatte ihn gewarnt, aber er hatte alle ihre Mahnungen in den Wind geschlagen. Er hatte ihr nicht glauben wollen, dass es besser wäre, sich von Nicky fernzuhalten. Wie sollte er seiner Schwester erklären, was passiert war? Wie sollte er ihr in die Augen schauen und ihr beichten, dass er Nicky geküsst hatte?

Und warum verdammt noch mal war es ihm so wichtig, was sie dazu sagte? Es waren sein Leben, seine Liebe und sein Herz. Und Nicky war seine Traumfrau. Im Prinzip ging es Pia überhaupt nichts an, und doch konnte er ihr das nicht antun. Er wusste, dass sie sich auf ihn verließ, dass er der Einzige war, den sie noch in ihr Leben lassen wollte, der Einzige, dem sie vertraute. Sie hatte sich noch immer nicht in Engeltal eingelebt, hatte sich keinerlei Mühe gegeben, sich mit den Mädels anzufreunden. Sie war nur in der Agentur oder zuhause. Sie verschloss sich, und sie verschloss ihr Herz, und nun erwartete sie, dass er es ihr gleichtun würde. Aber das brachte er nicht über sich. Er musste hier in Engeltal Fuß fassen, und er wollte es unbedingt. Es war ihm wichtig, was die Jungs von ihm hielten, und es war ihm noch wichtiger, Nicky nicht zu verletzen. Und doch hatte er genau das gerade getan. Das war unverantwortlich. Pia gegenüber, aber auch Nicky und sich selbst gegenüber.

In Gedanken versunken war Leon einmal durch den gesamten Park gelaufen. Nun stand er am Rand des Stadtgartens und würde wieder umdrehen müssen. Warum nur war er so unvernünftig gewesen? Im letzten Moment hatte ihm sein Kopf verboten, den nächsten Schritt zu gehen. Was hätte er dafür gegeben, Nicky in sein Bett zu ziehen? Und noch immer war dieser unbändige Wunsch in ihm, sie in den Armen zu halten und zu spüren. Er wollte mehr von ihr, wollte mehr mit ihr erleben, wollte ihr zeigen, was sie ihm bedeutete. Ihm war klar, dass Nicky sich nicht auf eine lose Bindung einlassen würde, ein Sexabenteuer war sicher das Letzte, worauf sie aus war. Er war sich sicher, dass sie sich eine Beziehung wünschte. Genau das wollte er in der Tiefe seines Herzens auch, aber es ging einfach nicht. Andererseits brachte er es auch nicht über sich, sich von ihr fernzuhalten.

Wütend kickte er einen größeren Stein gegen einen Baum. Mit einem dumpfen Geräusch prallte er von der krustigen Rinde ab und landete wieder direkt vor ihm. Genauso fühlte er sich im Moment, als wäre er gegen ein großes Hindernis geprallt und würde jetzt auf dem Rücken liegen und nicht wissen, wie er sich wieder aufraffen sollte. Er musste dringend eine Lösung finden.

Die ersten Schneeflocken begannen leise, um ihn herum zu schweben. Na klasse, Schnee hatte ihm gerade noch gefehlt. Langsam kam er wieder zu sich. Er warf sich seine Tasche über die Schulter und beschleunigte seine Schritte. Er musste unbedingt nach Hause, um zu duschen und sich umzuziehen. Sonst würde er sich hier draußen noch den Tod holen.

Kapitel 11

Eye of the Tiger
Survivor, 1982

»Mein Gott, gleich geht es los. Meinst du, es wird klappen?«
»Natürlich, daran habe ich nicht den geringsten Zweifel.« Emma nahm Nicky fest in den Arm. Der erste große Auftritt stand bevor, und Nicky tigerte durch die kleine Umkleidekabine, die Leon ihr notdürftig eingerichtet hatte. Hier konnte sie sich umziehen und ein bisschen einstimmen. Schließlich würde sie gleich eine grandiose Show abliefern, und wenn Muskeln und Gelenke nicht aufgewärmt wären, könnte das gefährlich sein.

Nicky hatte lange überlegt, ob sie diesen Auftritt überhaupt durchziehen sollte. Sie hatte sich so darauf gefreut. Seit sie mit Marc gesprochen hatte, waren zwei Wochen vergangen, und sie hatte jeden Tag genutzt, um sich auf diesen einen Moment vorzubereiten. Schließlich ging es um die Möglichkeit, bei weiteren Events aufzutreten. Wenn sie heute kniff oder ihren Auftritt verdarb, dann war's das mit ihrem Traum.

Gleichzeitig hatte sie große Angst davor, Leon gegenüberzutreten. Vorhin hatte er sie in die Umkleidekabine begleitet, aber Emma war stets an ihrer Seite gewesen und hatte ihr die nötige Kraft gegeben. Wenn sie nun auf die Bühne ging und ihre Show aufführte, würde er vor der Bühne stehen und jeden einzelnen ihrer Schritte begutachten.

Seit ihrem Kuss hatten sie nicht mehr miteinander gesprochen. Das war jetzt zwei Tage her, und sie wusste einfach nicht, wie sie sich Leon gegenüber verhalten sollte. Der Kuss war der Himmel gewesen, sein Abgang gleich danach glich der Hölle. Noch selten hatte sie einen solchen Ausbruch an unterschiedlichsten Gefühlen in so kurzer Zeit erlebt. Sie wollte ihn unbedingt spüren, mit Haut und Haar. Und doch hatte sie Angst davor, wieder abgewiesen zu werden. Sie fürchtete sich vor seinem kühlen Blick, davor, dass er sie einfach wieder stehen ließ. Davor, dass er ihre Selbstzweifel wieder heraufbeschwor und ihr das Gefühl gab, nicht gut genug zu sein. Es war wundervoll gewesen, und schrecklich zugleich. Sie hatte die Büchse der Pandora geöffnet, und nun konnte sie diese nicht mehr verschließen, zu schön war das Gefühl gewesen, das Leon mit diesem Kuss ausgelöst hatte. Sie wusste, sie würde mit ihm sprechen müssen, sie mussten klären, was zwischen ihnen war. Sie musste wissen, ob es eine Möglichkeit gab, dass mehr aus der ganzen Sache würde. Dieses Gespräch müssten sie bald führen, denn es machte sie wahnsinnig, ständig darüber nachzudenken. In einer dauernden Gedankenschleife sah sie Leon vor sich: einmal in ihrem Arm, gleich darauf dann seinen abweisenden Gesichtsausdruck.

»Süße, jetzt schau doch nicht so unglücklich. Du bist doch genau dort, wo du immer sein wolltest. Marc hat dir diese Chance gegeben, und ich bin mir sicher, dass du sie nutzen wirst. Du wirst sie alle umhauen, das weiß ich ganz genau.«

Nicky lächelte schief. Sie hatte Emma bisher nicht gesagt, was mit Leon passiert war, sie konnte doch ihre Gedanken und Gefühle selbst nicht einordnen und schon gar nicht in Worte kleiden. Emma musste also davon ausgehen, dass allein der bevorstehende Auftritt für ihren angespannten Gang durch die Umkleidekabine verantwortlich war.

»Ja, bestimmt wird alles gut gehen. Ich habe genug geübt, aber ich weiß auch, was davon abhängt. Und das macht mich nervös.«

Nicky ließ Emma in dem Glauben, dass es hier rein um den Auftritt ging und nicht um einen supersexy Mann, der in wenigen Minuten vor der Bühne stehen würde. Sie würde definitiv nicht in seine Augen schauen können, sondern musste den Blick über das restliche Publikum schweifen lassen. Hoffentlich würde Leon irgendwo am Rand stehen, so dass sie ihn ausblenden könnte. Sie verachtete sich dafür, dass sie sich so durcheinanderbringen ließ. Sie sollte sich komplett auf ihren Auftritt konzentrieren. Das war sie Marc schuldig, und vor allem war sie es sich selbst schuldig. Sie hatte hart für diesen Auftritt trainiert, und sie hatte all ihren Mut zusammengenommen, um Marc nach dieser Möglichkeit zu fragen. Wenn sie ihn jetzt enttäuschte, wäre das nicht nur hart für ihn, sondern vor allem für sie selbst. Sie würde die Achtung vor sich selbst einbüßen, ihr im Moment sowieso schon angekratztes Selbstbewusstsein würde sich komplett auflösen. Aber so weit würde es nicht kommen. Sie nahm sich fest vor, Leon keinen einzigen Blick zu schenken. Sollte er bleiben, wo der Pfeffer wächst. Sie würde ihm garantiert nicht hinterherrennen, das hatte sie gar nicht nötig. Seine komplizierten Spielchen konnten ihr gestohlen bleiben, und er gleich mit.

Auf der anderen Seite, wenn sie diese Chance nutzte und den Auftritt gut hinter sich brachte, würde sie häufiger mit Leon zusammenarbeiten. Sie würden sich bei Proben sehen und natürlich bei ihren Auftritten. Eigentlich hatte Leon vor dem Event noch eine Generalprobe machen wollen, um sicherzugehen, dass alles klappte und ihre Performance dem Kunden gefallen würde. Aber er hatte sich wohl nicht getraut, ihr unter die Augen zu treten. Tja, heute würde er sich ihr nicht entziehen können. Und sie sich ihm auch nicht.

In diesem Moment klopfte es. Leon wagte es nicht, den Kopf hindurch zu strecken, also sprach er durch die geschlossene Tür: »Nicky? In fünf Minuten kann's losgehen. Der Inhaber beendet gerade seine Rede, und dann werde ich die Bühne entsprechend umbauen. Bist du so weit? Alles okay?«

»Ja, klar, alles bestens.« Nicky konnte sich den scharfen Unterton in ihrer Antwort nicht verkneifen. Was dachte er denn, wie es ihr ging? Nahm er etwa an, sie könnte dieses ganze Gefühlswirrwarr genauso schnell abschütteln wie er? Er sollte ruhig wissen, dass sie sauer auf ihn war. Entweder nahm er ihren Sarkasmus nicht wahr, oder er wollte die unterschwellige Botschaft nicht hören. Seine Antwort war kurz und bündig.

»Alles klar, dann bis gleich.«

Sie spürte den Blick ihrer Freundin auf sich ruhen, aber das war nicht der richtige Moment, um Emma in diese ganze verfahrene Situation einzuweihen. So ein Gespräch würde viel zu viele Gefühle nach oben spülen, die sie vor ihrem Auftritt garantiert nicht gebrauchen konnte.

»Sag mal, Nicky, …«

Nicky drehte sich zu Emma um und nahm sie kurz in den Arm. »Emma, ich weiß es sehr zu schätzen, dass du hier bist. Danke für's Aufmuntern. Den Rest erzähle ich dir gerne in den nächsten Tagen. Ich muss mich jetzt komplett auf meinen Auftritt konzentrieren, das verstehst du, oder?«

Wie Nicky erwartet hatte, nickte ihre Freundin und strich ihr beruhigend über den Arm. »Natürlich, alles zu seiner Zeit. Jetzt drücke ich dir erstmal fest die Daumen.«

Nicky straffte die Schultern, atmete noch einmal tief ein und verließ die Umkleidekabine in Richtung Bühne. Der Moment war gekommen, und sie würde für die nächsten zwanzig Minuten alles andere von sich abprallen lassen. Sie hörte, wie der Inhaber des Unternehmens, Herr Eisenmann, sie ankündigte, und schluckte noch einmal.

»Und nun, liebe Mitarbeiterinnen und Mitarbeiter, darf ich Ihnen das Highlight unseres heutigen Abends präsentieren. Ja, tatsächlich, es gibt noch etwas Besseres als meine Rede.«

Das Publikum kicherte. Der Chef war tatsächlich ziemlich entspannt und schien bei seinen Mitarbeitern beliebt zu sein. Nicky war froh, dass sie ihren ersten Auftritt in einem Unternehmen mit so einem lockeren Umgangston hatte. Wäre der Chef ein alter, griesgrämiger Mann, wäre sie in diesem Moment sicherlich noch aufgeregter gewesen, als sie es sowieso schon war.

»Ich präsentiere Ihnen heute Nicky mit ihrer einzigartigen Tanzshow, die sie nur für uns choreografiert hat. Ich bin schon sehr gespannt und wünsche Ihnen und mir nun ein paar unvergessliche Minuten.«

Applaus brandete auf, und Nickys Knie wurden weich. Es machte eben doch einen riesigen Unterschied, alleine auf der Bühne zu stehen, anstatt den Rückhalt der Mädels zu spüren.

Herr Eisenmann klopfte ihr noch einmal aufmunternd auf die Schulter. »Viel Erfolg, und was noch wichtiger ist: Viel Spaß. Wir sind alle schon sehr gespannt und freuen uns total auf Ihren Auftritt.«

Mehr konnte sie nicht verstehen, denn in diesem Moment setzten die Bässe ein. Laute Musik schallte aus der Anlage, und das war ihr Einsatz. Energie schoss durch ihren Körper, jetzt wusste sie, sie würde das packen. Das hier war ihr Traum, und den würde sie sich von niemandem kaputtmachen lassen.

Nicky setzte ein strahlendes Lächeln auf, zog den Vorhang beiseite und stürmte auf die Bühne.

Kapitel 12

Let's Get It On
Marvin Gaye, 1973

Nicky trug ein viel zu knappes Outfit für sein Empfinden. Wie ein kleiner Wirbelwind sprang sie über die Bühne und bewegte sich dabei mehr als lasziv. Sie ließ die Hüften kreisen, beugte sich nach vorne und streckte ihm ihren perfekten Hintern fast ins Gesicht. Leon konnte den Blick einfach nicht von ihr abwenden. Er hatte Nicky schon immer anziehend gefunden, aber was sie da gerade auf der Bühne abzog, brachte ihn fast um den Verstand. Ob sie das absichtlich tat? War das ihre Rache dafür, dass er sie nach dem Kuss einfach so hatte stehen lassen? Er schüttelte den Kopf. Ach was, wahrscheinlich ging es hier überhaupt nicht um ihn.

Nicky hatte eine fantastische Show einstudiert. Jeder Schritt saß, und die Musikauswahl war perfekt. Mit größter Mühe wandte Leon den Blick von ihr ab und besah sich die Mitarbeiter der Firma. Es waren hauptsächlich Männer, die sich vor der Bühne versammelt hatten und sich von den heißen Rhythmen mitreißen ließen. Die meisten waren zwar schon weit über ihren Zenit hinaus, aber da standen auch einige junge, attraktive Kerle um ihn herum und wippten im Takt. Nicky schenkte ihm keinen Blick. Im Gegenteil, es war fast so, als vermiede sie absichtlich, ihn anzusehen. Sie hatte den Blick auf einen großen Mann gerichtet, der sie lüstern anhimmelte. Wenn der auch nur einen Schritt auf Nicky zuging, würde er ihm den Arm brechen. Sie gehörte ihm, niemandem sonst. Doch in diesem Moment sah er seine Chancen deutlich schwinden. Warum sollte Nicky sich eigentlich mit ihm abgeben? Er hatte sie nicht gerade gut behandelt. Er wusste, dass er sie tief verletzt hatte. Warum sollte sie sich nicht einen von diesen jungen Kerlen hier schnappen und ihren Spaß mit ihm haben? Er musste endlich einsehen, dass er nun wirklich nichts Besonderes war. Nicky gab ihm mit jedem Blick, den sie einem anderen Mann zuwarf, genauestens zu verstehen, dass er ein Nichts war.

Mit einer fahrigen Bewegung strich er seine Haare aus der Stirn. Es war nicht auszuhalten. Die Show war der Hammer, doch für ihn war es die reinste Qual. Hoffentlich war der Auftritt bald zu Ende.

Der Auftraggeber schien mehr als zufrieden zu sein. Mit strahlendem Gesicht klatschte er völlig falsch im Takt, aber das schien niemanden zu stören. Eigentlich sollte sein Hauptanliegen sein, seinen Auftraggeber glücklich zu machen. Wenn es nur so einfach wäre.

Im Moment wünschte er sich nur, alleine mit Nicky zu sein. Er würde mit den Fingerspitzen über ihre erhitzte Haut streifen und ihren wundervollen Körper an sich drücken. O mein Gott, er musste diese Gedanken unbedingt sofort unterbinden. Was war nur in ihn gefahren? Er war hier dafür verantwortlich, dass das Event reibungslos ablief, und nun stand er hier und hatte nur Augen für Nicky? Schließlich hatte er selbst noch ein paar Punkte auf der Liste, die trotz aller Planung schieflaufen könnten. Er brauchte unbedingt einen klaren Kopf. Wenigstens für die nächsten Stunden.

In diesem Moment verhallte der letzte Ton von Nickys Playlist. Sie stand auf der Bühne, strahlte über das ganze Gesicht und verbeugte sich. Die Menge jubelte und klatschte. Sie feierten Nicky wie einen großen Star.

»Vielen Dank, das ist lieb. Ich hoffe, die Show hat Ihnen gefallen, und ich würde mich sehr freuen, wenn Sie mich weiter empfehlen.«

Leon sah ihr an, dass sie erleichtert und verdammt stolz auf sich und ihren Auftritt war. Und das konnte sie auch sein. Sie hatte hart trainiert, und er gönnte ihr den Erfolg von ganzem Herzen.

Aus dem Augenwinkel nahm er eine Bewegung wahr und bemerkte, wie der Typ von vorhin sich seinen Weg Richtung Bühne bahnte. Schnell stellte er sich zwischen ihn und Nicky.

»Ich würde sagen, bis hierher, in Ordnung?«

Der Kerl blickte ihn überrascht an. Er war einen halben Kopf größer als Leon, hatte stahlblaue Augen und einen stechenden Blick. Der Muskelprotz schnaubte genervt.

»Und du bist wer?«

»Ich bin hier der Eventmanager, daher steht Nicky steht unter meinem Schutz.«

»Und das gibt dir das Recht, mir den Zugang zur Bühne zu verwehren?«

Der Mann starrte ihn aus zu Schlitzen verengten Augen an.

»Ja, ich glaube schon.«

Leon wandte sich ab und wollte gerade zu Nicky auf die Bühne springen, als der Typ ihn am Hemdkragen schnappte und wieder zu sich herumdrehte.

»Ich glaube nicht, dass du in der Position bist, mir zu sagen, was ich zu tun habe. Oder siehst du das anders?«

Leon roch den alkoholgeschwängerten Atem des Mannes. Es war eine ziemlich schlechte Idee gewesen, sich mit einem angetrunkenen Stiernacken anzulegen. Vielleicht hätte er das nicht tun sollen. Aber schließlich ging es hier nicht um irgendjemanden. Es ging um Nicky. Er wollte sie beschützen. Oder? Wollte er das wirklich?

Oder ging es hier gar nicht um Nicky, sondern um ihn und seinen verletzten Stolz? Ging es hier vielmehr darum, dass er die Frau, die gerade mit aufgerissenen Augen auf der Bühne stand und die Szene beobachtete, für sich beanspruchen wollte? Hätte er sich mit jedem angelegt, bei dem er vermutete, dass er Chancen bei ihr hätte?

In diesem Moment trat Herr Eisenmann zwischen die beiden Streithähne.

»Beruhige dich, Marvin. Es wäre doch schade, wenn unsere schöne Feier hier wegen eines dummen Missverständnisses verdorben würde. Du wolltest doch bestimmt keinen Streit anfangen, richtig? Ich bin sicher, dass du gar nichts von Fräulein Nicky willst, denn schließlich wartet ja Lisa zu Hause auf dich.«

Der Unternehmer hatte in einem beschwichtigenden Singsang gesprochen. Und doch mussten seine Worte genau die richtige Stelle getroffen haben, denn aus dem Bullen entwich die Luft wie aus einem geplatzten Ballon. Plötzlich war er nicht mehr einen halben Kopf größer als Leon, und die Wut in seinen Augen war Unsicherheit gewichen. Er ließ Leons Hemdkragen los und wischte sich die Hände an seiner Jeans ab.

»Ja, Chef, da haben Sie natürlich recht. Das lohnt sich wirklich nicht.«

Damit drehte er sich um, und trollte sich. Nicht, ohne Leon noch einmal unsanft anzurempeln.

»Alles in Ordnung mit Ihnen?«

»Natürlich. Vielen Dank, dass Sie sich eingeschaltet haben. Das war wirklich ein dummes Missverständnis. Ich muss einfach schauen, dass Nicky in Sicherheit ist. Und so, wie Marvin auf die Bühne zugeschossen ist, noch dazu sichtlich alkoholisiert, konnte ich mir nicht sicher sein.«

»Ach, da brauchen Sie bei Marvin keine Angst zu haben. Er würde keiner Fliege etwas zu Leide tun, und eigentlich ist er auch bis über beide Ohren in seine Frau Lisa verliebt. Aber unsere Nicky hat ihm wohl ziemlich eingeheizt. Die Show war auf jeden Fall großartig. Es war eine ganz fantastische Idee, dass Sie Nicky mit ins Programm aufgenommen haben. Vielen Dank dafür.«

»Gern geschehen.«

Herr Eisenmann drehte sich um und ließ Leon ohne ein weiteres Wort stehen. Da hatte er gerade noch mal Glück gehabt. Erleichtert blickte er sich zur Bühne um, aber Nicky war weit und breit nicht mehr zu sehen. Interessierte es sie etwa gar nicht, dass er sich fast für sie geprügelt hätte? Wenn dieser Marvin erst mal losgelegt hätte, wäre er mit Sicherheit nicht nur mit einem blauen Auge davongekommen. Und Nicky? Ging einfach weg, ohne sich um ihn zu kümmern? Zugegeben, er war nicht sehr nett zu ihr gewesen, aber das ging dann doch zu weit.

Leon hämmerte wie ein Wilder gegen die Tür der improvisierten Umkleidekabine.

»Nicky? Bist du da drin?«

»Ja.«

»Kann ich reinkommen? Ich muss dringend mit dir reden.«

»Leon, das ist jetzt vielleicht kein so guter Moment.«

Kein guter Moment? Würde es jemals einen guten Moment geben, um über ihn, Nicky und ihre Gefühle zueinander zu sprechen? Würde dieser Augenblick jemals kommen?

Mit all seiner Kraft riss er die Tür zur Umkleidekabine auf und war erstaunt, dass sie gar nicht abgeschlossen war. Er machte einen überraschten Schritt nach hinten, um seine Balance wiederzufinden. Nicky stieß einen entgeisterten Schrei aus, als er trotz ihrer Abfuhr in den Raum stürmte. Sie war dabei, sich umzuziehen, und hatte bereits ihr Top ausgezogen. Nun stand sie nur in ihrem

Bustier da. Schnell griff sie nach ihrem Oberteil und drückte es sich an ihren Oberkörper, um ihre Blöße zu bedecken. Leon konnte den Blick nicht von ihr abwenden. Sein Zorn war von einem Moment auf den nächsten verraucht. Nicky hatte noch nie so schön ausgesehen wie jetzt. Ihre Augen hatte sie fassungslos aufgerissen, die Brust hob und senkte sich bei jedem Atemzug. So, als klopfe ihr Herz genauso schnell wie seines. Er knallte die Tür in seinem Rücken zu. Mit zwei großen Schritten war er bei ihr, zog sie in seine Arme und drückte seine Lippen auf ihre. Wie selbstverständlich glitten seine Hände über ihre Arme, und Nicky ließ ihr Top einfach auf den Boden fallen. Sie gab sich seinem Kuss hin und drückte sich an ihn, als hätte sie nur darauf gewartet. Vielleicht hatte sie genau diese Reaktion erreichen wollen, er wusste es nicht. Und es war ihm auch sowas von egal. Wichtig war nur, Nicky in seinen Armen zu halten, sie zu spüren. Er wollte sie unbedingt. Nicky ließ ihre Hände unter sein Hemd gleiten und entlockte ihm damit ein leises Stöhnen.

»Nicky, ich will dich. Jetzt.«

Sie erwiderte nichts darauf, küsste ihn aber leidenschaftlicher und umfasste seinen Hintern. Er würde verrückt werden, wenn er sie jetzt nicht haben könnte.

In diesem Moment räusperte sich jemand in seinem Rücken.

»Entschuldigung, wenn ich störe.«

Erschrocken sprang Nicky einen Schritt zurück und bückte sich nach ihrem Top.

»Ich wollte Sie nur wissen lassen, dass wir jetzt im Programm weitermachen können. Aber ich weiß nicht genau, ob Sie jetzt Zeit haben ...«

»Entschuldigen Sie bitte, ich komme sofort.«

»In Ordnung.«

Leon fuhr sich genervt durchs Haar. Musste der Kunde unbedingt in diesem einen wichtigen Moment hereinplatzen?

Nicky grinste an. »Na, wie gut, dass er jetzt schon gekommen ist und nicht erst in zehn Minuten.«

Leon seufzte. »Wahrscheinlich hast du recht, aber mir wäre es am liebsten gewesen, er wäre gar nicht hier aufgetaucht.« Nicky ließ ihren Blick hinab zu einer ganz bestimmten Stelle wandern. »Ja, das sehe ich.«

Ein Strahlen lag in ihren Augen und ließ ihn wissen, dass sie eine Grenze überschritten hatten, von der sie beide wussten, dass es unvernünftig war. Doch ihnen war auch klar, dass sie gar nicht anders konnten. Das Schicksal hatte es für sie so bestimmt.

»Nicky, ich muss da jetzt raus. Es tut mir leid, ich …«

Sie trat einen Schritt auf ihn zu, legte ihre schmalen Hände an seine Wange und strich vorsichtig darüber.

»Ich weiß doch, dass du mich dieses Mal nicht stehen lassen willst. Bring dein Event zu Ende und komm danach bei mir vorbei. Ich warte auf dich.«

Was Nicky versprach, war genau das, was er wollte. Für den Moment musste er einen klaren Kopf bekommen.

»Ich beeile mich.«

Noch einmal nahm er Nickys Gesicht in die Hände und legte seine Lippen auf ihre. Dieses Mal sanft und vorsichtig. Er genoss den Moment, nahm ihn in allen Einzelheiten wahr, so, als gäbe es nichts und niemanden um sie herum. Seine Leidenschaft war für den Moment abgekühlt, aber das änderte nichts an seinen Gefühlen für diese Frau. Um nichts in der Welt wollte er sich länger von Nicky fernhalten, als es unbedingt nötig war.

Schnell drehte er sich um und verließ die Kabine. Jetzt galt es erst einmal, seinen Kunden glücklich zu machen und dieses Event zu einem perfekten Abschluss zu bringen.

Zwei Stunden später klingelte Leon an Nickys Wohnungstür. Er atmete tief ein. War es richtig, worauf er sich da einließ? Immer wieder schwirrte diese Frage durch seinen Kopf, und doch war sie unnötig, da er sowieso keine Wahl hatte. Er konnte sich Nicky nicht weiter entziehen. Wenn er sie nicht heute noch berühren könnte, würde er verrückt werden.

Nicky öffnete die Tür und strahlte ihn an.

»Schön, dass du wirklich gekommen bist. Ich war mir nicht sicher, ob du unsere Verabredung einhältst.«

Er zuckte bei ihren Worten zusammen. Klar, sie hatte jedes Recht dazu, von ihm enttäuscht zu sein. Doch dieses Mal würde er sie nicht stehen lassen. Er trat einen Schritt in die Wohnung, warf die Tür mit dem Fuß zu und zog Nicky in die Arme. Er hatte sich in den letzten Stunden so nach ihrer Berührung gesehnt, danach, sie in seinen Armen zu halten. Er war fast verrückt geworden und hatte sich nur schwer auf dieses langweilige Event konzentrieren können. Aber ihm war ja klar, dass das sein Job war und er nicht einfach abhauen konnte, nur weil er Nicky küssen und spüren wollte. Dazu würde er jetzt genug Zeit haben.

Mit wenigen Handgriffen zog ihm Nicky sein Hemd über den Kopf und ließ ihre Hände über seine Brust streifen.

»Ich dachte, wir sollten da weitermachen, wo wir vorhin aufgehört haben. Und das war ungefähr bei diesem Outfit.« Sie ließ ihren seidigen Morgenmantel von den Schultern gleiten, darunter trug sie nur Dessous.

Sie blinzelte ihn schelmisch an und ließ damit sein Herz höher schlagen. Diese Frau war nicht nur unglaublich schön, sie war auch witzig, intelligent und sowas von heiß.

»Das war eine gute Entscheidung und sehr vorausschauend, aber ich finde, du hast immer noch viel zu viel an. Definitiv.«

Noch auf dem Weg zum Schlafzimmer verteilten sie ihre Kleidungsstücke auf dem Boden. Sie waren so begierig darauf, sich zu erforschen und zu spüren, dass sie darauf keine Rücksicht nehmen konnten.

Wenigstens in diesem einen, ganz besonderen Moment gelang es Leon, seinen Kopf auszuschalten und einfach nur zu fühlen.

Was hatte er nur getan? Leon kniff die Augen zu und massierte die schmerzende Stelle über der Nasenwurzel. Nicky hatte sich an ihn gekuschelt und gab im Tiefschlaf leise Geräusche von sich. Leon fand keine Ruhe. Er hatte unglaubliche Gewissensbisse. Er wusste doch genau, dass es gefährlich war, sich auf Nicky einzulassen. Er hatte besser als jeder andere gewusst, wenn sie diesen Schritt gingen, würde es ihm noch schwerer fallen, Abstand von ihr zu halten. Es war praktisch unmöglich.

Leise setzte er sich auf. Er konnte nicht hierbleiben. Er konnte unmöglich morgen früh neben Nicky aufwachen und so tun, als wäre alles in bester Ordnung. Wieder einmal würde er sie enttäuschen, musste sie alleine zurücklassen, weil es einfach besser war. Für sie, für ihn und für alle, die irgendwie in diese Geschichte mit hineingerutscht waren.

Leon rollte sich vorsichtig aus dem Bett, um Nicky nicht aufzuwecken. Er suchte seine Klamotten im Flur zusammen und zog sich schnell an. Aber er wollte Nicky nicht so zurücklassen. Er wollte ihr wenigstens eine kurze Nachricht schreiben. Also ging er in die Küche und holte sich einen Zettel und einen Stift. Aber was genau sollte er schreiben? Dass dies die schönste Nacht seines Lebens gewesen war? Dass er zu feige war, um mit ihr gemeinsam aufzuwachen? Er entschied sich für die einfachere Lösung und schrieb:

Guten Morgen Nicky,
ich wünsche dir einen wunderschönen Tag und danke dir für eine atemberaubende Nacht.
Dein Leon

Leons Nachricht sagte überhaupt nichts von dem aus, was in ihm vorging. Hoffentlich würde Nicky sie als positiv empfinden. Nach der ersten Enttäuschung, alleine aufzuwachen, sollten seine Worte sie wieder aufrichten.

Doch das war keine Lösung für sein Problem. Indem er sich auf Nicky eingelassen hatte, brachte er sich und Pia in Gefahr, aber wenn er Nicky abwies, dann verriet er sein Herz. Nach wie vor steckte er in der Zwickmühle.

Er ließ den Zettel auf den Esstisch fallen und verließ leise die Wohnung. Als die Tür ins Schloss schnappte, fühlte er sich wie der größte Mistkerl auf diesem Planeten.

Kapitel 13

Crazy in Love
Beyoncé ft. Jay-Z, 2003

Glücklich atmete Nicky ein. Konnte man vom vielen Lächeln eigentlich Muskelkater im Gesicht bekommen? Wenn ja, dann war sie hochgradig gefährdet. Denn seit sie die Augen aufgeschlagen hatte, bekam sie ihr Grinsen nicht aus dem Gesicht. Bestimmt sah man ihr an der Nasenspitze an, dass sie heute die schönste Nacht ihres Lebens erlebt hatte.

Leon war leider nicht mehr da gewesen, als sie aufgewacht war, aber er hatte ihr einen Zettel mit einer süßen Nachricht hinterlassen. Auch er hatte die Nacht genossen, und sie konnte es kaum erwarten, ihn wiederzusehen. Immer wieder las sie seine Zeilen und drückte den Zettel an ihre Brust. Sie seufzte. Sie hatte nicht gewusst, dass sich Sex wirklich nach „Liebe machen" anfühlen konnte. Leon war leidenschaftlich und zugleich zärtlich gewesen und hatte sie berührt, wie sie noch nie berührt worden war. Natürlich hatte sie auch schon andere Kerle in ihrem Bett gehabt. Aber keiner konnte es mit Leon aufnehmen. Und sie wusste genau, woran das lag. Nicht nur an Leons Feinfühligkeit, sondern vor allem an ihren Gefühlen für ihn. Sie hatte sich mächtig verliebt. Natürlich hatte sie die Schmetterlinge in ihrem Bauch auch schon vorher gespürt, aber jetzt war es so richtig um sie geschehen. Sie spürte die Schmetterlinge nicht nur in ihrem Bauch, sie flatterten durch ihr Herz und ließen es aufgeregt schlagen.

Nicky war sich sicher, dass Leon genau der Mann war, auf den sie jahrelang gewartet hatte. Er war der Richtige, und endlich hatte er es eingesehen. Anscheinend hatten ihre Spielchen doch bewirkt, worauf sie es angelegt hatte. Beim gestrigen Auftritt hatte sie Leon mit Nichtbeachtung gestraft. Okay, sie hatte mit dem bulligen Typen geflirtet, und im Nachhinein betrachtet, hätte die ganze Geschichte auch ordentlich schiefgehen können. Aber sie konnte ja nicht wissen, dass Leon sich gleich als Ritter ohne Rüstung aufspielen würde. Es hatte sie überrascht, wie vehement er versucht hatte, sie zu beschützen. Seine Eifersucht war fast mit Händen zu greifen gewesen, und in diesem Moment hatte sie gewusst, dass sie seine Mauer eingerissen hatte. Na ja, vielleicht nicht ganz eingerissen, aber zumindest war ein bisschen was abgebröckelt. Genug, um sie zu ihrem Ziel zu führen.

Nicky streifte sich gedankenverloren eine Haarsträhne nach hinten und blickte sich im Spiegel an. Noch vor wenigen Tagen hatte sie so sehr an sich gezweifelt wie schon lange nicht mehr. Aber der unglückliche und fragende Ausdruck in ihren Augen war einem glücklichen Strahlen gewichen. Sie wusste, mit Leon an ihrer Seite würde sie sich jeden Tag so fühlen, würde sich selbst jeden Tag strahlend aus dem Spiegel entgegenblicken. So fühlte es sich also an, wenn man so richtig verschossen war.

Sie nahm den Zettel von Leon wieder in die Hand und überflog die wenigen Worte. Als sie heute Morgen die Augen aufgeschlagen hatte, war da zunächst eine große Enttäuschung gewesen. Ohne Leon aufzuwachen, hatte ihr einen Stich versetzt. Sie hatte befürchtet, Leon hätte schon wieder die Flucht ergriffen. Aber seine Nachricht ließ sie hoffen. Mit geschlossenen Augen drückte sie den kleinen Zettel wieder an sich. Was sollte sie jetzt tun?

Sollte sie Leon in Ruhe lassen, oder sollte sie später bei ihm auf der Arbeit vorbeischauen? Wie verhielt man sich denn bloß, wenn die Liebe frisch war? Wollte man nicht möglichst viel Zeit miteinander verbringen, oder sollte sie sich jetzt lieber rar machen, damit Leons Jagdtrieb weiterhin angefacht wurde? Sie wollte auf keinen Fall eine von diesen klammernden Freundinnen sein, die ihren Freund keine Minute mehr aus den Augen ließen. Wenn sie eine Beziehung mit Leon eingehen würde, dann sollte trotzdem jeder seine Freiheiten haben. Mein Gott, sie kannte Geschichten von Frauen, die ihren Mann täglich auf der Arbeit überfielen und sich dann wunderten, dass die Beziehung ziemlich schnell abgekühlt war. Nein, so wollte sie auf keinen Fall werden. Sie hatte ja selbst genug zu tun. Vielleicht sollte sie Leon nur eine kurze WhatsApp-Nachricht schreiben? Ja, das war doch eine gute Idee. So würde sie zeigen, wie viel die gemeinsame Nacht ihr bedeutete, ohne aufdringlich zu sein.

Nicky schüttelte den Kopf über ihre wirren Gedanken. Warum war sie nur so aufgeregt? Sie konnte kaum klar denken, immer wieder sah sie die Einzelheiten der wunderschönen Nacht vor sich, und spürte Leons sanfte Streicheleinheiten überall auf ihrem Körper. Hoffentlich würden sie das heute wiederholen können. Und morgen, übermorgen, überübermorgen …

Nicky lächelte versonnen und nahm ihr Smartphone zur Hand. Schnell öffnete sie die App. Ihr Finger kreiste über der Tastatur. Es war gar nicht so einfach, die richtigen Worte für eine Nachricht zu finden, die sowohl beiläufig als auch leidenschaftlich klingen sollte. Nach langem Überlegen schrieb sie mit zittrigen Fingern nur wenige Worte:

Guten Morgen Leon,
schade, dass ich alleine aufgewacht bin. Die Nacht war wunderschön, und ich hoffe auf eine baldige Wiederholung. Ich wünsche dir einen schönen Tag.
Deine Nicky

Gut, so würde es gehen. Nicht besonders einfallsreich, aber das Beste, was ihr einfiel. Sie fügte noch ein rotes Herz dazu, das sie aber gleich wieder löschte. Nein, das wäre dann doch eine Spur zu viel. Sie war sich inzwischen ihrer Gefühle Leon gegenüber sicher, aber sie hatte keinen blassen Schimmer, ob Leon das Gleiche empfand wie sie. Sie glaubte zwar nicht, dass er der Typ war, der wahllos irgendwelche Mädels ins Bett zog, aber doch wurde ihr immer mehr bewusst, dass sie ihn überhaupt nicht kannte. Sie konnte nur hoffen, dass auch er Gefühle für sie hatte. Ob er ihr heute Abend zeigen würde, wie wichtig sie ihm war?

Ein hastiger Blick auf die Uhr zeigte ihr, dass sie schon viel zu lange in ihren Tagträumen festgehangen hatte. Bereits in einer halben Stunde musste sie für ihren ersten Termin im Studio sein.

Schnell hüpfte sie zurück ins Schlafzimmer, suchte sich ein paar Klamotten aus und nahm sie mit ins Bad. Heute würde der schönste Tag ihres Lebens werden.

Kapitel 14

Demons
Imagine Dragons, 2012

Leon stand vor dem Weinregal der kleinen Weinhandlung in Engeltal. Er hatte sie gestern entdeckt und sich vorgenommen, seiner Schwester eine Freude zu machen. Er wusste, dass sie ab und an gerne ein Glas des fruchtigen Weißweins trank, den sie vor zwei Jahren auf ihrer gemeinsamen Reise in die Toskana entdeckt hatten. Damals war ihre Welt noch in Ordnung gewesen. Und er dachte, vielleicht könnte er ihr damit endlich mal wieder ein Lächeln ins Gesicht zaubern. Es war schon viel zu lange her.

Nun stand er seit zwanzig Minuten vor dem Regal, und seine Gedanken drehten sich nur um die Frau, mit der er die schönste Nacht seines Lebens verbracht hatte. Er sehnte sich mit jeder Faser danach, zurück zu Nicky zu eilen, sie in seine Arme zu schließen und zu küssen, sie ganz nah bei sich zu wissen.

Sie hatte ihm eine kurze Nachricht geschickt. Anscheinend war sie nicht böse, dass er nicht mit ihr gemeinsam aufgewacht war, und hatte keine Hintergedanken dabei. Zum Glück. Und doch wusste er nicht, wie er sich ihr gegenüber verhalten sollte. Sein Herz zog ihn zu dieser Frau, wie das Licht die Motten anlockte. Sein Kopf aber sandte ihm ganz andere Signale. Er wusste, er war ein Idiot. Wer würde eine Frau wie Nicky nach einer solchen Nacht wieder gehen lassen? Er wäre bescheuert, wenn er sie nicht festhielt. Und gleichzeitig konnte er es einfach nicht. Er musste sich entscheiden zwischen der Frau, die inzwischen einen sehr großen Teil seines Herzens einnahm, und seiner Schwester, der er sich sein Leben lang verpflichtet fühlte. Er liebte beide Frauen auf eine ganz unterschiedliche Art und wollte keinesfalls eine von ihnen verletzen. Und doch war er sich nicht sicher, ob er überhaupt noch in der Lage war, sich gegen Nicky zu entscheiden. Vielleicht würde Pia ja verstehen, dass er nicht anders konnte, dass seine Gefühle zu stark waren, um dagegen anzukämpfen. Leon schüttelte den Kopf. Nein, sie würde es niemals verstehen, und sie würde ihm immer Vorhaltungen machen. Es war nicht ihr Naturell, ihn aus reiner Bosheit zu piesacken. Im Gegenteil, Pia hatte immer darauf geachtet, dass er glücklich war, hatte sich hintangestellt und ihm das Glück dieser Welt gegönnt. Er war sich sicher, wenn sie nicht so penibel darauf achten müssten, ihren Aufenthaltsort geheimzuhalten, wie Steiner es ihnen eingeschärft hatte, dann wäre Pia die Erste, die ihm dazu raten würde, sofort zu Nicky zurückzukehren. Aber so war es nicht. Seine Situation war ganz und gar ausweglos.

»Kann ich Ihnen vielleicht helfen?«

Ein Mann, etwa fünfzig Jahre alt mit grauem Haar und einem schelmischen Grinsen im Gesicht, war neben Leon getreten.

»Ja, ich suche einen ganz bestimmten Wein.«

»Ja? Welchen denn?«

»Ich bin mir nicht sicher, ob Sie den haben. Es ist ein kleines Weingut.«

»Das werden wir nur herausfinden, wenn Sie mir sagen, wie er heißt.« Das Grinsen des Inhabers war breiter geworden.

»Montecarlo. Er kommt aus der Toskana, und meine Schwester liebt ihn.«

Der Mann nickte eifrig. »Da haben Sie Glück. Gerade letzte Woche kam eine neue Lieferung. Ich war im Herbst ein paar Wochen in der Toskana und habe auf dem Weingut den Wein selbst probiert. Ich kann Ihre Schwester verstehen. Sie hat einen ausgezeichneten Geschmack. Hier, sehen Sie? Da haben wir noch ein paar Flaschen.«

Ein Lächeln fand den Weg in Leons Gesicht. Er hatte wirklich unverschämtes Glück, dass er ausgerechnet hier im verschlafenen Engeltal ihren Lieblingswein gefunden hatte. Und wenn er es richtig verstanden hatte, war der Nachschub gesichert.

»Sie sind neu in der Stadt, oder?«

Leon nickte. »Ja, meine Schwester und ich sind nach Weihnachten hergezogen.«

»Ach ja, stimmt, ich habe es gehört. Sie arbeiten bei Marc in der Eventagentur, richtig?«

»Ja, genau.«

»Na ja, in Engeltal bleibt nichts lange geheim. Bevor man selbst etwas weiß, ist die ganze Stadt informiert. Aber wir meinen das nicht böse, wir interessieren uns nur füreinander. Und wenn Not am Mann ist, halten wir zusammen.« Der Mann hatte die Hände entschuldigend in die Luft gehoben.

Leon nickte, bezahlte den Wein, legte noch ein großzügiges Trinkgeld für den freundlichen Mann dazu und verließ den Laden.

Nun hatte er zwar den Wein für Pia, aber noch immer keine Ahnung, wie er die Sache mit Nicky deichseln sollte. Wenn er nicht zurückschrieb, wäre sie bestimmt enttäuscht, oder sie würde denken, dass sie etwas falsch gemacht hätte. Aber was sollte er schreiben? Er könnte unmöglich heute Abend zu ihr gehen. Er wusste, sobald seine Füße ihre Türschwelle überschritten, gäbe es kein Zurück mehr, und er würde unwiderruflich sein Herz an diese Frau verlieren. Dieses Risiko konnte er nicht eingehen. Egal, wie sehr er Nicky mochte und wie schön die Zeit mit ihr war. Vielleicht gäbe es noch eine Möglichkeit. Wenn Pia ihm heute Abend ihren Segen geben würde, dann hätte er all das, was er sich so sehnlichst wünschte. Dann könnte er, ohne den Zorn seiner Schwester auf sich zu ziehen, eine Beziehung mit der Frau eingehen, die er einfach nicht mehr aus dem Kopf bekam. Bei der Vorstellung wurde sein Herz weit, und ein Lächeln stahl sich auf sein Gesicht. Die steile Falte, die sich zwischen seinen Augenbrauen eingegraben hatte, glättete sich. Ja, wenn er Pia überzeugen konnte, dann würde alles gut werden.

Kapitel 15

Can't Stop the Feeling
Justin Timberlake, 2016

»Nein! Im Ernst?«
»Ja, im Ernst.« Nicky schob eine ihrer roten Haarsträhnen hinters Ohr.
»Du hast Leon wirklich verführt?«
Emma hatte sich vor lauter Überraschung über den kleinen Tisch zu ihr gebeugt und staunte mit weit aufgerissenen Augen über die Neuigkeit.

Nicky hatte es einfach nicht mehr ausgehalten, sie musste mit jemandem über die ganze Geschichte sprechen. Und Emma war genau die Richtige dafür. Denn zum einen war sie die vertrauteste Person, die Nicky in Engeltal hatte, eine Freundin, bei der sie all ihre Geheimnisse gut aufgehoben wusste. Zum anderen war Emma ein Mensch, der sich sehr gut in andere hineinversetzen konnte. Sie war feinfühlig und würde mit Sicherheit den richtigen Rat für Nicky wissen.

»Okay ... Und wie war's?« Emmas Grinsen wurde breiter. Dann nickte sie wissend, ohne auf Nickys Antwort zu warten.

»Oh, ich seh' schon, dein Gesichtsausdruck sagt alles. Ach Nicky, das freut mich ehrlich für dich.«

»Mich freut es auch. Sogar sehr. Ich weiß jetzt nur nicht genau, wie es weitergehen soll. Ich habe Leon heute früh eine Nachricht geschickt, weil er leider schon weg war, als ich aufgewacht bin.«

»Er war schon weg?« Emma zog missbilligend die Augenbrauen zusammen.

»Ja, er musste wohl gehen, aber er hat mir einen Zettel auf dem Küchentisch hinterlassen. Hier, siehst du?«

Nicky reichte den kleinen, etwas zerknitterten Zettel über den Tisch. Emma überflog die Zeilen und wieder wanderten ihre Augenbrauen fragend nach oben.

»Also, Nicky, ich wundere mich schon ein bisschen über das hier.« Sie wedelte mit dem Zettel in der Luft. »Leon schreibt zwar, dass er die Nacht sehr genossen hat, aber trotzdem hätte ich schon erwartet, dass man zusammen aufwacht, wenn man die erste Nacht miteinander verbringt. Macht dich das nicht stutzig? Nach allem, was du mir über Leons bisheriges Verhalten erzählt hast?«

»Überhaupt nicht. Ich habe Leon jetzt endlich geknackt. Das hat mich einige Zeit und Mühe gekostet, aber es hat sich sowas von gelohnt.«

Emma legte den Zettel beiseite und lächelte ihre Freundin schief an. »Gut, dann sollte ich vielleicht auch keine Geister sehen, wo keine sind. Wenn du sagst, es ist alles in Ordnung, dann wird es so sein. Ich freue mich unheimlich für dich, Nicky. Ich weiß, dass du immer auf diesen einen ganz besonderen Menschen gewartet hast. Ich habe mich oft gewundert, warum du bisher immer nur so halbherzige Beziehungen hattest. Aber wenn ich dich jetzt so anschaue, dann wird mir einiges klar. Du bist richtig doll verliebt, richtig?«

»Und ob. Ich habe sowas noch nie erlebt. Mein Herz schlägt mindestens zehn Schläge schneller als sonst, und irgendwie kribbelt alles in mir. Das Grinsen bekomme ich gar nicht mehr weg, und ich habe Energie für fünf. Wenn es sich so anfühlt, verliebt zu sein, dann wurde es allerhöchste Zeit, dass ich das erlebe.«

Emma legte ihre Hand auf Nickys und drückte sie aufmunternd. »Das ist doch schön. Genieß das Gefühl, solange es anhält. Irgendwann, wenn man mal etwas länger zusammen ist, wird aus dem Verliebtsein Liebe. Das ist ein allumfassendes Gefühl. Aber eines muss dir klar sein, das Kribbeln und die Schmetterlinge, das Herzklopfen und die zittrigen Knie, das wird irgendwann vorbei sein. Denn wenn man eine Weile zusammen ist, wird alles anders. Intensiver irgendwie. Anders, aber mindestens genauso schön.«

»Klar, das weiß ich doch. Aber jetzt frage ich mich, wie ich Leon begegnen soll. Und ich dachte, du bist schon so lange mit Tom zusammen, vielleicht kannst du mir einen Tipp geben?«

Emma lachte kurz auf. »Weißt du, das mit Tom war ja auch eine schwere Geburt. Der hatte damals so seine Probleme, sich einzugestehen, dass ich das Beste war, was ihm jemals passieren konnte. Irgendwann hat es dann klick gemacht, aber er hat ziemlich lange gebraucht, um sich überzeugen zu lassen.«

»Ernsthaft?«

»O ja, frag nicht, wie oft ich in dem Café aufgeschlagen bin, in dem er gearbeitet hat. Es war ein total süßes Café, aber das hat mich in dem Moment gar nicht interessiert. Denn weder die Einrichtung, noch die Leckereien waren süßer und verführerischer als Tom.«

Nicky kicherte. »Das kann ich mir vorstellen. Deine Augen leuchten ja heute noch bei der Erinnerung. Also kannst du mir einen Tipp geben?«

Emma hatte ihren Blick in die Ferne schweifen lassen, konzentrierte sich jetzt aber wieder auf Nicky. »Entschuldige bitte, da bin ich wohl total abgeschweift. Ja, es war eine Herausforderung. Ähnlich wie bei dir. Hat sich Leon denn auf deine Nachricht hin noch nicht gemeldet?«

»Nein, und das war heute Morgen. Also vor ungefähr sieben Stunden. Findest du das nicht seltsam?«

»Na ja, vielleicht hatte er viel zu tun. Vielleicht schreibst du ihm einfach noch mal und fragst, ob er heute vorbeikommen möchte. Du könntest ihm ja vorschlagen, dass ihr gemeinsam etwas unternehmt. Ihr könntet zum Beispiel zum Bowling gehen oder spazieren.«

Emma wandte den Kopf in Richtung Fenster. Es hatte wieder angefangen zu schneien, und ein kräftiger Wind blies die Schneeflocken in weißen Formationen ans Fenster.

»Gut, streich das mit dem Spazierengehen. Das verschiebt ihr vielleicht lieber in den Frühling. Aber ihr könntet auch ins Kino fahren oder essen gehen. Vielleicht wäre es ganz gut, du würdest einen neutralen Ort vorschlagen. Das signalisiert gleich, dass du ihn nicht immer nur in dein Bett zerren willst.«

Nicky lachte. »Wie kommst du darauf, dass ich genau das will?«

Emma schnaubte kurz. »Erstens habe ich dir die letzte halbe Stunde genau zugehört, und zweitens sehe ich es dir an der Nasenspitze an. Du siehst aus wie eine Frau, die Sex will.«

»O mein Gott. Sieht man mir das wirklich so an?«

»Keine Sorge. Ich sehe es dir an, weil ich die ganze Geschichte kenne. Ich denke, die Öffentlichkeit wird so mit sich selbst beschäftigt sein, dass keiner auf die Idee kommt, dass du in der letzten Nacht den besten Sex deines Lebens hattest.«

Emma erhob sich. »Süße, denk nicht so viel nach. Schreib ihm einfach, was dein Herz dir sagt. Das wird dann schon richtig sein. Ich muss jetzt leider weitermachen. Möchtest du noch einen Kaffee?«

»Nein, danke. Ich überlege mir jetzt mal, was ich dem heißesten Mann dieser Welt schreiben könnte, um ihn davon zu überzeugen, dass er heute Nacht unbedingt mein Bett teilen muss. Und dieses Mal bis morgen früh. Mindestens.«

Kapitel 16

Someone Like You
Adele, 2011

»Leon? Können wir reden?«
Leon hob den Kopf, der heute viel zu schwer für seinen Hals zu sein schien, und blickte seiner Schwester in die Augen. Er hatte einen echt miesen Tag hinter sich. Er musste aufpassen, dass er seine schlechte Laune nicht an Pia ausließ. Also lächelte er sie an.

»Natürlich, setz dich. Ich habe dir etwas mitgebracht.« Mit einem aufgesetzten Lächeln zog er die Weinflasche aus der Papiertüte heraus, in der er sie in die Wohnung geschmuggelt hatte. Er hatte Pia damit überraschen wollen, und anscheinend war ihm dies geglückt.

»Was? Ein Montecarlo? Wo hast du denn den gefunden?«

»Du wirst es nicht glauben: Die sind in dieser kleinen Weinhandlung wirklich gut sortiert, und der Chef kennt das Weingut sogar von einem persönlichen Besuch. Er hat mir richtig vorgeschwärmt, wie wunderschön es dort ist. So, als wüssten wir das nicht selbst.«

Ihre Italienreise war eines der Highlights in Leons Leben gewesen. Er hatte eine wunderbare Woche mit Pia in den Weinbergen der Toskana verbracht und erinnerte sich heute noch gerne an das kleine Weingut in der Nähe von Pisa. Seitdem hatte er immer wieder vergeblich versucht, den Wein in Deutschland zu finden, und ihm war nichts anderes übriggeblieben, als direkt in Italien zu bestellen. Umso erstaunter war er, dass er diesen Wein hier in Engeltal gefunden hatte. Aber ab und an musste man wohl auch etwas Glück haben.

Pia blickte ihn mit einem dankbaren Blick an. »Danke, Leon. Komm, wir machen wir ihn jetzt gleich auf. Ich muss wirklich mit dir reden, und selbst wenn du mich mit Wein bestichst, muss ich dir etwas sagen, was dir wahrscheinlich nicht gefallen wird.«

Leon seufzte. Er hatte befürchtet, dass Pia schon Wind von der Geschichte mit Nicky bekommen hatte. Oder ob es um etwas anderes ging? Hoffentlich war es nichts Ernstes.

»Jetzt schau nicht so zerknirscht. Hol mal zwei Gläser, dann reden wir.«

Leon stellte zwei Gläser auf den Esstisch und schenkte den Wein ein, der im Licht golden glänzte. Er setzte sich und nahm einen ersten Schluck, schwenkte den Wein in seinem Mund hin und her und genoss das leichte Pfirsicharoma.

»Das erinnert mich an frühere Zeiten. Eine schönere und so viel einfachere Zeit.«

»Du solltest den Wein in den Kühlschrank stellen, dann wird er noch besser.«

»Aye, aye, Sir!«

Leon schnappte sich die Flasche und brachte sie in die Küche. Er würde alles tun, um dem bevorstehenden Gespräch mit Pia noch für ein paar Sekunden entkommen zu können. Auch wenn ihm klar war, dass sie diese Aussprache unbedingt führen mussten, so machte sich doch ein kräftiges Grummeln in seinem Magen breit.

Langsam ging er zurück zum Esstisch und ließ sich auf seinen Stuhl sinken. Er blickte Pia an. Ihr Gesicht hatte sich in den letzten Monaten verändert. Tiefe Falten hatten sich zwischen den Augenbrauen eingegraben, und der fröhliche Zug, der früher immer um ihren Mund gelegen hatte, war einer ungewohnten Härte gewichen. Er hoffte so sehr, dass sich das irgendwann wieder ändern würde.

»Also, spuck's aus! Was willst du besprechen?«

Pia schwenkte den Wein in ihrem Glas und sah nachdenklich dabei zu, wie sich ein Tropfen an der Außenwand des Glases in Richtung Stiel aufmachte. Dann stoppte sie den Tropfen mit dem Finger und blickte Leon direkt in die Augen.

»Leon, ich hab' da heute so was gehört.«

»Hm. Und was?«

»Ich wollte dich nicht bei der Arbeit darauf ansprechen. Und ich weiß, dass es mich im Grunde gar nichts angeht. Aber dir ist hoffentlich klar, dass du uns in eine gefährliche Situation manövriert hast.«

»Pia …«

»Nein, Leon, lass mich ausreden. Ich weiß, dass du Gefühle für Nicky hast. In jeder normalen Situation wäre ich die Erste, die sich mit dir freuen würde. Aber nicht jetzt. Du kannst jetzt einfach keine Beziehung eingehen. Das wäre viel zu gefährlich. Es könnte all das zunichtemachen, was wir uns aufgebaut haben. Das weißt du doch, oder?«

»Natürlich weiß ich das, Pia. Das brauchst du mir nicht ständig unter die Nase zu reiben. Den ganzen Tag schon zerreißt es mich innerlich, weil ich einfach nicht weiß, was ich tun soll.«

»Warst du wirklich mit Nicky im Bett?«

»Woher verdammt noch mal weißt du das?«

»Leon, daran wirst du dich gewöhnen müssen. Wir leben jetzt in einer Kleinstadt, da weiß jeder alles. Ich hab's irgendwo aufgeschnappt. Die ganze Stadt weiß es.«

Leon raufte sich die Haare und dachte an die Worte des Weinhändlers zurück. Er hatte ihn ja quasi mit der Nase darauf gestoßen, dass in Engeltal über alles geredet wurde. Worauf hatte er sich da eingelassen? Nur, weil er einen Moment lang schwach gewesen war, weil er nicht hatte widerstehen können. Pia ließ ihre Hand auf Leons Schulter gleiten und strich beruhigend darüber.

»Ich weiß, dass es weh tut. Mir ist klar, dass das keine einfache Entscheidung ist, und ich wünschte, ich müsste dich nicht dazu zwingen, diese Entscheidung zu treffen. Nur, Leon, du warst doch immer der Vernünftige von uns. Ich kann mich nicht daran erinnern, dass du jemals sehenden Auges in dein Verderben gerannt wärst. Und nun bist du dabei, genau das zu tun. Und egal, für wie herzlos du mich jetzt hältst, ich kann einfach nicht dabei zusehen, wie du unser Leben riskierst. Unser neues Leben, das gerade erst angefangen hat. Ich will nicht, dass es vorbei ist, bevor es richtig begonnen hat.«

Leon schüttelte ihre Hand ab und stand auf. Wut und Groll vermischten sich und brodelten in seinem Inneren. Er wusste, er würde bald explodieren, einfach, weil die Welt so ungerecht war, und weil er sich in einer Opferrolle sah, in die er sich selbst hineinmanövriert hatte.

»Meinst du nicht, ich würde mir nicht schon den ganzen Tag lang Vorwürfe machen? Nicky ist eine wundervolle Frau. Eventuell ist sie der tollste Mensch, den ich jemals getroffen habe. Und ja, ich hab' mich in sie verliebt. So richtig. Ich habe es nicht kommen sehen, und ich habe es ganz gewiss nicht gewollt, es ist einfach so passiert. Mein Kopf weiß genau, dass es für uns keine Chance gibt, und dass ich am besten alles sofort beenden sollte. Mein Herz will es nicht wahrhaben. Das erste Mal in meinem Leben habe ich das Gefühl, jemanden gefunden zu haben, der mein Leben bereichert und der richtig zu mir passt.«

Leon tigerte durch den großen Raum, der Wohn- und Esszimmer zugleich war. Er konnte nicht stillsitzen, er musste sich bewegen, musste seine Energie loswerden, bevor er noch ungerechtfertigterweise seine Schwester anschrie. Er wusste doch, dass sie Recht hatte. Es war ihm alles so klar und trotzdem konnte er nicht zurück.

»Weißt du, Pia, Nicky ist ein ganz besonderer Mensch. Ich wünschte … Ich habe sie schon mehr als genug verletzt, weil ich ihr nicht das geben kann, was sie möchte und was ich ihr so gerne geben würde. Sie weiß nichts von meinem Geheimnis und soll es auch nicht wissen.« Er seufzte. »Es ist klar, dass ich es nicht verraten darf, weil ich sonst alles gefährde. Nicht nur unser Leben, unsere Zukunft und alles, was wir haben, sondern auch den Plan von Steiner, die Schweine ein für alle Mal dingfest zu machen. Aber es ist verdammt schwer. Ich habe das Gefühl, eine Seelenverwandte gefunden zu haben. Und ausgerechnet jetzt, wo ich sie treffe, ist alles so verdammt kompliziert.«

»Leon, ich wünschte, ich konnte dir helfen. Aber nur du kannst dir helfen. Du musst die Geschichte mit Nicky beenden. Sofort.«

Pia hatte jedes Wort langsam und deutlich ausgesprochen. Jedes Wort extra betont, damit es auch wirklich bei ihm ankam. Die Worte sickerten in seinen Kopf. Sein Herz verschloss sich dagegen.

»Ich weiß.«

Müde ließ er den Kopf sinken. Alle Energie war auf einmal aufgebraucht, er fühlte sich wie das Duracell-Häschen, das seinen letzten Trommelschlag getan hatte. Noch einmal seufzte er und nahm sein Smartphone zur Hand. Er öffnete WhatsApp, und Nickys Bild erschien auf dem Display. Ihr strahlendes Lächeln, die leuchtenden Augen, selbst auf ihrem Profilbild war sie die schönste Frau, die er jemals gesehen hatte. Was er jetzt tun musste, würde ihm das Herz brechen. Und ihr auch. Eine ganze Weile ließ er den Finger über der Tastatur schweben, dann hinterließ er Nicky eine Nachricht.

Liebe Nicky,
es tut mir leid, aber ich muss unser Personal Training beenden. Verzeih mir, wenn ich dich enttäuscht und verletzt habe. Es war niemals meine Absicht, aber es geht nicht anders. Bitte versuch, mich nicht zu hassen.
Dein Leon

Minutenlang starrte er auf seine Nachricht. Er wusste, dass sie mehr Fragen aufwarf, als Antworten gab, aber diese Antworten würde er Nicky im Moment nicht geben können. Er trug seit Monaten dieses Geheimnis mit sich herum, das sie niemandem anvertrauen konnten. Pia war die Einzige, der er sich ganz öffnen konnte. So gerne er Nicky ins Vertrauen gezogen hätte, es war zu gefährlich. Und er wollte weder sich noch Pia oder Nicky in Gefahr bringen.

Schweren Herzen drückte er auf den Senden-Button. Ein Häkchen, zwei Häkchen. Nicky hatte die Nachricht erhalten. Für einen Rückzieher war es jetzt zu spät.

Kapitel 17

Bleeding Love
Leona Lewis, 2007

»Hi Nicky, alles okay? Setz dich hin. Die anderen werden auch gleich da sein.«

Nicky war wie in Trance ins Café Himmelreich gestolpert. Heute war Stammtischabend, die Mädels würden sich endlich mal wieder versammeln, um alle Neuigkeiten auszutauschen. In den letzten Tagen war so viel passiert, was Nicky heute Abend unbedingt loswerden musste. Außerdem wusste noch niemand davon, dass sich zwischen ihr und Leon eine echte Liebesgeschichte entwickelt hatte. Die heute völlig unerwartet schon wieder zu Ende gegangen war. Nicky blinzelte gegen die Tränen an, die sich in ihren Augen sammeln wollten. Sie hatte vor wenigen Minuten die Nachricht von Leon bekommen, dass er sein Personal Training kündigen wollte. Von heute auf morgen. Völlig vor den Kopf geschlagen hatte sie die WhatsApp gelesen, aber zu einer Antwort war sie nicht fähig gewesen. Vermutlich erwartete er auch keine. Vielleicht wäre es am besten, wenn sie seinen Kontakt einfach löschen würde. Und ihn damit gleich aus ihrem Leben und ihrem Herzen. Sie seufzte. Wenn es nur so einfach wäre. Wenn sie nur so einen Schalter in ihrem Kopf und vor allem in ihrem Herzen hätte.

Emma stellte ein Tablett mit Sektgläsern auf den Tisch und verteilte sie schon mal, bevor die anderen Mädels eintrafen.

»Sag mal, Süße, ist alles in Ordnung bei dir? Heute Nachmittag warst du noch der glücklichste Mensch in ganz Engeltal. Jetzt siehst du aus, als hätte man dir in die Suppe gespuckt. Ist etwas passiert?«

Nicky schüttelte den Kopf. Dann nickte sie. »Ja, aber ich erzähle es nachher, wenn die anderen auch da sind. Es wird Zeit, dass ich sie mal wieder auf den aktuellen Stand bringe.«

Emmas Gesichtsausdruck wurde sanft. »Natürlich, was immer du möchtest. Ich bin gleich wieder bei dir.«

Kaum hatte Emma den Tisch verlassen, drangen Gesprächsfetzen an Nickys Ohr. Die Mädels waren gekommen, und wie immer wurde es im Café erst einmal laut. Annika und Alina waren in ein angeregtes Gespräch vertieft, während Isabella und ihre Tante Marietta in einer Mischung aus Deutsch und Italienisch über die Erziehung von Isabellas Tochter Emilia diskutierten. Sandra trat hinter den anderen ein. Wie immer mit einem angestrengten Gesichtsausdruck und dem obligatorischen Blick auf die Uhr. Sandra war immer im Stress.

»Nicky, du bist ja schon da. Wartetest du schon lange?«

Isabella hatte die Diskussion mit ihrer Tante beendet und nahm Nicky fest in den Arm.

»Nein, ein paar Minuten.«

Auch die anderen Mädchen machen sich reihum daran, Nicky zu drücken. Sie bemerkte, dass sie mit jeder Berührung trauriger wurde. Diese Liebe, die ihr von diesen Frauen entgegengebracht wurde, sollte sie eigentlich aufrichten, aber sie zeigte ihr, wie sich die Zuneigung anfühlte, die Leon ihr verwehrte.

»Nicky, Cara, was hast du auf dem Herzen?«

Marietta hatte mit ihrem Röntgenblick natürlich auf den ersten Blick erkannt, dass sie heute nicht so gut gelaunt war wie sonst.

»Wie kommst du darauf, dass ich etwas auf dem Herzen habe?«

»Also bitte, halte mich doch nicht für dumm. Du bist normalerweise ein strahlender Sonnenschein. Heute siehst du aus wie eine kleine Regenwolke, und ich würde gerne wissen, wer daran Schuld trägt.«

Nicky lächelte traurig. »Ja, du hast absolut recht, liebe Marietta. Wie immer. Das ist eine etwas längere Geschichte. Wir haben uns ja schon ein paar Tage nicht mehr gesehen, und da hat sich so einiges ereignet.«

»Wie war eigentlich dein Auftritt? Du hast es ihnen bestimmt allen gezeigt, richtig?« Alina blickte sie erwartungsvoll an.

»Ja, der Auftritt war wirklich klasse. Ich habe eine ziemlich große Show abgezogen, und ich würde sagen, das Publikum war begeistert.« Nicky hatte sich schon gar nicht mehr an das Glücksgefühl erinnert, das sie nach der Show erfüllt hatte. So viel war seitdem passiert. Den Abend verband sie nur noch mit der wunderschönen Nacht mit Leon.

»Das hat Marc auch erzählt. Der Kunde hat wohl sogar nochmal bei ihm angerufen und sich extra dafür bedankt. Er meinte, du hättest den Mitarbeitern ganz schön eingeheizt.«

»Das kann durchaus sein. Es hat wirklich Spaß gemacht, aber es ist schon etwas anderes, ob ich mit euch auf der Bühne stehe oder alleine.«

»Ich bin mir sehr sicher, dass du das ganz alleine sogar noch besser hinbekommen hast als mit uns. Zumindest mit mir.«

Isabella spielte damit wieder einmal auf ihre zwei linken Füße an.

Nicky lächelte sie an. »Und wenn schon. Ich stehe mit niemandem lieber auf der Bühne als mit euch, meinen Herzensmenschen.«

Sie senkte den Blick. Eigentlich hatte sie gehofft, die Runde der Herzensmenschen um Leon erweitern zu können. Wieder einmal wurde ihr klar, wie sehr sie sich getäuscht hatte.

»Okay, an dem Auftritt kann es also nicht liegen, dass du so unglücklich schaust. Wenn es daran nicht liegt, dann fällt mir nur einer ein, der dafür verantwortlich sein könnte.«

Um Annikas Mund hatte sich ein verkniffener Ausdruck gelegt. Sie hatte die Lippen zusammengepresst und die Hand zur Faust geballt. Mehr musste sie gar nicht sagen, ihre Körpersprache war deutlich genug. Sie hasste es, wenn jemand eine ihrer Freundinnen verletzte.

»Ja, also heute im Kosmetikstudio habe ich da auch was läuten hören. Ihr wisst ja, meine Ladys sind immer gut informiert, was in Engeltal so los ist. Ich habe gehört, du und Leon … Ist da was dran?« Alina hatte sich über den Tisch gebeugt, so begierig war sie, Nickys Geschichte zu hören.

Nicky hob die Hände zur Kapitulation. »Ja, da ist was dran.«

»Wenn du etwas mit dem heißen Leon hast, warum schaust du dann so unglücklich? Er ist wirklich ein Bild von einem Mann.«

Isabella gab ihrer Tante einen kurzen Schubs mit dem Ellenbogen in die Seite.

»Was denn? Es ist doch so. Er ist wirklich ein gutaussehender junger Mann.«

»Du hast absolut recht, Marietta. Leon ist ein sehr attraktiver Mann, und ja, ich glaube, ich habe mich ein bisschen in ihn verliebt. Vielleicht auch ein bisschen mehr.«

»Darauf trinken wir!« Marietta hob ihr Glas mit der sprudelnden, goldenen Flüssigkeit in die Höhe.

»Annika, du bist für die Trinksprüche zuständig. Denke dir einen passenden aus.«

Annika blickte sie zweifelnd an. »Ich bin mir nicht sicher, ob das wirklich der richtige Zeitpunkt ist, um anzustoßen. Nicky sieht nicht so aus, als hätten wir etwas zu feiern.«

»Nicht wirklich, die Geschichte geht ja noch weiter. Aber es schadet sicherlich nicht, wenn wir zwischendurch einen Schluck trinken. Dadurch wird es weder besser noch schlechter.«

»Gut, dann trinken wir jetzt auf die Liebe, die schnell gekommen ist und hoffentlich nicht so schnell wieder geht.«

Annika blickte Nicky fragend an. Ihre Worte hatten ins Schwarze getroffen. Wieder einmal. Nicky schluckte und stieß mit ihren Freundinnen an. Sie nahm einen großen Schluck und atmete tief ein.

»Und jetzt raus mit der Sprache! Wo drückt der Schuh?« Sandra hatte sich bisher noch nicht am Gespräch beteiligt, konnte jetzt aber nicht mehr an sich halten. Anscheinend dauerte ihr das alles zu lange.

»Ja, also gestern Abend, ist es passiert.« Nicky betonte das Wörtchen „es" so, dass alle gleich wussten, was sie damit meinte. Sie wusste nicht, was sie sonst sagen sollte. Keines der ihr bekannten Wörter konnte beschreiben, was sie in der letzten Nacht erlebt hatte.

»Nach dem Auftritt?«

»Später am Abend.«

»Jetzt lass dir doch nicht jedes Wort aus der Nase ziehen! Süße, was ist genau passiert?«

»Leon kam zu mir, und wir haben die Nacht miteinander verbracht.«

»Das ist doch klasse!« Isabella war aufgesprungen. »Ich freue mich so für dich, ich habe von Anfang an gesehen, dass ihr zwei wie füreinander gemacht seid. Zwischen euch hat die Luft ja schon geflirrt, da habt ihr euch noch keine fünf Minuten gekannt. Ich wusste gleich, dass das was wird mit euch. Hach, Liebe auf den ersten Blick ist halt einfach was Schönes.«

»Na ja, Leon war heute Morgen schon weg, als ich aufgewacht bin, und hat mir einen Zettel hinterlassen.«

»Wie? Erst macht er sich über dich her, und dann haut er einfach ab? Das ist aber nicht die feine englische Art.«

Annika schüttelte missbilligend den Kopf. »Das geht ja so gar nicht.«

»Das dachte ich mir auch im ersten Moment, aber er hat wirklich liebe Worte geschrieben, und ich dachte, vielleicht musste er tatsächlich dringend weg. Dann habe ich ihm eine WhatsApp geschickt, aber na ja, irgendwie hat sich alles komisch angefühlt. Nicht stimmig, wisst ihr, was ich meine?«

Die Mädels nickten betroffen, keine wagte es, Nicky in ihrer Erzählung zu unterbrechen, denn der große Showdown war bisher ausgeblieben. »Und als Reaktion hat er mir vor ein paar Minuten eine Nachricht geschickt und sein Personal Training gekündigt. Mit keinem Wort ist er auf unsere gemeinsame Nacht eingegangen. Er hat nur gemeint, es täte ihm leid, aber er müsse das so machen, und er könnte es mir nicht erklären. Tja, und jetzt sitze ich hier und fühle mich so richtig mies.«

Nicky ließ den Kopf hängen. Inzwischen hatten die Tränen die Übermacht gewonnen und liefen ihr über die Wangen. Ungeniert ließ sie sie einfach da, wo sie waren. Es war ihr egal, dass sie in der Öffentlichkeit heulte. Leon hatte sie knallhart abserviert, und das Gefühl, das sich in ihrer Brust breitmachte, war mehr als nur einfache Enttäuschung. Sie hatte es geahnt, sie war einfach nicht gut genug für ihn. Dabei hatte sie doch alles gegeben, hatte ihm zeigen wollen, wie toll sie war, aber es hatte nicht gereicht. Sie war eben doch nur einfaches Mittelmaß. Wenn überhaupt.

»Das gibt's doch nicht. Dieser Idiot. Was bildet der sich eigentlich ein?« Annika hatte ihr Glas auf den Tisch geknallt, das sie gerade an den Mund führen wollte, als Nicky ihre Ausführungen beendet hatte. »Warum sind die Männer eigentlich immer so bescheuert?«

»Na ja, wenn ich dich dran erinnern darf: In deiner Beziehung mit Marc warst du diejenige, die ihn hat abblitzen lassen. Wir können froh sein, dass er dir so lange hinterhergerannt ist.«

Annika kommentierte diesen Einwurf nur mit einem genervten Schnauben.

Emma hatte sich neben Nicky gesetzt und zog sie in ihre Arme, um sie zu trösten.

»Süße, das tut mir so leid. Heute Mittag warst du noch so glücklich und hast über das ganze Gesicht gestrahlt. Jetzt ist es das genaue Gegenteil.«

»Ich weiß. Mir ist auch klar, dass ich es nicht an mich heranlassen sollte. Aber es geht einfach nicht. Ich fühle mich irgendwie wertlos.«

»Lass dir niemals von einem Typen einreden, dass du nichts wert wärst.« Annika sah sie mit zusammengekniffenen Augen an. »Ein Mann, der dich nicht wertschätzt, hat dich auch nicht verdient. So einfach ist das. Du bist immer noch genau die gleiche wunderbare Nicky wie vor zwei Tagen. Lass dir nichts anderes einreden, und rede dir vor allem selbst nichts anderes ein. Ich weiß, wie es ist, von einem Mann mies behandelt zu werden. Ich weiß, wie es sich anfühlt, wenn einem nur Missbilligung entgegenschlägt. Und ich weiß auch, dass es extrem schwer ist, das durchzustehen und sich davon nicht runterziehen zu lassen. Aber du hast die Kraft, Nicky. Du brauchst diesen blöden Typen doch überhaupt nicht. Hak ihn ab und mach einfach weiter wie vorher.«

Annikas emotionale Rede machte alle am Tisch Versammelten betroffen. Schließlich wussten sie genau, wovon die Freundin sprach, die von ihrem Ex-Ehemann jahrelang misshandelt worden war.

»Wenn es nur so einfach wäre. Ihr wisst ja, dass ich schon seit langer Zeit keinen Partner mehr hatte, weil ich immer auf den Einen, den Richtigen gewartet habe. Und mein Herz sagt mir, dass Leon dieser Eine ist.«

»Was aber nicht heißt, dass du ihm jetzt hinterherrennen musst, Süße. Wenn er wirklich der Richtige ist, dann wird sich alles finden. Dann wird sich ein Weg für euch auftun. Aber dafür muss jetzt erst mal Leon etwas beisteuern.«

Emma streichelte Nicky weiterhin tröstend über die Schulter. Sie hatte recht, wenn Leon der Richtige für sie wäre, dann würde er zu ihr zurückfinden.

»Also, Nicky, für mich hört sich das alles ziemlich wirr an. Ich habe in meinem Alter schon einiges erlebt, ich habe die Liebesgeschichten von vielen von euch Mädchen mitbekommen. Ich denke, auch wenn es schwierig ist, solltest du mit Leon reden. Ihr könnt euch ja doch nicht aus dem Weg gehen. Du hast bestimmt bald wieder einen Auftritt, wenn der erste jetzt so gut gelaufen ist. Spätestens dann wirst du ihn wiedersehen. Und bis dahin musst du dir einen Plan zurechtlegen, wie du mit ihm umgehen willst. Den Kopf in den Sand zu stecken, hat noch nie jemandem geholfen.«

»Marietta, ich weiß, dass du recht hast. So wie immer. Mit deinen weisen Ratschlägen hast du uns schon mehr als einmal auf die richtige Spur gebracht. Aber ich weiß einfach nicht, wie ich …«

In diesem Moment flatterte eine Taube in den Gastraum des Cafés und landete auf einem der Nachbartische. In Engeltal gab es viele Tauben, aber nur in den seltensten Fällen verirrten sie sich in die Innenräume.

Die Dame, die an eben jenem Tisch gesessen hatte, sprang auf. »Hilfe, nehmt sie weg, tut doch jemand was!«

Innerhalb weniger Sekunden herrschte im Café Himmelreich das reinste Chaos. Die Mädels waren von ihrem Tisch aufgesprungen und versuchten, die Taube wieder hinauszubefördern, ins Freie, wohin sie gehörte.

»Warum war denn die Tür überhaupt offen?«

Emma blickte zerknirscht in die Runde. »Na ja, ich dachte eben, ich lüftete mal kurz ein bisschen. Heute ist es eigentlich ganz schön draußen.«

Als sie die entsetzten Blicke ihrer Freundinnen sah, wurde ihr klar, dass das nicht ganz schlau gewesen war.

»Ja, was denn? Wer ahnt denn schon, dass die Taube gleich den Weg ins Warme findet? Aber jetzt helft mir lieber, dieses blöde Vieh wieder nach draußen zu befördern, bevor die Leute total durchdrehen oder sich auch noch jemand verletzt.«

Annika hatte sich bereits an die Taube herangepirscht und versuchte, sie zu schnappen, was leider nicht klappte. Annika landete bäuchlings auf dem Tisch, während die Taube einfach davonflatterte und sich auf die Lampe vor dem Tresen setzte, die von der Decke herabhing.

»Tom! Kommst du mal bitte?«

Emma rief ihren Mann zu Hilfe, der sonst kaum einmal seinen Lieblingsplatz in der Küche des Cafés aufgab. Nach einem kurzen Blick auf das Chaos drehte sich Tom wortlos um und ging in seine Küche zurück, nur, um eine Minute später mit einer Schüssel mit klein gekrümeltem Brot zurückzukommen.

»Hier, siehst du das, kleine Taube? Das ist alles für dich. Aber dafür musst du mein Café verlassen, in Ordnung?«

Die Taube legte den Kopf schief, als könnte sie jedes von Toms Worten verstehen, und gurrte ihm zu. Tom winkte mit den Köstlichkeiten und ging langsam ein paar Schritte rückwärts. Die Taube ließ ihn nicht aus den Augen. Schon wenige Augenblicke später flatterte sie Tom hinterher und setzte sich auf die Schale. Tom nahm die Schüssel mit vor die Tür und ließ sie dort mitsamt Taube stehen. Schnell zog Emma hinter ihm die Tür zu.

Nicky ließ den Blick durch das Café schweifen. Die kleine Taube hatte ganz schön für Aufregung gesorgt. Auf manchen Tischen waren die Gläser umgekippt. Unter dem Tisch, auf dem die Taube gelandet war, hatte sich inzwischen eine kleine Pfütze aus Apfelsaft gesammelt.

Emma lächelte die Gäste gequält an. Ausgerechnet heute hatten sie deutlich mehr Kundschaft als an den anderen Tagen der Woche. »Entschuldigen Sie bitte. Einen Augenblick, das haben wir gleich.«

Schnell wechselte sie die Tischtücher und putzte den Boden. Nur wenige Minuten später sah es aus, als wäre nichts gewesen. Emma ließ sich wieder an den Tisch zu den Mädels plumpsen.

Nicky beobachtete die ganze Szene wie durch einen Schleier hindurch. Wie diese Taube war auch Leon ganz ohne Vorwarnung in ihr Leben geflattert und hatte nichts als Chaos hinterlassen.

»Was für ein Durcheinander. Entschuldigt bitte die Unterbrechung. Nun zurück zu dir, Nicky: Was hast du jetzt vor?«

»Ich weiß es noch nicht. Ich glaube, ich muss erst mal eine Nacht darüber schlafen. Ich bin eigentlich davon ausgegangen, heute Abend in Leons Armen einzuschlafen. Dass er mich nun überhaupt nicht mehr sehen will, muss ich erst mal verdauen.«

»Warte ab, es gibt eine Erklärung für alles. Du musst ihn nur zur Rede stellen, und das möglichst bald. Lass nicht unnötig viel Zeit verstreichen, denn dann wird euer Problem nur immer noch größer.«

»Ich weiß, Marietta, und das werde ich auch. Verlass dich darauf.«

Kapitel 18

Counting Stars
OneRepublic, 2013

Leon legte den Telefonhörer auf. Wieder ein neues Event, das er planen durfte. Inzwischen hatte sich im Umkreis von etwa fünfzig Kilometern herumgesprochen, dass Marcs Agentur tolle Feste auf die Beine stellte. Es kamen so viele Anfragen herein, dass sie auch zu dritt nicht hinterherkamen. Leon kam das gerade recht. Die viele Arbeit lenkte ihn von seinen persönlichen Problemen ab.

»Leon, ich muss mit dir sprechen.«

Er blickte auf und sah seinen Chef direkt vor ihm stehen. »Okay … Gibt es Beschwerden?«

»Nein, wie kommst du denn darauf? Da ist alles in Ordnung. Ich bekomme nur positives Feedback auf die Events.«

»Gut, da bin ich erleichtert. Du schaust so ernst, da hatte ich befürchtet, es gibt Probleme.«

»Nein, darum geht es gar nicht. Was hältst du davon, wenn wir für heute Feierabend machen und im Goldenen Adler den Tag ausklingen lassen?«

Leon blickte zu seiner Schwester, die gerade dabei war, ihren Schreibtisch aufzuräumen. »Ist es in Ordnung, wenn du erst mal alleine nach Hause gehst?«

»Klar, kein Problem. Besprecht, was auch immer ihr besprechen wollt. Solange es mich nicht betrifft, habe ich nichts dagegen, wenn ihr diese Dinge alleine beredet.«

»Keine Sorge, Pia, du machst einen so wunderbaren Job. Ich bin verdammt dankbar, dass ich euch gefunden habe.«

Pia lächelte ihn an und drückte ihre Handtasche an sich. Währenddessen fuhr Leon seinen Laptop herunter und folgte Marc aus dem Büro.

Der Goldene Adler war nur ein paar Meter entfernt, sodass ihnen das rege Schneetreiben nur wenig ausmachte, das inzwischen wieder eingesetzt hatte. Nur das Kopfsteinpflaster in der Kleinstadt erschwerte das Fortkommen, sie rutschten mehr, als dass sie liefen.

Unter der Woche war es im Goldenen Adler eher ruhig, sodass sie keine Probleme hatten, einen Tisch zu ergattern.

Marc kam ohne Umschweife zur Sache.

»Hör zu, Leon, ich weiß, dass dein Privatleben mich nichts angeht. Aber ich bin dein Chef, und deshalb möchte ich, dass es dir gut geht.«

»Wie kommst du darauf, dass es mir nicht gut gehen könnte?«

»Nun ja, ich hab' da verschiedene Geschichten gehört, und ich wollte einfach mit dir darüber reden. Wie gesagt, ich bin mir darüber bewusst, dass es mich eigentlich nichts angeht, aber ich befürchte, dein Privatleben könnte in dem Fall auch Auswirkungen auf dein berufliches Umfeld haben.«

»Marc, was genau willst du mir sagen? Der Tag war lang und anstrengend, für Rätselraten bin ich jetzt wirklich nicht in der richtigen Stimmung.«

Marc rang die Hände. »Okay, sorry für das Rumgelaber. Ich wusste nur nicht genau, wie ich das Gespräch starten soll, aber du hast recht. Geradeheraus ist vielleicht einfach das Beste.« Marc genehmigte sich einen großen Schluck Bier, das wie von Zauberhand plötzlich vor ihnen stand.

Leon war gespannt, was jetzt kam, konnte sich aber schon denken, welche Richtung das Gespräch einschlagen würde.

»Ich habe die Befürchtung, dass es zwischen dir und Nicky Unstimmigkeiten gibt. Dabei hat der Kunde, bei dem ihr vor kurzem das Event hattet, mir erzählt, dass er euch in flagranti in der Umkleidekabine erwischt hat. So, jetzt ist es raus, das tut mir leid.«

Leons Gesicht wurde heiß. So ein Mist, der Kunde hatte ihn tatsächlich bei seinem Chef verpfiffen. So weit hatte er gar nicht gedacht. Zugegeben, in dem Moment hatte er überhaupt nicht gedacht. Und auch nach dieser unerfreulichen Überraschung in der Umkleidekabine war er nicht in der Lage gewesen, mögliche Konsequenzen zu überblicken. In seinem rauschhaften Zustand war es ihm nur darum gegangen, möglichst schnell in Nickys Bett zu landen. Das hatte er nun davon, dass er sich an diesem Abend so hatte gehen lassen.

»Er hat mir auch erzählt, dass es eine kleine Diskussion mit einem seiner Mitarbeiter gab, und dass es für ihn ausgesehen hätte, als wäre das mit dir und Nicky etwas Ernstes. Er meinte, du hättest dich aufgeführt wie ein Superheld, um Nicky zu beschützen.« Marc hob die Augenbraue ein Stück.

»Das war eine einmalige Sache. Es tut mir wirklich leid, ich weiß, das war mehr als unprofessionell. An diesem Abend sind mir einfach die Sicherungen durchgebrannt. Der Typ ist so auf Nicky zugestürzt, dass ich Angst um ihre Sicherheit hatte, und ...«

Marc hob die Hand, um Leon zum Schweigen zu bringen. »Darum geht es gar nicht. Ich sehe schon lange, dass da etwas zwischen dir und Nicky ist. Man spürt die Anziehungskraft zwischen euch beiden, und ich wäre der

Letzte, der euch euer Glück nicht gönnt. Im Gegenteil. Ich denke, ihr passt toll zusammen, nur habe ich jetzt das Gefühl, dass irgendwas doch nicht stimmt.«

»Ja, da könntest du recht haben. Weißt du, Marc, das ist alles nicht so einfach.«

Leon schluckte. Er musste Marc jetzt unbedingt eine glaubwürdige Geschichte auftischen, ohne sein Geheimnis zu verraten. Er musste Marc irgendwie erklären, warum er nicht mit Nicky zusammen sein konnte. Und diese Erklärung müsste glaubhaft sein.

»Für mich ist das Ganze nicht einfach. Ich meine, ich bin ja erst seit wenigen Wochen da, und es stimmt, ich finde Nicky ganz zauberhaft. Sie ist eine tolle Frau. Und ja, wir sind im Bett gelandet. Aber das war ein Fehler.«

Marc hob wieder einmal fragend die Augenbraue, ließ Leon aber weiterreden, ohne ihn zu unterbrechen.

»Ich hatte im letzten Jahr eine ziemlich böse Trennung zu verkraften. Ich war lange mit meiner Freundin zusammen gewesen, es waren insgesamt vier Jahre. Auch wenn nicht alle vier Jahre glücklich gewesen sind, so hätte ich doch niemals angenommen, dass sie mich von heute auf morgen verlässt. Es hat mir das Herz gebrochen. Die Sache habe ich immer noch nicht verarbeitet. Tja, ich schätze, deshalb bin ich jetzt sozusagen bindungsunfähig.«

Er ließ den Blick auf seine ineinander verkrampften Hände wandern. Hoffentlich nahm Marc ihm diese Lügengeschichte ab. Er wusste, sie klang abgedroschen, aber dadurch wäre sie vielleicht sogar glaubwürdiger.

»Oh, das tut mir echt leid, das wusste ich ja nicht. Ich hoffe aber, dass ihr beide das irgendwie wieder hinbekommt. Denn ich bestehe darauf, dass Nicky auch weiterhin bei unseren Events auftritt.«

Nun starrte Leon seinen Chef ungläubig an.

»Ich weiß, dass es für dich nicht einfach sein wird. Aber das ist genau das, was ich vorhin meinte. Deine persönlichen Beziehungen haben Auswirkungen auf deine beruflichen Aufgaben. Und das macht es so schwierig, dass ich mich jetzt als Chef einschalten muss. Es ist mir zwar nicht egal, was mit euch passiert, aber ich werde mich nicht in eure Beziehung einmischen. Es steht mir nicht zu, und ich bin mir auch nicht sicher, ob ich etwas Positives dazu beitragen könnte. Was ich aber weiß, ist, dass Nicky schon jetzt ein ganz wertvoller Teil unserer Agentur ist. Der Auftritt war superklasse, und ich habe nicht vor, meine anderen Kunden zu enttäuschen, nur weil du deine Finger nicht bei dir behalten kannst.«

Leon schluckte. Marcs Worte waren sehr direkt gewesen.

»Deshalb ganz deutlich und zum Mitschreiben: Egal, was zwischen dir und Nicky gewesen ist oder sein wird, Nicky wird weiterhin die Auftritte auf unseren Events bestreiten. Darauf bestehe ich, und ich lasse in diesem Punkt auch nicht mit mir verhandeln. Nicky ist eine gute Freundin von mir, und es tut mir leid zu erfahren, dass es Probleme zwischen euch gibt. Ich hoffe, ich habe dich nicht allzu sehr vor den Kopf geschlagen, das war nicht meine Absicht. Aber ich kann hier nicht nur als Freund sprechen, sondern ich muss die Agentur im Blick behalten. Die Agentur ist mein Lebenswerk, und ich werde nicht zulassen, dass sie Schaden nimmt. Beziehungsunfähig hin oder her. Kommst du damit klar?«

Marcs Worte waren hart gewesen. Leon nahm ihn das erste Mal so richtig als Chef wahr. Sonst war Marc immer eher der Kumpeltyp gewesen, aber heute hatte er ihm mehr als deutlich gezeigt, wer hier die Entscheidungen traf und die Geschicke der Agentur lenkte. Natürlich wäre es ihm lieber gewesen, wenn Nicky nicht mehr bei den Events auftreten würde. Für ihn wäre es dadurch deutlich leichter, ihr aus dem Weg zu gehen. So war klar, dass er sie in den nächsten Wochen und Monaten regelmäßig sehen würde. Sie würde immer wieder vor seinen Augen mit den Hüften wackeln, und er würde sich zusammenreißen müssen. Aber er musste das schaffen. Pia zuliebe.

»Na klar, das kriegen wir hin, Marc. Mach dir keine Sorgen, Nickys Show wird natürlich auch weiterhin Teil unserer Events sein, wenn sie das möchte. Ich verspreche dir, dass ich mich zukünftig professioneller verhalten werde.«

Marc nickte zufrieden und hielt Leon sein Bierglas entgegen. »Lass uns darauf trinken. Ich hoffe, du nimmst mir meine direkten Worte nicht übel.«

»Natürlich nicht. Du bist der Chef und hast jedes Recht dazu, mich darauf hinzuweisen, wenn ich mich nicht professionell verhalten habe.«

Leon stieß sein Bierglas mit einem lauten Geräusch an Marcs. Wenn das mal so einfach werden würde, wie Marc sich das vorstellte. Da war sich Leon alles andere als sicher.

Kapitel 19

Wenn das Liebe ist
Glashaus, 2001

Nicky strich sich nicht vorhandene Falten aus ihrem Outfit. Ihre Hände waren schweißnass und hatten zu zittern begonnen. Dabei war das heute noch gar nicht der Auftritt, sondern vielmehr eine Generalprobe. Sie hatte sich lange überlegt, ob sie überhaupt an dem Event teilnehmen sollte. Aber sie wollte Marc nicht hängenlassen. Sie hatte ihm versprochen, seine Events mit ihren Tanzeinlagen zu etwas Besonderem zu machen, und die positive Resonanz ihres ersten Auftrittes bestätigte sie beide darin, dass diese Entscheidung richtig gewesen war. Nur weil sie nicht wusste, wie sie auf Leon zugehen sollte, konnte sie Marc nicht enttäuschen. Das wäre sowas von unfair. Schließlich hatte er ihr die Chance gegeben, sich zu beweisen, und hatte sie von Anfang an unterstützt.

Sie blickte sich in dem kleinen Spiegel an, der über dem Waschbecken hing. Heute hatte sie leider keine Umkleidekabine zur Verfügung, aber die Toilette war groß genug, dass sie sich darin in Ruhe umziehen konnte. Leon hatte auf dem Probedurchlauf bestanden, und dass sie diesen in ihrem Kostüm über die Bühne bringen sollte. Er wollte ganz genau wissen, was sie geplant hatte. Der Ablauf unterschied sich in einigen Punkten von ihrem letzten Auftritt. Es wäre für sie keine Herausforderung gewesen, immer nur das gleiche Programm abzuspulen. Deshalb hatte sie ein paar neue Ideen umgesetzt und Bestandteile der Choreographie verändert.

Sie atmete ein, sog die Luft tief in ihre Lungen und versuchte, mit einer kleinen Meditation ihre Nerven in den Griff zu bekommen. Sie hatte Leon seit ein paar Tagen nicht mehr gesehen. Er hatte sich erst wieder bei ihr gemeldet, als er den Termin für die Probe festlegen wollte. Leon war in seiner Nachricht sehr nüchtern gewesen, hatte mit keinem Wort ihre gemeinsame Nacht erwähnt oder den Wunsch, sie zu wiederholen.

Bei ihrer Ankunft war sie direkt in die Toilette geeilt, um sich umzuziehen, noch bevor sie Leon unter die Augen gekommen war. Wie er wohl auf sie reagieren würde? Ob ihn ihr Tanz wieder zu einer ganz bestimmten Reaktion animieren würde? Beim letzten Mal hatte sie ihr Ziel erreicht, aber etwas in ihrem Inneren sagte ihr, dass es dieses Mal nicht so leicht werden würde. Denn wenn Leon wollte, könnte er sie jederzeit haben. Aber wie es aussah, wollte er sie eben nicht.

Nicky schüttelte den Kopf. Sie fühlte sich schrecklich. Die letzten Tage hatten sich gezogen wie Kaugummi und sie hatte fast minütlich auf ihr Smartphone geschaut, um ja keine Nachricht von Mister Mystery zu verpassen. Immer wieder hatte sie gehofft, er würde sich doch noch einmal melden. Seine letzte Nachricht ließ sie an sich zweifeln. Sie hasste es, im Ungewissen zu sein. Sie wollte klare Verhältnisse haben, wollte genau wissen, woran sie bei ihm war. Leon war so kompliziert. Sie hatte keine Ahnung, was in seinem hübschen Köpfchen vor sich ging, und sie war sich nicht sicher, ob er es selbst wusste. Ja, es würde schwierig werden, ihm unter die Augen zu treten, und sie würde all ihren Mut zusammennehmen müssen, um ihn zur Rede zu stellen. Aber sie würde das schaffen.

Nicky straffte die Schultern, hob das Kinn und ging mit entschlossenen Schritten in Richtung Tagungsraum. Dieses Mal würde sie keine richtige Bühne haben, sondern hier in diesem Raum in einem sporadisch abgetrennten Bereich für die Unterhaltung der Leute sorgen. Es war ein kleines Event, die Firma hatte gerade mal zwanzig Mitarbeiter. Also wirklich ein Kontrastprogramm im Vergleich zum letzten Mal. Nicky war es egal, vor wie vielen Menschen sie auftrat. Sie war dankbar, dass sie überhaupt die Möglichkeit bekam, zu zeigen, was sie konnte. Nach ihrem letzten Auftritt hatte sie zwei neue Kunden gewonnen, die sich bereits am nächsten Tag zum Personal Training angemeldet hatten. Das war eine gute Ausbeute, schließlich war sie fast ausgebucht. Sie hoffte darauf, noch mehr Kunden für ihre Kurse zu bekommen. Auch die waren schon gut besucht, aber zwei oder drei zusätzliche Leute würden die Kurse abrunden.

Leon stand bereits im Raum und hatte ihr den Rücken zugewandt. Als er ihre Schritte vernahm, drehte er sich um und blickte sie von oben bis unten an.

»Hallo Nicky, danke, dass es geklappt hat.«

Sie bemerkte, wie sein Blick ihren Körper maß. Es kribbelte überall dort, wo er sie ansah. Nickys Knie wurden weich. Zu gerne hätte sie sich in Leons Arme geschmiegt.

»Ja, natürlich. Wir hatten ja vereinbart, dass es zukünftig eine Probe geben sollte.«

»Zur Sicherheit. So bin ich nicht ganz so überrascht, was du dir für die Events ausdenkst.« Er räusperte sich. »Und du kannst dir die räumlichen Gegebenheiten besser vorstellen.«

Nicky schob eine Strähne ihres roten Haares nach hinten, die sich immer wieder selbstständig machte. »Leon, ich …«

»Gut, wollen wir gleich anfangen? Wie lange hast du denn dieses Mal geplant?« Leon hielt den Blick auf sein Klemmbrett gerichtet.

Nicky war überrascht von seiner Reaktion. War das sein Ernst? Wollte er tatsächlich eine normale Probe abhalten, ohne auch nur mit einem Wort auf ihre gemeinsame Nacht einzugehen? War das seine Art, mit der Situation umzugehen? Einfach alles in den Hintergrund drängen, als würde es sich schon irgendwie von allein lösen? Ungläubig schüttelte sie den Kopf.

»Findest du wirklich ...«

»Nicky, lass uns jetzt bitte anfangen, ja? In einer halben Stunde kommt der Kunde, bis dahin sollten wir mit unserer Probe durch sein.«

Gut, wenn Leon es so wollte, dann würden sie eben nicht sprechen. Nicky drehte sich um und ließ ihn ohne ein weiteres Wort stehen. Nachdem sie die Musik eingeschaltet hatte, konzentrierte sie sich komplett auf ihren Tanz. Wie immer gelang es ihr spielend leicht, die Musik zu fühlen und ihren Takt ganz intuitiv auf den Bass anzupassen. Dieses Mal hatte sie ihre Choreografie etwas züchtiger gestaltet. Sie wusste, dass die Mitarbeiter eher älteren Semesters waren, und wollte sie nicht in Verlegenheit bringen. Und auch für Leon wäre es vielleicht ganz gut, wenn er einen kühlen Kopf bewahren könnte. Konzentriert spulte sie ihre Choreografie ab. Leon ignorierte sie dabei erfolgreich. Danach sollte sie ihn aber auf jeden Fall zur Rede stellen. Es konnte nicht sein, dass er das, was sie gemeinsam erlebt hatten, diese wundervolle Nacht, die zu den schönsten ihres Lebens gehört hatte, einfach aus seinen Erinnerungen löschte.

Als Nicky geendet hatte, hörte sie Leon klatschen. »Das war richtig gut. Ich bin froh, dass du dieses Programm etwas jugendfreier gestaltet hast als beim letzten Mal.«

Nicky schnappte sich ihr Handtuch, das sie vor dem Auftritt beiläufig auf einem Stuhl deponiert hatte, und legte es sich in den Nacken. Ihre Choreografie hatte es in sich gehabt, sodass sie schnell ins Schwitzen geraten war. Langsam ging sie auf Leon zu.

»Ja, ich dachte, das passt für das neue Publikum vielleicht besser. Und vielleicht verkraftest du es so auch besser.« Sie zog die Augenbrauen hoch.

»Um mich brauchst du dir keine Gedanken zu machen.« Leon wirkte unnahbar, fast schon unterkühlt und abweisend, und Nicky konnte sich einfach keinen Reim darauf machen, warum er so reagierte. Was hatte sie bloß falsch gemacht, dass jegliche Liebe aus seinen Augen verschwunden war? Was war nach dieser einen Nacht geschehen?

»Leon, ich weiß, du willst nicht darüber sprechen, aber ich denke, wir sollten endlich darüber reden, was passiert ist, und vor allem …«

»Nicky, kannst du es nicht einfach gut sein lassen?« Leon hatte sich wieder seinem Klemmbrett zugewandt und schenke Nicky keine Aufmerksamkeit mehr. Wie konnte man nur so arrogant sein? Doch sie ließ sich davon nicht abhalten. Sie würde Leon zur Rede stellen, ob er wollte oder nicht.

»Nein, das kann ich eben nicht. Ich weiß nicht, was geschehen ist. Ich kann es mir nicht erklären. Ich weiß nur, dass ich unsere gemeinsame Nacht wunderschön fand und ich nicht der Meinung bin, dass wir das verdrängen sollten. Eigentlich hatte ich gehofft, es gäbe noch ein paar Wiederholungen.«

Nicky bemerkte selbst, dass sie sich viel zu flehentlich anhörte. Endlich nahm Leon Notiz von ihr und blickte sie aus seinen wunderschönen Augen an, aber sie hatte das Gefühl, dass er seine Mauer wieder komplett aufgebaut hatte. Und dieses Mal noch höher als vorher. Sie kam einfach nicht hindurch, und das Strahlen in seinen Augen war erloschen.

»Hör mal, Nicky: Ja, die Nacht war schön, das möchte ich nicht bestreiten. Und es tut mir leid, dass du dir mehr erhofft hast. Aber es geht nicht.«

»Und warum nicht? Leon, ich kann das alles nicht verstehen. Erklär es mir bitte.«

»Nein, ich werde dir mit Sicherheit nichts erklären. Ich bin dir keinerlei Rechenschaft schuldig. Wir beide wollten es so. Wir wollten die Nacht miteinander verbringen, und das haben wir getan. Es gibt nichts zu bereuen, aber es wird auch keine Wiederholung geben.«

»Aber ...«

»Nicky, versteh doch, es war schön, aber das war es auch schon. Wir beide passen einfach nicht zusammen. Und überhaupt bin ich auch nicht auf der Suche nach einer Beziehung, das würde alles nur noch schlimmer machen. Also sieh es ein und lass mich in Ruhe. Wir werden noch bei einigen Events zusammenarbeiten, also sollten wir uns von nun an professionell verhalten.«

Sie war wie vor den Kopf gestoßen. Wer war dieser Mensch, der hier vor ihr stand? Warum warf er ihr so viele böse Dinge an den Kopf, obwohl sie doch überhaupt nichts getan hatte? Wo war der Leon hin, in den sie sich verliebt hatte? Der Mann, der zärtlich war, immer ein Lächeln für sie übrighatte und sie liebevoll in seinen Armen gehalten hatte? Wo war dieser Mensch nur hin, und warum hatte er sich so verändert? Sie verstand es einfach nicht, und er machte es ihr auch nicht unbedingt leichter.

»Weißt du was, Leon? Ich glaube, du weißt überhaupt nicht, was du da gerade gesagt hast. Ich dachte wirklich, wir waren auf dem Weg, ein Paar zu werden. Meinst du vielleicht, ich steige mit jedem gleich in die Kiste?«

»Nicky, das kann ich nicht beurteilen. Dazu kennen wir uns zu wenig. Wir hatten beide unseren Spaß, und jetzt ist gut.«

Sie fühlte sich, als hätte man ihr das Herz herausgerissen. Leon stellte sie dar, als wäre sie die letzte Schlampe. Als würde sie ständig irgendeinen Mann in ihr Bett ziehen und sich jedem hingeben, ohne groß darüber nachzudenken. Dabei hatte sie noch nie in ihrem Leben einen One-Night-Stand gehabt. Für sie waren Gefühle die Grundlage für guten Sex. Nicht umsonst hieß es „Liebe machen", und ausgerechnet bei Leon hatte sie das genau so gefühlt. Wie konnte er jetzt nur so kaltherzig sein?

Sie spürte, wie ihr Tränen in die Augen traten. Tränen der Wut und Enttäuschung, Tränen der Scham und der Trauer. Doch sie würde Leon jetzt nicht auch noch die Genugtuung geben, sie weinen zu sehen. Diese Kälte in seinen Augen unterstrich seine Worte, und es fühlte sich an, als würde er ihr ein Messer direkt ins Herz rammen. Wie hatte sie sich nur so täuschen können? Wie hatte sie nur denken können, Leon wäre etwas Besonderes, er wäre der Richtige für sie? Der Mann, auf den sie jahrelang gewartet hatte? Was war nur los mit ihr, dass sie nicht gesehen hatte, wer er in Wirklichkeit war? Mühsam schluckte sie gegen den Kloß an, der sich in ihrem Hals gebildet hatte. Sie straffte die Schultern und räusperte sich.

»Okay, wenn du das so siehst, dann tut es mir leid. Ich hatte wirklich geglaubt, das mit uns wäre etwas Besonderes. Du kannst mir glauben, dass ich dich sonst niemals in mein Bett gelassen hätte. Wenn ich gewusst hätte, was für ein überhebliches Arschloch du bist, hätte ich dich wohl kaum zu mir nach Hause eingeladen. Ich verfluche den Tag, an dem ich dich kennengelernt habe.«

Nicky holte tief Luft. »Und weißt du was, Leon? Du kannst dir deine Show sonst wohin schieben. Ich werde nicht auftreten. Wie du das Marc und dem Kunden erklärst, ist mir ganz egal. Aber ich werde mir das hier nicht geben. Wenn du der Meinung bist, ich sei nur für ein kurzes Abenteuer gut, dann lass es uns hier beenden. Aber dann will ich auch nicht, dass du mir noch einmal unter die Augen trittst.«

Wütend drehte sich Nicky um und legte all ihre Energie in ihren Schritt. Sie musste schnell weg hier, musste in der Toilette ankommen, bevor die Tränen aus ihr herausschossen. Sie wollte einen starken Abgang hinlegen. Es war wichtig, dass Leon nicht die Schwäche wahrnahm, die ihren ganzen Körper zusammensacken ließ. Niemals würde sie ihn sehen lassen, wie abgrundtief er sie verletzt hatte.

Mit letzter Kraft knallte sie die Tür der Toilette zu und schloss ab. Kaum hatte sie sich umgedreht, ließ sie sich daran herabsinken, legte die Arme um die Knie und ließ den Kopf darauf fallen. Jetzt musste sie nicht mehr stark sein, nun durfte sie all die Emotionen herauslassen, die sich in den letzten Minuten in ihrem Inneren aufgestaut hatten. Mit einem lauten Schrei ließ sie ihren Tränen freien Lauf. Jetzt war alles egal. Leon hatte sie so verletzt, dass selbst sie nichts Positives mehr daran sehen konnte. Sie wusste, es würde noch eine ganze Zeit lang dauern, bis sie ihm wieder normal gegenübertreten könnte. Im Moment wollte sie einfach nur, dass er ging. Dass er aus ihrem Leben verschwand, sie ihn nicht mehr sehen musste und dass er nicht sehen konnte, wie unendlich traurig sie war.

Kapitel 20

Boulevard of Broken Dreams
Green Day, 2004

Aufgewühlt blickte Leon Nicky hinterher. Er fühlte sich so verdammt schlecht. Er hatte sie verletzt und das auch noch willentlich. Er hatte einfach nicht gewusst, wie er es ihr erklären sollte. Dass er sich Nicky nicht einfach würde entziehen können, war ihm klar gewesen. Vor allem, nachdem Marc darauf bestanden hatte, dass sie weiterhin für ihre Auftritte bei den Events gebucht wurde, wusste Leon, dass eine Aussprache unumgänglich war. Aber ihm war auch klar gewesen, dass Nicky niemals würde verstehen können, was in ihm vorging. Und wie sollte sie auch? Sie kannte die Hintergründe nicht, wusste nicht um sein Geheimnis und sein Leben. Wie könnte er ihr klarmachen, dass es für sie alle nur zum Besten wäre, wenn sie sich nicht weiter treffen würden? Wie sollte sie verstehen, dass er um ihre Sicherheit besorgt war und um die seiner Schwester? Er hätte Nicky seine komplette Geschichte erzählen müssen, um auf Verständnis von ihr hoffen zu können. Aber er durfte ihr nicht alles erzählen. Er musste selbst höllisch aufpassen, dass er sich nicht aus Versehen verplapperte. Niemand durfte erfahren, was sein Leben vor wenigen Monaten komplett auf den Kopf gestellt hatte. Er wusste, seine Worte waren viel zu hart gewesen. Niemals hatte er Nicky so hinstellen wollen, als würde sie jeden mit in ihr Bett nehmen. Er verfluchte sich und sein verkorkstes Leben. Denn sie war so ein wundervoller Mensch, sie hätte seine Seelenverwandte sein können, sein fehlendes Puzzleteil.

Leon fuhr sich wütend durch die Haare. Er hatte alles vermasselt. Nicht nur heute, sondern schon vor ein paar Tagen, als er Nicky nicht hatte widerstehen können. Das war der größte Fehler seines Lebens gewesen. Er hatte ihr Hoffnungen auf mehr gemacht, obwohl er genau gewusst hatte, dass Nicky eine Beziehung wollte und kein einmaliges Abenteuer. Und doch war er beim besten Willen nicht in der Lage gewesen, sich ihren Reizen zu entziehen, ihr aus dem Weg zu gehen. Und nun hatte er alles verdorben. Nicky hielt ihn für einen Idioten, und sie hatte gar nicht mal so Unrecht damit. Und Marc! Was würde er nur sagen, wenn er ihm beichten musste, dass er Nicky vergrault hatte? In ihrem letzten Gespräch hatte sein Chef ihn mehr als deutlich darauf hingewiesen, wie wichtig es ihm war, dass Nicky weiterhin Teil der Firmenfeiern war. Und sie hatte eingewilligt, obwohl auch sie gewusst haben musste, dass es mit ihnen beiden nicht einfach würde. Und jetzt? Auch vor seinem Kunden würde er katzbuckeln müssen. Er hatte seine ganze Feier verdorben, und das nur einen Tag vorher. Wo sollte er nur so schnell ein Ersatzprogramm herbekommen?

Völlig entkräftet ließ er sich an der Wand entlang auf den Boden gleiten und legte den Kopf in die Hände. Warum nur machte er in seinem Leben immer alles falsch? Warum konnte er nicht einfach ein normales Leben führen? Eine Freundin wie Nicky haben, mit der er die wundervollste Zeit seines Lebens verbringen könnte, die ihn kannte und ihm Verständnis entgegenbringen konnte? Warum verdammt noch mal war es ihm nicht vergönnt, ein kleines bisschen Glück zu haben? Es war zu spät, um sich mit all diesen Gedanken auseinanderzusetzen. Jetzt musste er versuchen, die Wogen zu glätten. Er musste jetzt alles geben, um die

Feier, die für den morgigen Abend angesetzt war, noch zu retten. Er durfte sich nicht von seinen Gefühlen leiten lassen, durfte nicht zulassen, dass sie die Oberhand gewannen und ihn zerstörten. Sein Herz fühlte sich an, als würde es jemand zerquetschen. Eine kraftvolle Faust, die den letzten Tropfen Liebe herauspressen wollte.

»Leon? Ist alles in Ordnung?«

»Ach, hallo. Sie sind ja schon da.«

Sein Kunde war wie aus dem Nichts aufgetaucht und blickte überrascht auf die Uhr.

»Ja, wir waren doch verabredet, oder nicht? Wissen Sie, manchmal trägt meine Sekretärin Termine in meinen Kalender ein, und dann komme ich zu Verabredungen, die noch gar nicht bestätigt worden sind. Ist es jetzt ungeschickt? Soll ich lieber wieder gehen?«

»Nein, gar nicht.«

Leon rappelte sich auf und räusperte sich. Ein großer Kloß hatte sich in seinem Hals gebildet. Er versuchte, ihn möglichst schnell herunterzuschlucken. Tränen, die vor wenigen Minuten in seine Augen getreten waren, blinzelte er weg. Das hier war nicht der Ort und auch nicht die Zeit dafür, sich zu bemitleiden. Er hatte ein Event zu retten, das er gerade selbst zerstört hatte. Er atmete noch einmal kräftig durch und versuchte, seiner Stimme einen festen Klang zu verleihen.

»Wir müssten noch mal über den Ablauf reden.«

»Wieso? Wir hatten doch alles geplant? Wo ist denn Nicky? Ich hatte gehofft, vielleicht noch etwas von ihrer Probe mitzubekommen. Ich bin schon ganz neugierig.«

»Tja, also, da ist diese Sache …«

Der Kunde hob fragend die Augenbrauen. Eine dicke Falte hatte sich auf seiner Stirn eingegraben.

»Ja, also, die Sache ist die: Der Auftritt von Nicky muss leider entfallen.« Einfach raus damit, es brachte ja doch nichts, die Tatsache noch länger zu verschweigen. Die

Hoffnung, dass Nicky es sich nochmal anders überlegte, konnte er getrost aufgeben.

»Was? Aber das war doch das Herzstück des Events. Sie selbst hatten doch den Vorschlag gemacht, dass wir die Feier rund um diesen Auftritt planen und aufbauen. Also, jetzt bin ich wirklich platt.«

»Es tut mir leid, Sie enttäuschen zu müssen. Der Auftritt hätte wirklich großartig gepasst, aber leider fühlt sich Nicky nicht so gut. Wir müssen daher eine Alternative suchen. Und ich habe auch schon eine Idee. Was genau halten Sie denn von Zauberern?«

Kapitel 21

Fix You
Coldplay, 2005

Mit letzter Kraft räumte Nicky die Matten beiseite. Sie hatte ihren Kurs gerade noch hinter sich gebracht. Leider hatten alle Teilnehmer genau gemerkt, dass sie nicht so recht bei der Sache gewesen war. Am liebsten hätte sie sich eingeschlossen und geweint, aber sie würde nicht zulassen, dass Leon alles zerstörte, was sie sich aufgebaut hatte. Es reichte schon, dass er ihr Selbstwertgefühl und ihre Würde beschädigt hatte. Sie fühlte sich benutzt und leer. Sie hatte schon so viel geweint, und doch kamen ihr immer wieder aufs Neue die Tränen, wenn sie an Leon dachte.

In einer ruhigen Minute hatte sie Marc angerufen und ihn darüber informiert, dass sie in nächster Zeit an keinen weiteren Events teilnehmen konnte. Natürlich hatte er wissen wollen, warum sie sich so entschieden hatte, nachdem sie doch noch vor wenigen Wochen so sehr dafür gekämpft hatte, auftreten zu dürfen. Was hätte sie ihm sagen sollen? Hätte sie ihm gestehen sollen, dass sie mit seinem Mitarbeiter im Bett gelandet war und wegen ihres gebrochenen Herzens nicht auftreten konnte? Sie wusste, es war verdammt unprofessionell, was sie da tat. Eigentlich hätte sie darauf bestehen sollen, trotz aller Umstände weiter auf der Bühne zu stehen und Leon dabei so gut es eben ging, aus dem Weg zu gehen, ihn zu ignorieren. Aber ihr war genauso klar, dass sie das gar nicht konnte. Allein seine Anwesenheit würde ihr solche

Schmerzen bereiten, dass sie sich nicht auf den Takt einlassen konnte.

Musik hatte ihr immer wieder dabei geholfen, mit ihren Gefühlen klarzukommen. Traurige Musik, bei der sie sich komplett leer weinen konnte, hatte genauso ihre Berechtigung wie fröhliche Musik, die sie durch die meisten ihrer Tage begleitete und ihr gute Laune verschaffte.

Nicky ging zu ihrer Musikanlage und legte eine neue CD ein. Es ertönten die Klänge von einem ihrer Lieblingslieder. „Broken". Genauso fühlte sie sich im Moment. Gebrochen. Und wieder einmal fragte sie sich, warum er diese Macht über sie hatte. Wie war es möglich, dass er ihr so viel nehmen und diese negativen Gefühle in ihr hervorrufen konnte? Warum war sie nicht gut genug für ihn? Und wenn sie nicht gut genug war, gab es wohl eine andere Frau, die seinen Ansprüchen genügen würde? Oder hatte er ein generelles Problem mit Beziehungen? Vielleicht war es ihm schlicht nicht möglich, andere Menschen mit Respekt zu behandeln und ihnen liebevoll zu begegnen?

Sie schüttelte den Kopf. Sie war sich sicher, dass sie sich in Leon nicht so grundlegend getäuscht haben konnte. Und das machte sie fertig. Es musste also an ihr liegen. Sie war eine Versagerin, die nichts auf die Reihe brachte, die es noch nicht einmal schaffte, einen Mann in ihrem Leben zu halten. Sie war zu nichts fähig. So, jetzt war es raus. Die alten Glaubenssätze, die sie eigentlich längst über Bord geworfen haben sollte, waren wieder zurück. Sie war Nicky, die ewige Versagerin.

Wie ein Häufchen Elend ließ sie sich auf den Mattenstapel sinken. Sie hatte nicht die Kraft dazu, die Auftritte unter diesen Bedingungen zu meistern. Es war mit Sicherheit die richtige Entscheidung gewesen, erst einmal auszusetzen. Und die Einzige, die im Moment für sie möglich war. Auch wenn Marc sehr enttäuscht gewesen war. Schließlich hatte sie ihn mit ihrer Absage bei seinen Kunden in die Bredouille gebracht. Sie wusste das alles, aber sie konnte eben nicht aus ihrer Haut. Marc hatte verständnisvoll reagiert. Er hatte weniger Nachfragen gestellt, als Nicky im Vorfeld des Telefonats befürchtet hatte. Vielleicht wusste er auch schon längst, wo das Problem lag. Schließlich hatte sie Annika alles erzählt, die sich zuhause sicher nicht ausgeschwiegen hatte. Außerdem war Engeltal eine kleine Stadt. Vermutlich wusste sowieso jeder, dass sich zwischen Leon und ihr etwas angebahnt hatte. Und spätestens morgen würden auch alle wissen, dass es sich schon wieder erledigt hatte.

»Huhu, Nicky? Bist du da?«

Schnell strich sich Nicky die Tränen aus dem Gesicht. Gerade noch rechtzeitig, bevor all ihre Freundinnen den Raum betraten. Emma kam auf sie zugelaufen und nahm sie fest in den Arm. Sie streichelte ihr beruhigend über den Rücken und ließ sie all die Liebe spüren, die sie so gerne von Leon bekommen hätte.

»Süße, wie geht's dir?«

Nicky setzte ein gekünsteltes Lächeln auf. Sie wusste, dass es ihre Augen nicht erreichte, aber vielleicht reichte es aus, um ihre Freundinnen zu beruhigen.

»Ganz gut. Was macht ihr hier?«

Sie schaute von einer zur anderen, bevor ihr Blick an Annika hängenblieb. »Marc?«

Annika nickte. »Er hat mir gesagt, dass du den Auftritt morgen abgesagt hast. Also haben wir haben eins und eins zusammengezählt und sind zu dem Ergebnis gekommen, dass deine Aussprache mit Leon nicht ganz so verlaufen ist, wie wir uns das alle erhofft hatten. Liegen wir falsch?«

Nicky schüttelte den Kopf. »Nein, du hast es mal wieder auf den Punkt gebracht. Die Aussprache mit Leon, wenn man sie als solche bezeichnen möchte, ist leider furchtbar schiefgelaufen. Aber was soll's. Jetzt weiß ich wenigstens, woran ich bin.«

Wieder sammelten sich Tränen in ihren Augen, die sie schnell wegblinzelte.

Ihre Freundinnen hatten sich auf den Boden gesetzt und in ihrer Mitte allerlei Mitbringsel aufgebaut.

»Nicky, du kennst das Gesetz. Wenn eine von uns Liebeskummer hat, sind die anderen zur Stelle. Mit aufmunternden Worten und vor allem jeder Menge Alkohol.«

Nicky lächelte dankbar. Sie war bei so vielen Aufmunterungsgesprächen ihrer Freundinnen dabei gewesen. Jede von ihnen hatte bereits mit Liebeskummer zu kämpfen gehabt, und bei jeder von ihnen war sie mit von der Partie gewesen, um mit ihrem bisher unerschütterlichen Optimismus heilende Worte zu finden. Doch von diesem positiven Denken war im Moment nichts mehr übrig. Ihre Welt war nicht mehr rosarot, sondern grau und schwarz. Genauso fühlte sie sich in ihrem Inneren.

»Erzähl mal, was genau vorgefallen ist.« Alina ließ ihren mitleidigen Blick zu Nicky wandern. Die war hin und her gerissen. Sie wollte nicht getröstet werden. Sie hatte sich selbst in diese Situation hineinmanövriert, hatte es darauf angelegt, Leon zu verführen, weil sie gehofft hatte, mit diesem nächsten Schritt einen besseren Zugang zu ihm zu finden. Sie hatte es so geplant, aber sie hatte sich damit verspekuliert. Nun war sie die Leidtragende, aber unschuldig war sie nicht.

Mit stockenden Worten erzählte sie ihren Freundinnen, was sich zugetragen hatte. Sie konnte sich noch an jedes einzelne Wort von Leon erinnern. Jedes verletzende Wort, das sich so tief in ihre Seele eingeschnitten hatte.

»Nein, das hat er nicht gesagt?!« Annika war aufgesprungen und ballte die Hände zu Fäusten. »Ich glaube, der tickt nicht ganz richtig. Nur weil er ein Problem mit sich und seiner Welt hat, kann er dir doch nicht vorwerfen, du wärst ein Flittchen! Was meint der eigentlich, wer er ist? Wenn ich Marc das erzähle, schmeißt er Leon im hohen Bogen raus.«

»Beruhige dich. Und erzähl es bitte nicht Marc. Ich möchte nicht, dass er sich zwischen Leon und mir entscheiden muss. Du weißt doch, dass er sehr froh ist, mit Pia und Leon so viel Unterstützung zu erhalten. Wenn wir ihm das jetzt madig machen, schmeißt er ihn raus, und dann wird Pia auch nicht bleiben, und Marc steht wieder ganz alleine da. Du weißt, dass er erfahrene Mitarbeiter braucht und es alleine nicht schafft. Bitte denk daran, bevor du ihm irgendetwas erzählst.«

Annika schnaufte. Ihr Gesicht war wutverzerrt, die Augen funkelten angriffslustig. Annika war manchmal sehr barsch, aber wenn es um das Wohlergehen ihrer Freundinnen ging, kannte sie kein Pardon. Die Jungs hatten schon einiges von ihr zu hören bekommen, wenn sie ihre Freundinnen verletzt hatten.

»Gut, wie du willst. Du hast ja recht, aber ich finde, wir können ihn auch nicht ungeschoren davonkommen lassen. Hast du dir mal überlegt, was seine Worte bedeuten?«

»Natürlich. Seit heute Mittag gehen sie mir ununterbrochen im Kopf herum, und ihr wollt gar nicht wissen, wie viele Interpretationen ich dazu schon in meinem Kopf gewälzt habe. Ich weiß nicht, was ich falsch gemacht habe, um solche negativen Emotionen in ihm hervorzurufen.«

»Also, Kindchen, jetzt mach mal halblang. Du wirst doch die Schuld nicht bei dir suchen. Es liegt doch auf der Hand: Leon hat ein Problem damit, feste Bindungen einzugehen. Wir wissen nicht, was in seiner Vergangenheit war. Vielleicht wurde ihm zu oft das Herz gebrochen.«

»Aber das ist noch lange kein Grund, Nicky so niederzumachen.«

Isabella blickte ihre Tante ungläubig an. »Du wirst ihn doch nicht in Schutz nehmen wollen? Hast du gehört, was er Nicky an den Kopf geworfen hat?«

»Natürlich, Cara. Aber es hilft ja nichts. Es muss irgendeinen Auslöser dafür geben, dass Leon so reagiert hat.«

»Egal, was der Auslöser war, es war unfair. Erst macht er Nicky Hoffnungen, dann lässt er sie am ausgestreckten Arm erst mal eine Weile hängen, bevor er sie dann fallen lässt. Das ist einfach keine Art.«

»Beruhige dich doch. Ich will sein Verhalten doch überhaupt nicht entschuldigen. Aber ich denke immer, zu jeder Liebesgeschichte gehören zwei Personen. Und vielleicht war es etwas Unbewusstes, was seine schroffe Reaktion ausgelöst hat. Ich habe Leon als netten Kerl kennengelernt. Und ich finde, wir sollten ihn jetzt nicht vorschnell verurteilen.«

Emma legte den Arm um Nicky. »Marietta hat recht. Und trotzdem musst du dir Zeit geben, das Ganze zu verarbeiten. Diese fürchterliche Geschichte hat dich hart getroffen, das sieht man dir an. Trotzdem ist es bestimmt nicht in deinem Interesse, Leons Zukunft in Engeltal zu zerstören. Dazu magst du ihn ja viel zu sehr.«

Nicky nickte. »Zumindest bis zum heutigen Mittag mochte ich ihn wirklich richtig gerne. Jetzt bin ich mir da nicht mehr so sicher. Aber wenn ein bisschen Zeit vergangen ist, werden sich die Wut und die Enttäuschung bestimmt legen. Ihr kennt mich doch: Ich lasse mich niemals unterkriegen und bin immer optimistisch.«

Nicky zwang sich zu einem weiteren Lächeln. Natürlich wollte sie nicht, dass Leon Engeltal verließ. Es war absolut unnötig, und würde noch dazu Marc in große Probleme stürzen. Sie würde ihm in den nächsten Tagen aus dem Weg gehen müssen. So lange, bis sie ihm wieder in die Augen schauen konnte, ohne dass ihr die Tränen kamen. Allein schon beim Gedanken daran, ihm zufällig über den Weg zu laufen, bildete sich ein dünner Schweißfilm auf ihrer Stirn. Aber sie würde damit klarkommen. Irgendwie. Heute würde sie den Mädels den Gefallen tun und sich von ihnen aufmuntern lassen. Auch wenn sie wusste, dass das an der Situation nichts ändern würde. Sie wäre weiterhin traurig, enttäuscht und wütend, würde sich fühlen wie ein kleines Nichts. Aber das mussten ihre Freundinnen ja nicht wissen.

Sie würde für den restlichen Abend ein optimistisches Grinsen aufsetzen und so tun, als wäre alles in Ordnung. Sie wollte nicht, dass sie sich Sorgen um sie machten. Und obwohl sie sich einreden wollte, dass alles gar nicht so schlimm war, spürte sie, dass ihre kleine heile Welt einen großen Riss bekommen hatte. Sie zweifelte mal wieder an sich selbst, an ihrer Art, ihrem Charakter, ihren Vorzügen. Wenn sie ganz ehrlich war, war sie nichts Besonderes. Sie war Mittelmaß, in allem, was sie hatte und tat. Leon hatte ihr nur den Spiegel vorgehalten. Er hatte ihr gezeigt, dass sie sich in den letzten Jahren eine Scheinwelt aufgebaut hatte, die einfach nur utopisch war. Und nun galt es, ihr ganzes Sein neu zu bewerten. Realistischer. Auch wenn es weh tun würde.

Kapitel 22

Yesterday
The Beatles, 1966

Leon speicherte die Datei ab, die er für ein neues Event angelegt hatte. Er hatte sich inzwischen angewöhnt, in seinem Planungstool jeden einzelnen Schritt zu beschreiben. So konnten auch Marc und Pia kurzfristig einspringen, falls er einmal nicht da war. Für die nächsten Tage standen einige Veranstaltungen an, und er hatte mit den meisten Kunden schon bezüglich Nickys Ausbleiben gesprochen. Erwartungsgemäß waren sie wenig begeistert, manche reagierten sogar sehr gereizt. Er konnte sie verstehen. Er hatte ihnen Nickys Auftritt im Vorfeld so schmackhaft gemacht, dass sie jetzt natürlich annahmen, dass das Highlight des Events wegbrach. Und so war es auch. Er hatte sich redlich bemüht, Ersatz zu finden. Hatte mit unterschiedlichen Künstlern gesprochen, die Marc in seiner Kartei hatte. Da gab es Zauberer, Comedians und Tänzer. Alle boten eine professionelle Show an, aber sie waren eben nicht Nicky. Er wusste, dass es für die Kunden keinen großen Unterschied machen würde. Die Events in den Firmen waren sich sehr ähnlich. Die Geschäftsinhaber wollten für ein gutes Betriebsklima sorgen, ihren Mitarbeitern danken und sie erneut zu Höchstleistungen antreiben. Außerdem wollten sie sich feiern lassen. Ob er ihnen da einen Zauberer oder eine Tanzshow präsentierte, würde für sie keinen Unterschied machen. Für ihn allerdings schon, denn jedes Mal, wenn er ein Event ohne Nicky durchzog, vermisste er sie noch etwas mehr. Er versuchte, alles zu verdrängen, was zwischen ihnen gewesen war, und nicht an Nicky und ihre gemeinsame Nacht zu denken. Aber egal, wie sehr er sich in seiner Arbeit vergrub, es war ein Ding der Unmöglichkeit, Nicky zu vergessen. Zu tief war sie in sein Herz vorgedrungen, zu intensiv waren seine Gefühle für sie. Er fühlte nicht nur den schmerzlichen Verlust, er hatte auch ein wahnsinnig schlechtes Gewissen Nicky gegenüber. Obwohl er genau gewusst hatte, wie die Geschichte enden würde, hatte er ihr Hoffnungen gemacht. Er hatte in ihren Augen gesehen, wie tief er sie verletzt hatte. Die harten Worte hatte er absichtlich gewählt, um keinen Zweifel aufkommen zu lassen, dass ihre Beziehung vorbei war, bevor sie noch recht begonnen hatte. Er wollte weder Nicky den geringsten Anlass geben, weiter Hoffnung auf ein Happy End zu hegen, noch sich selbst vormachen, dass es einen anderen Weg geben könnte. Und ihm war klar gewesen, dass er nur mit diesem krassen Schlussstrich die Möglichkeit hatte, sich von ihr fernzuhalten. Natürlich hatte er einkalkuliert, dass sie alles hinschmeißen würde. Und so leid es ihm tat, Nicky, Marc und seine Kunden zu enttäuschen, war er doch inzwischen erleichtert, dass er sie nicht jeden Tag sehen musste. Auch wenn sie ihm unglaublich fehlte und er schon oft darüber nachgedacht hatte, in ihrem Studio vorbeizugehen, machte es diese Funkstille doch einfacher für ihn, sein Herz zu schützen. Die Frage war nur, wie lange er das so durchziehen könnte. Irgendwann würde Nicky vielleicht wieder bei den Events auftreten wollen. Vielleicht wäre sie schneller über ihn hinweg als er über sie und würde nicht einsehen, nur seinetwegen ihren Traum aufzugeben. Was er durchaus verstehen könnte.

Leon seufzte. Er fühlte sich total verloren. Auf der einen Seite wollte er Nicky so gerne wieder in seine Arme schließen, auf der anderen Seite vermied er es tunlichst, ihr unter die Augen zu treten. Jedes Mal, wenn er durch Engeltal lief, hatte er Angst, Nicky zu begegnen. Die Wahrscheinlichkeit, in Engeltal jemanden zu treffen, war eben sehr viel größer als in einer Großstadt. Er hatte immer mehr Zweifel daran, ob der Neubeginn in Engeltal eine gute Idee gewesen war. Vielleicht sollten sie sich doch noch einmal anders orientieren, was hielt sie denn hier? Vielleicht sollte er noch einmal mit Pia sprechen und einen Umzug vorschlagen.

Er ließ den Blick in das Nachbarbüro schweifen, das durch eine große Glasscheibe von seinem getrennt war. Pia saß an ihrem Computer und sprach gleichzeitig in das Telefon. Bei ihr kamen die Anfragen rein, Ihre Aufgabe war es, im Vorfeld alles abzufragen, was Leon für die Vorbereitung benötigte. Er warf einen vorsichtigen Blick auf seine Schwester. Sie starrte in den Bildschirm und tippte schnell etwas ein. Den Mund hatte sie stets zusammengekniffen, die Augen hatten ihren Glanz verloren. Dabei fühlte sie sich wohl hier bei Marc in der Agentur. Sie war gerne hier in Engeltal, und doch weigerte sie sich, Anschluss zu suchen. Die Mädels hatten sie schon des Öfteren zum Stammtisch eingeladen. Wenn Annika Marc besuchte, ging sie niemals ohne eine Einladung, die sie an Pia richtete. Die schüttelte jedes Mal den Kopf, blickte Annika mit traurigen Augen an und erfand irgendeine Ausrede. Leon wusste, dass sie sich noch eine ganze Weile bedeckt halten wollte.

Er schlug kurz die Augen nieder, dann ließ er den Blick durch das Fenster auf die Straße gleiten. Zu schade, dass Pia sich so zum Negativen verändert hatte. Sie war so ein lebenslustiger Mensch gewesen. Wenn sie durch die Straßen von Köln gezogen waren, hatten sie an jeder Kneipe ein Kölsch getrunken und waren oft und die ganze Nacht unterwegs gewesen. Er erinnerte sich auch noch ganz genau an die hämmernden Kopfschmerzen am nächsten Morgen. Pia war gerne ausgegangen. Sie hatte einen festen Freundeskreis gehabt, drei beste Freundinnen und jede Menge Spaß. Damals war er eher derjenige gewesen, der sich öfter zurückgezogen hatte, der seine Ruhe haben wollte. Pia war nie so gewesen. Alleine mit sich selbst war sie eher rastlos, es war ihr zu langweilig, und wenn er einmal wieder keine Lust hatte, auszugehen, war sie einfach alleine losgezogen. Ohne Angst. Sie hatte immer Anschluss gefunden. Mit ihrem offenen Wesen und ihrer herzlichen Art hatte sie sich in die Herzen aller Menschen gelacht.

Er erinnerte sich noch an eine ganz bestimmte Situation, als sie in einer Kneipe aufgetaucht waren, in die es sie noch nie verschlagen hatte. Es war eine Rockerkneipe gewesen, und egal in welche Richtung er geblickt hatte, er hatte nur schwarzes Leder und bullige Typen gesehen. Er fühlte sich fehl am Platz und wollte schon wieder gehen, aber Pia zog ihn mit hinein. Sie bestellte zwei Kölsch, stellte sich zu irgendwelchen Rockern an den Tisch und sprach sie einfach an. Und die Typen, die vorher so grimmig geschaut hatten, waren tatsächlich aufgetaut. Pia hatte ihnen ein Lächeln ins Gesicht gezaubert, und am Ende des Abends standen sie alle gemeinsam vor der Dartscheibe und hatten einen Riesenspaß. Vor allem, als Pia dann auch noch eine Partie für sich entscheiden konnte und zwei der muskelbepackten Männer sie auf ihren Schultern durch die Kneipe trugen. Pia hatte dort oben gestrahlt wie eine Königin. Sie hatte das Leben geliebt.

Wieder ließ er den Blick in ihr Büro schweifen und besah sich seine Schwester genau. Nichts war von diesem Strahlen übrig geblieben. Von dieser herzlichen, offenen Art. Natürlich behandelte Pia immer noch alle Menschen freundlich und zuvorkommend, aber es war nicht dasselbe wie vorher. Es war, als wäre ihre Lebenslust erloschen wie eine Kerze, die jemand ausgepustet hatte. Vielleicht war dieser Neuanfang keine gute Idee gewesen. Möglicherweise hätte es eine andere Option gegeben, die Pia glücklicher gemacht hätte. Er wusste es nicht.

Er war sich überhaupt nicht mehr sicher, ob sie hier in Engeltal ihr Glück finden könnte. Für ihn schien der Zug sowieso abgefahren zu sein.

Pia drehte den Kopf zu ihm und blickte ihn fragend an. Sie musste seinen Blick gespürt haben. Er lächelte ihr zu und versuchte, sich wieder auf seine Aufgaben zu konzentrieren. Schon wieder war er in Gedanken gewesen und hatte eine halbe Stunde vor sich hingestarrt. Wenn das so weiterging, würde er gar nichts mehr zustande bringen. Er musste aufhören, ständig zu grübeln. Das Leben war nicht fair, er musste akzeptieren, was kam, und damit fertigwerden. Auch, wenn das bedeutete, dass er Nicky aus seinem Kopf und seinem Herzen verbannen musste. Wie auch immer das gehen sollte.

Kapitel 23

Don't Stop Believin
Journey, 1981

Der letzte Ton verhallte, und Nicky atmete tief ein. Schweiß lief ihren Rücken hinab, aber sie fühlte sich so lebendig wie schon seit langem nicht mehr. Noch immer dachte sie viel an Leon und sah ihre gemeinsame Nacht in allen Einzelheiten vor sich. Aber sie hatte sich erfolgreich aus ihrem Tief herausgekämpft. Noch immer fragte sie sich, was mit Leon los war und warum er ihr nicht vertraute. Warum er sie nicht für gut genug empfand, um mit ihr zusammen zu sein. Aber nach ein paar Tagen der Trauer hatte sie sich aufgerappelt und entschieden, ihr Leben wieder in Angriff zu nehmen. Ja, sie war in den letzten Jahren naiv durch die Welt gegangen und hatte immer an das Gute in den Menschen geglaubt. Leon hatte sie eines Besseren belehrt. Sie hatte ihm ihr Vertrauen geschenkt, ohne darüber nachzudenken, ob er es verdient hatte. Sie wurde enttäuscht, aber davon ging die Welt nicht unter. Nicky konzentrierte sich voll und ganz auf ihr Studio. So hatte sie einen Weg gefunden, sich aus ihrem schwarzen Loch herauszuziehen. Ganz allein, aus eigener Kraft und ohne fremde Hilfe. Und darauf konnte sie verdammt stolz sein.

»Mädels, wie findet ihr eigentlich meine Klamotten?«

Nicky stemmte die Hände in die Hüften und drehte sich einmal um sich selbst. Ihre schwarze Leggins hatte einen zarten lila Schimmer, die Beinabschlüsse wurden von kleinen Glitzersteinen verziert. An den Oberschenkeln waren Teile aus schwarzem Mesh eingenäht, die der Hose etwas Aufregendes verliehen. Das schwarze Top, das sie dazu trug, war aus einem halb durchsichtigen Stoff gefertigt. So verhüllte es ihren Körper, ließ aber genug Haut durchscheinen, um gleichzeitig sexy zu sein. Außerdem war der Stoff superleicht und auch bei schweißtreibenden Übungen angenehm zu tragen.

»Die sind super. Ich wollte dich vorhin schon fragen, ob du eine neue Marke entdeckt hast.«

»Nein, ihr werdet es nicht glauben, aber die habe ich selbst genäht.«

»Du hast was?« Isabella riss überrascht die Augen auf. »Ich wusste gar nicht, dass du nähen kannst.«

»Doch, ich hab' es nur in den letzten Jahren ziemlich vernachlässigt. Am Anfang habe ich eine Weile gebraucht, bis ich wieder richtig drin war, aber früher habe ich viel genäht. Fast alle meine Klamotten habe ich selber gemacht, weil ich als Jugendliche der Ansicht war, dass kein Kleidungsstück cool genug für mich war.«

Nicky lachte bei der Erinnerung auf. Wie viele Nächte hatte sie damals vor der Nähmaschine verbracht, statt über ihren Schulbüchern oder in ihrem Bett. Ihre Mutter war nicht besonders begeistert gewesen, aber Nicky hatte neben dem Sport eine weitere Leidenschaft entdeckt. Das Designen und Nähen ihrer Klamotten hatte sie stolz gemacht. Sie hatte etwas erschaffen und konnte es noch dazu der ganzen Welt präsentieren.

Als sie dann das Studio eröffnet hatte, musste sie all ihre Energie aufwenden, um den Laden zum Laufen zu bringen. Das Nähen war in den Hintergrund gerückt und bis vor ein paar Tagen hatte sie keinen Gedanken mehr daran verschwendet.

»Cool, wann hast du das denn gemacht?« Alina war auf Nicky zugegangen und befühlte nun den Stoff des Tops zwischen ihren Fingern. Alina galt als Fashion-Queen von Engeltal, und wenn sie die Klamotten gut fand, war das eine hohe Auszeichnung für Nicky.

»Ach, ich hätte in den letzten Tagen ja ein paar Auftritte für die Agentur gehabt, die ich aber abgesagt habe. Und als ich da dann am Abend auf dem Sofa saß, ist mein Blick auf meine alte Nähmaschine gefallen. Da hatte ich die Idee, einfach mal wieder auszuprobieren, ob ich es noch kann.«

»Und da hast du einfach so eine Kollektion Sportklamotten genäht?«

»Es hört sich verrückt an, ich weiß. Am ersten Abend habe ich Ideen gesammelt, ein paar Entwürfe gezeichnet und die Schnittmuster vorbereitet und dann am nächsten Tag den Stoff eingekauft. Findet ihr ihn nicht einfach großartig? Ich habe mich sofort in ihn verliebt.«

»Wahnsinn! Ich wusste gar nicht, dass du solche versteckten Talente hast.«

Nicky freute sich über jedes Wort ihrer Freundinnen. Sie hatte bemerkt, dass ihr das Nähen guttat, dass sie dabei den Kopf abschalten und wenigstens ein paar Stunden nicht an Leon denken konnte.

»Es freut mich, dass ihr das sagt. Ich hätte nämlich Lust, noch ein paar mehr Klamotten zu nähen, und vielleicht würdet ihr mir dabei helfen und sie tragen?«

Nicky hatte ihren Wunsch kleinlaut vorgetragen. Sie wusste nicht, ob die Begeisterung ihrer Freundinnen so groß war, dass sie selbst in den Klamotten herumlaufen würden.

»Nicky, Cara, ich finde die Klamotten richtig gut. Aber noch ein bisschen unauffällig. Könntest du mir etwas Spezielleres machen? Vielleicht etwas mit Leomuster oder so?«

Nicky lachte. Dass Marietta etwas Extravagantes haben wollte, war ihr schon klar gewesen.

»Das würde ich liebend gerne machen. Ich habe auch schon den perfekten Stoff zu Hause.«

»Was? Warst du dir so sicher, dass wir ja sagen?«

»Nein, aber als ich den Stoff für meine Klamotten gekauft habe, bin ich an einer Stoffbahn vorbeigekommen, die einfach so nach Mariettas Geschmack ausgesehen hat, dass ich gleich ein Stück mitgenommen habe. Ich habe nämlich eine Idee. Zugegeben, sie ist ein bisschen verrückt.«

»Dann lass hören, ich bin gespannt. Solange ich nicht wieder irgendwelche knappen Kostüme anziehen muss, bin ich dabei. Wenn du mir also auch ein Set nähen würdest, würde ich das auf jeden Fall anziehen. Vielleicht nicht ganz so durchsichtig.«

Nicky wusste, dass Annika bei ihrer Kleiderwahl gerade das Gegenteil von Marietta bevorzugte. Sie war darauf bedacht, dass ihre Klamotten eher schlicht und bequem waren. Sie sollten ihren Körper vor den Blicken anderer verhüllen. Ein durchsichtiges Top war für sie ein No-Go.

»Klar, das habe ich mir schon gedacht. Ich kenne euch alle inzwischen so gut, dass ich mir euer perfektes Outfit schon überlegt habe. Ich habe noch nicht den richtigen Stoff gefunden, aber das ist kein Problem. Ich muss euch nur noch vermessen, dann lege ich heute Abend gleich los. Aber ich möchte es nicht bei den Klamotten belassen. Ich dachte, es wäre cool, noch eine weitere Einkommensquelle zu haben. Mit dem Personal Training und den Kursen bin ich fast ausgebucht. Und mehr Zeit möchte ich eigentlich auch nicht mehr ins Studio stecken. Ich bin von morgens bis zum frühen Abend mit Kursen voll und irgendwann braucht mein Körper auch eine Regenerationsphase. Also habe ich mir überlegt, wie ich auf andere Weise noch ein bisschen was dazuverdienen könnte. Und als ich dann vor meiner Nähmaschine saß, kam mir da eine richtig coole Idee. Wollt ihr sie hören?«

Alle Mädels nickten und hingen wie gebannt an Nickys Lippen, keine traute sich, ihren Redefluss zu unterbrechen.

»Gut. Also, ich habe mir überlegt, eine eigene Fitnessbrand herauszubringen. Nicht nur Sportklamotten, sondern auch bedruckte Wasserflaschen, Rucksäcke und vielleicht sogar noch was zum Essen.«

»Müsliriegel.« Emma strahlte. »Müsliriegel wären supercool. Ich bin mir sicher, Tom würde dir da helfen und ein neues Rezept kreieren. Dann hättest du deinen eigenen Riegel, das wäre doch was, oder?«

Nicky quietschte vor lauter Freude und lief auf Emma zu. Fest drückte sie ihre Freundin an sich.

»Auf diese Idee bin ich noch gar nicht gekommen. Das ist so ... Das ist einfach der Hammer! Mädels, ich bin so froh, dass ihr da seid. Ich weiß eure Hilfe wirklich zu schätzen.«

Isabella nahm ihre Freundin nun in den Arm. »Natürlich, du weißt doch, dass wir immer für dich da sind. Und ich würde dich auch gerne beim Marketing unterstützen. Da kenne ich mich schließlich aus, und wir könnten auch einen kleinen Bereich im Laden einrichten. Wir haben ja viele Mamis bei uns im „Kinderlieb", die sich sicherlich freuen würden, wenn sie nicht nur für die Kleinen, sondern auch für sich etwas einkaufen könnten. Bisher hören unsere Klamotten bei Größe hundertsechsundsiebzig auf. Das wäre auf jeden Fall eine coole Ergänzung. Wir könnten das direkt vorne hinter der Kasse aufbauen. Da sieht es dann jeder, der den Laden betritt, auf den ersten Blick. Was meinst du?« Isabella hatte vor lauter Begeisterung ohne Punkt und Komma geredet und Nicky damit angesteckt.

»Das hört sich einfach fantastisch an. Ich bin noch dabei, eine Produktpalette auszuarbeiten. Klar ist, dass ich die Leggins und die Tops verkaufen möchte, und dazu noch diese Sportbeutel. Mit irgendeinem coolen Spruch drauf, da muss ich noch ein bisschen brainstormen. Und ich möchte die Sachen auch hier im Studio verkaufen.«

»Ich hätte vielleicht auch noch eine Verkaufsstelle für dich.«

Alle Blicke richteten sich auf Marietta, und wenn sich Nicky nicht täuschte, nahmen die Wangen der Italienerin einen zarten Rosaton an.

»Wo denn?«

»Wisst ihr, es gibt doch diese Eisdiele unten in der Neuen Straße.«

»Natürlich kennen wir die Eisdiele, Tantchen. Sie liegt ja fast direkt gegenüber vom Kinderlieb. Wenn es mich nicht täuscht, kann die Eisdiele fast davon leben, dass ich ständig meinen Kaffee dort hole.«

»Ja, genau die. Na ja, der Onkel von der Inhaberin ist gerade für ein paar Wochen zu Besuch. Vincenzo.«

Allein, wie Marietta den Namen aussprach, ließ Nicky aufhorchen. Sie hatte sich das leichte Erröten also nicht nur eingebildet. Marietta schien ein Auge auf den Italiener geworfen zu haben. Nicky wunderte sich, dass sie ihm noch gar nicht über den Weg gelaufen war.

»Wie lange ist denn dein Vincenzo schon da?«

»Erst seit fünf Tagen. Ich war neulich in der Eisdiele, und da saß er. Er war ganz vertieft in seine Zeitung, als ich den Laden betreten habe. Dann sind wir ins Gespräch gekommen, und er hat mir erzählt, dass er seiner Nichte helfen will. Wisst ihr, Vincenzo hat in Bologna selbst mehrere Eiscafés mit dem besten Eis in ganz Italien, wie er zu sagen pflegt. Und weil bei seiner Nichte momentan viel los ist und sie leider krankheitsbedingt für längere

Zeit ausfallen wird, kam er einfach aus Bologna angefahren und ist eingesprungen.«

Mariettas Lippen umspielte ein sehnsüchtiger Zug, die Augen leuchteten bei der Erwähnung von Vincenzos Namen. Für Nicky ein klares Zeichen dafür, dass es die Italienerin auch erwischt hatte. Hoffentlich bewies sie ein glücklicheres Händchen bei ihrer Männerwahl als sie selbst.

»Das ist wirklich nett. Aber muss sich Vincenzo denn nicht um seine eigenen Eiscafés kümmern?«
»Nein, nein, die hat er schon vor Jahren an seine Kinder abgegeben. Vincenzo arbeitet nicht mehr. Er ist ja auch schon zweiundsechzig.«

»Und du denkst, in der Eisdiele könnte ich die Sachen auch verkaufen?«

»Bestimmt. Ich kann ja mal mit Vincenzo sprechen, natürlich nur, wenn du möchtest.«

Die Mädels grinsten einhellig. Wie Marietta über ihren neuen italienischen Freund sprach, beflügelte ihre Fantasie. Ob die Italienerin nur verliebt war oder schon irgendwas zwischen den beiden lief, wollten sie nicht so genau wissen. Da Marietta aber immer den Eindruck vermittelte, nichts anbrennen zu lassen, wäre es durchaus möglich, dass die Bekanntschaft mit Vincenzo schon etwas feuriger verlief, als es gerade den Anschein hatte.

»Ja, es wäre fantastisch, wenn du mit Vincenzo sprechen könntest, Marietta. Es würde mir sehr helfen. Je mehr Verkaufsstellen wir haben, desto schneller wird meine Marke bekannt, und desto besser können wir den Umsatz ankurbeln. In den nächsten Tagen werde ich mal im Internet schauen, welche Produkte ich neben den Klamotten ins Sortiment nehmen könnte. In Backnang gibt es diese richtig tolle Druckerei, bei denen habe ich schon öfter mal was in Auftrag gegeben.«

Isabella nickte. »Ja, die sind klasse. Da habe ich auch schon die Flyer fürs Kinderlieb machen lassen und unseren Teppich vor dem Eingang. Sie sind recht günstig und schnell noch dazu. Und die Produktpalette ist riesig, da solltest du wirklich mal reingucken. Da gibt es alles Mögliche, auch viele Sportartikel.«

»Das mache ich auf jeden Fall gleich heute Abend. Dann können wir sogar noch regional drucken, das wäre ja der Clou. Dann wäre das wirklich „Made in Süddeutschland".«

Allein bei den vielen Ideen ging Nicky das Herz auf. Der Plan war noch unausgereift, klar, aber damit, dass die Mädels so begeistert wären, hatte sie nicht gerechnet. Wie schön, dass sie sich auf jede Einzelne von ihnen verlassen konnte. Die Mädels würden sie niemals im Stich lassen und würden ihr nie das Gefühl geben, nicht wertvoll zu sein. Im Gegenteil. Diese Menschen liebten sie so, wie sie war, und genauso sollte es sein, oder? Ein warmes Gefühl breitete sich in ihrer Brust aus, und das erste Mal seit Tagen hatte sie das Gefühl, etwas richtig gut zu können. Vielleicht war sie ja doch nicht in allem schlecht.

Kapitel 24

Mad World
Tears for Fears, 1983

»Leon, was ist los?«

Leon schreckte auf. Pia stand neben ihm. Wie kam die denn hierher? Gerade eben hatte sie doch noch an ihrem Arbeitsplatz im Nachbarbüro gesessen.

»Warum? Was meinst du?«

»Ich habe dich beobachtet. Du starrst seit einer halben Stunde vor dich hin, ohne dich überhaupt zu bewegen. Du hast in dieser Zeit nicht telefoniert, keine E-Mails geschrieben, kein Event geplant. Du starrst einfach nur vor dich hin und bekommst überhaupt nicht mit, wer dich anspricht. Hätte ich dich nicht an der Schulter geschubst, würdest du immer noch vor dich hinträumen.«

Leon fuhr sich mit der Hand übers Gesicht und rieb sich die Augen. »Ich bin einfach nur müde.«

»Klar, und das soll ich dir glauben?«

Pia ließ sich auf seinem Schreibtisch nieder und blickte ihren Bruder kritisch an. »Es ist wegen Nicky, richtig?«

»Natürlich ist es wegen Nicky. Was denkst du denn?«

Leon seufzte. »Entschuldige bitte, ich wollte dich nicht so anmaulen. Du kannst ja auch nichts dafür.«

»Ich sehe dir an, dass du das zwar sagst, dir in deinem Inneren aber nicht sicher bist. Kann es sein, dass du mir die Schuld gibst?«

»Die Schuld woran?«

»Die Schuld daran, dass du im Moment keine Beziehung führen kannst. Die Schuld daran, dass du dich von Nicky abwenden musstest. Leon, es bricht mir das Herz, dich so zu sehen, aber es geht einfach nicht anders.«

»Hör auf damit! Wir brauchen die ganze Geschichte nicht nochmal aufzuwärmen. Du hast mir klargemacht, dass das mit Nicky nichts werden kann, und ich habe es ihr ins Gesicht gesagt. Sie hat es leider nicht so aufgefasst, wie ich es mir erhofft hatte. Aber eigentlich war das zu erwarten gewesen.«

Pia strich Leon sanft über den Arm, um ihn zu trösten. »Natürlich, wie hätte sie so eine Abfuhr denn auch aufnehmen sollen? Sie kennt ja nicht die ganze Geschichte, und sie darf sie auch niemals erfahren. Du würdest damit nicht nur uns, sondern auch sie in Gefahr bringen, Leon, und das weißt du genauso gut wie ich. So schwer es jetzt im Moment erscheint, du musst sie dir aus dem Kopf schlagen. Versuch, zu vergessen, was war. Du wirst lernen, damit umzugehen, auch wenn du ihr immer wieder über den Weg laufen wirst.«

»Wenn das mal so einfach wäre. Sie fehlt mir, Pia. Die Zeit mit Nicky war etwas Besonderes. Ich würde alles geben, wenn es wieder so sein könnte.«

»Alles? Auch meine Sicherheit?«

»Du weißt genau, dass ich es so nicht gemeint habe. Du bist doch der Grund, warum ich die Beziehung beendet habe.«

»Siehst du, jetzt hast du es selbst ausgesprochen. Du gibst mir die Schuld daran. Aber das ist nicht fair, Leon. Du weißt genau, dass ich mir dieses Leben auch nicht ausgesucht habe. Die Umstände waren einfach …«

»Beschissen. Ich weiß. Es tut mir leid, das hätte jetzt nicht so rauskommen sollen. Ich weiß doch, dass auch du mit diesem neuen Leben zu kämpfen hast. Vielleicht war es auch nicht richtig, hierher zu kommen. Vielleicht ist Engeltal nicht der richtige Ort für uns, möglicherweise sollten wir noch mal ganz wo anders ganz neu anfangen.«

Pia schüttelte den Kopf. »Nein, was soll das bringen? Ich möchte endlich zur Ruhe kommen. Leon, wir haben uns gerade erst hier eingelebt. Marc ist ein toller Chef, und wir können zusammen in der Agentur sein. Wir können aufeinander achtgeben und versuchen, ein möglichst normales Leben zu führen. Ich kann mir nicht vorstellen, an einem neuen Ort nochmal neu zu beginnen. Wozu? Was genau sollte an einem anderen Ort besser sein?«

»Außer der Tatsache, dass ich Nicky nicht ständig über den Weg laufe?«

»Ich kann es wirklich nicht fassen. Du würdest alles hinschmeißen, nur wegen Nicky? Alles, was wir uns in den letzten Monaten aufgebaut haben?«

Leon ließ den Kopf hängen. »Es war nur so ein Gedanke.«

»Nein, das war es nicht. Ich weiß schon, dass du nach einer Lösung suchst, wie du das ganze Schlamassel hier hinter dir lassen kannst. Aber so funktioniert das nicht, Leon. Wir haben uns dazu entschieden, dieses neue Leben aufzubauen, und wir werden das durchziehen. Du wirst irgendwann über Nicky hinwegkommen, dann wird es leichter, und dann wirst du auch froh sein, dass du Engeltal noch mal eine Chance gegeben hast. Das Städtchen ist süß. Wir haben hier alles, was wir brauchen, und noch dazu eine tolle Arbeit, die uns beiden Spaß macht und sich gar nicht nach Arbeit anfühlt. Oder stört dich etwas an deinem Job?«

»Nein, gar nicht. Marc hat uns diese Wahnsinnschance gegeben. Er ist wirklich ein toller Chef. Es macht Spaß, mit ihm zusammenzuarbeiten, weil er uns sehr viele Freiheiten einräumt. Nur das mit Nicky habe ich einfach komplett vergeigt. Marc hat mir eine ganz schöne Standpauke gehalten, nachdem Nicky ihm mitgeteilt hat, dass sie nicht mehr auftreten will. Die Alternativen sind okay, aber kein Zauberer und keine Volkstanzgruppe kann Nicky ersetzen.«

»Natürlich. Auch du wirst noch einige Zeit brauchen, bis du über sie hinweggekommen bist. Aber du wirst es schaffen. Du bist sehr viel stärker, als du in diesem Moment denkst.«

Leon schluckte. »Und was ist, wenn ich einfach keine Kraft mehr habe? Wenn ich einfach nicht mehr stark sein kann und will? Ja, ich bin auch nur ein Mensch, kein Superheld. Mir fällt diese ganze Show sicher nicht leicht. Ich muss die Leute, die mir wichtig sind, anlügen, muss Geheimnisse mit mir herumtragen, die ich niemandem erzählen darf. Manchmal komme ich mir vor wie ein verlogener Mistkerl, obwohl ich mich nicht selbst in diese Situation gebracht habe und niemals freiwillig bringen würde.«

Pia nickte leicht. »Das ist genau der Grund, warum ich bisher noch keine engen Bande geknüpft habe. Ich möchte niemanden anlügen, möchte nicht über meine Vergangenheit ausgefragt werden. Die Mädels hier sind supernett, und ich würde gerne mal mit ihnen zusammensitzen und einen Kaffee trinken. Aber ich habe einfach Angst, dass ich genau in diese Situation komme. Dass ich Geschichten erfinden muss, die sie mir dann vielleicht nicht abnehmen. Ich bin mir sicher, sie würden es mir übelnehmen, wenn ich ihnen nicht die Wahrheit erzähle. Das ist einfach ganz und gar unmöglich. Vielleicht wird es sich eines Tages ändern. Vielleicht haben wir dann noch mal die Möglichkeit, hier in Engeltal neu anzufangen, Freundschaften zu knüpfen und Menschen in unser Herz zu lassen. Du musst ein bisschen Geduld haben, Leon. Irgendwann wird es besser werden. Entweder du kannst Nicky vergessen, oder du bist so weit, dass du dich ihr öffnen kannst. Warte einfach noch ein bisschen.« Tränen waren in Pias Augen getreten. »Tu es für mich, in Ordnung? Ich weiß, es ist viel verlangt, aber du bist mein Bruder, und wenn ich mich auf dich nicht verlassen kann, dann wüsste ich nicht, auf wen sonst.«

Leon bekam Mitleid mit seiner Schwester. Es tat ihm leid, dass er sie so harsch angegangen war. Natürlich wusste er, dass sie nur der Sündenbock war, dem er seine Enttäuschung, seinen ganzen Schmerz aufgebürdet hatte. Und selbstverständlich war ihm klar, dass auch sie sich etwas anderes wünschte. Wie schwer musste es für sie sein, sich aus allem herauszuhalten, aus dem Leben in Engeltal, aus der Clique, die immer einen solchen Zusammenhalt demonstrierte, dass es ihn schmerzte, dass seine Schwester nicht dazugehören konnte. Er würde sich so sehr wünschen, Pia würde sich öffnen und sich den Mädels anschließen. Aber ihre Argumente trafen ins Schwarze. Er hatte am eigenen Leib gespürt, wie schlecht man sich fühlte, wenn man Menschen anlügen musste, die man gerne mochte. Dass sie dieser Situation aus dem Weg ging, war möglicherweise das Beste für alle. Vielleicht hätte er es genauso handhaben sollen. Hätte sich zu Hause und in der Agentur abschotten und keinerlei private Verknüpfungen eingehen sollen. Doch die Jungs hatten ihn so gedrängt, sich ihnen anzuschließen, es wäre nicht nur unhöflich gewesen, das Angebot auszuschlagen, er wusste auch, er hätte es trotz aller Komplikationen bereut. Die Jungs waren super und gaben ihm das Gefühl, in Engeltal angekommen zu sein. Natürlich wollte er hier nicht wieder weg, wenn er ganz ehrlich war. Und doch hatte er sich die Lösung so einfach vorgestellt, hatte gedacht, er könnte Nicky damit aus seinem Umfeld verbannen und aus seinem Herzen. Nach diesem Gespräch war ihm allerdings klar, dass es so nicht funktionieren würde. Dass Pia nicht bereit war, nochmals umzuziehen, hatte er befürchtet. Vielleicht aber bewahrte sie ihn so davor, einen schrecklichen Fehler zu begehen, nur um ihm das Vergessen zu erleichtern. Sie hatte sicher recht. Nicky würde immer zu seinem Leben gehören, egal, wie groß die räumliche Entfernung wäre. Er würde sie niemals vergessen können, selbst wenn er in die Antarktis zog. Denn in seinem Herzen war sie ihm immer noch ganz nah.

Kapitel 25

Count on Me
Bruno Mars, 2010

»O mein Gott, das schmeckt einfach köstlich!« Nicky genoss die Geschmacksexplosion, die Toms Müsliriegel in ihrem Mund auslöste. Eine Mischung aus Nüssen, Karamell und Kakao breitete sich in ihrem Gaumen aus.

»Was um Himmels willen ist da alles drin? Ist das wirklich ein Fitnessriegel oder eine Versuchung?« Glücklich sprang sie Emmas Ehemann Tom um den Hals.

Der lächelte. »Es freut mich, dass du so begeistert bist. Ich habe ein paar Variationen ausprobiert, aber ich fand das hier ganz passabel.«

»Passabel? Bist du wahnsinnig? Das ist der beste Fitnessriegel, den ich in meinem ganzen Leben gegessen habe. Und du kannst mir glauben, das waren hunderte. Aber diese Mischung aus süß und kernig ist wirklich genau richtig. Und ihr seid euch sicher, dass dieser Riegel noch als Sportriegel durchgeht und nicht tausend Kalorien pro Stück hat?«

»Nein, so wild ist das gar nicht. Ich habe sie mit Honig gesüßt, und das hat auch den Vorteil für die Konsistenz, dass alles gut zusammenklebt. Und der Kakaogeschmack kommt von reinen Kakaobohnen, die ich selbst gemahlen und dann eingestreut habe.«

»Und könntest du auch mehr von diesen Riegeln machen? Wie aufwendig ist denn die Herstellung? Würdest du das überhaupt schaffen?«

»Natürlich, das ist kein Problem. Du würdest ja nicht gleich hundert Stück am Tag brauchen, oder? In welchen Dimensionen denkst du denn?«

»Na ja, am Anfang habe ich natürlich mit einer kleineren Menge gerechnet. Wie verpacken wir denn die Riegel? Die müssen sich ja ein bisschen halten, und außerdem wollen wir sie an mehreren Stellen verkaufen. Da brauchen wir etwas mit Wiedererkennungswert, etwas, das sie unverwechselbar macht.«

»Da habe ich mir schon was überlegt. Es gibt verschiedene Verpackungen, wir müssen auf jeden Fall drauf achten, dass alles ganz hygienisch zugeht. Inzwischen gibt es auch biologisch abbaubare Verpackungen für Müsliriegel. Ich denke, das wäre wichtig. Das gibt dem Ganzen noch einen ökologischen Aspekt, wir wollen ja die Umwelt nicht verschmutzen mit unseren Sportriegeln, oder? Ich kann dir nachher noch ein paar Anbieter zeigen, wenn du möchtest.«

Nicky war begeistert. Niemals hätte sie gedacht, dass Tom etwas so Leckeres kreieren könnte, und vor allem war sie dankbar für die Unterstützung ihrer Freunde. Alle schienen an sie und ihr neues Konzept zu glauben und wollten unbedingt helfen. Natürlich hatte sie gewusst, dass ihre Freunde sie unterstützen würden. Aber sie übertrafen sich wieder einmal selbst. Sie hatte einfach die besten Freunde auf der ganzen Welt, daran gab es gar keinen Zweifel.

Tom verabschiedete sich wieder in die Küche und ließ Emma und Nicky allein an ihrem kleinen Tisch im Café Himmelreich zurück. Das Café war heute nicht sonderlich gut besucht, daher konnte auch Emma sich die Zeit nehmen, sich zu ihrer Freundin zu setzen.

»Es ist schön, dich wieder so strahlen zu sehen, Süße. Ich freue mich wirklich sehr, dass wir mit den Müsliriegeln so ins Schwarze getroffen haben. Tom hat die letzten Nächte an dem Rezept gefeilt und immer wieder irgendetwas gebacken, was ich dann probieren musste. Ich kann dir sagen, ich fühle mich selbst schon wie ein großer Müsliriegel.«

»O je, das tut mir leid. Ich wollte nicht, dass ihr so viel Aufwand habt. Aber natürlich werdet ihr an den Müsliriegeln auch mitverdienen.«

»Ach Nicky, darum geht es doch gar nicht. Tom war einfach so daran gelegen, dir zu helfen und dir eine Freude zu machen, er hätte alles dafür gegeben. Ich weiß, dass er nicht viel spricht, aber er hat ein großes Herz, und du hast einen festen Platz darin.«

Plötzlich verschwamm alles vor Nickys Augen. Sie blinzelte, aber eine Träne lief über ihre Wange und hinterließ eine feuchte Spur.

»Das ist so schön.«

Emma legte ihre Hand auf Nickys und streichelte sie sanft. »Du weißt, dass wir immer für dich da sind, ja?«

»Ja, das weiß ich ganz bestimmt. Und ohne euch wäre mein Leben auch nicht so bunt und fröhlich.«

»Na ja, so richtig bunt und fröhlich sieht dein Leben im Moment gar nicht aus, oder?«

»Nein, aber das ist nur eine Phase. Irgendwann wird auch mein Herz verstehen, dass es sich von Leon lösen muss. Aber das dauert.«

Nicky war immer leiser geworden. Über Leon zu sprechen und an ihn zu denken, tat ihr immer noch unheimlich weh. Sie erinnerte sich an seine Abschiedsworte, die sie so verletzt hatten.

Sie hatte Leon in den letzten Tagen nur im Vorübergehen gesehen, und sich dann gleich abgewandt. Sie konnte ihn nicht anschauen, ohne dass Sehnsucht in ihr aufwallte. Sehnsucht danach, in seinen Armen zu liegen, ihn zu spüren und in seinem Blick zu versinken. Aber es brachte ja nichts. Die Episode mit Leon war

Geschichte, und sie musste endlich ihr Leben wieder in den Griff bekommen. Sie durfte nicht zulassen, dass ein schlichter Liebeskummer ihren Optimismus zerstörte.

»Kann ich dir denn irgendwie helfen?«

»Nein, ihr habt mir schon genug geholfen. Ich brauche einfach ein bisschen Zeit, um über die ganze Sache hinwegzukommen. Unsere Fast-Beziehung war zwar nur kurz, aber dafür umso intensiver, und deshalb tut es jetzt auch so weh. Aber ich schaffe das, du musst mich nicht so besorgt anschauen. Ich bin stärker, als ich aussehe.«

»Ich weiß, dass du eine starke Persönlichkeit bist. Trotzdem mache ich mir Sorgen um dich.«

»Das musst du nicht. Dadurch, dass ich mich jetzt so um den Aufbau meiner Fitnessmarke kümmern kann, habe ich auch gar nicht so viel Zeit, an Leon zu denken. Das gibt mir wieder neuen Lebensmut. Ich freue mich einfach, dass es anläuft. Vor allem, weil ihr auch so begeistert mit von der Partie seid. Und meine Insta-Follower sind auch ganz aus dem Häuschen. Die Klamotten kommen richtig gut an.«

»Natürlich, die Idee ist grandios, und du wirst sehen, wir ziehen hier was ganz Großes auf. Das wird nicht einfach nur eine Marke mit ein paar T-Shirts oder bedruckten Wasserflaschen. Das wird eine Marke, an der in wenigen Monaten niemand mehr vorbeikommt. Wir werden deine Sachen ja auch im Kinderlieb und auf der Website präsentieren, vielleicht machen wir auch eine eigene Seite. Ja, genau, das wäre das Beste. Ich schreibe dir eine eigene Website für deine Marke. Dann verlinken wir das Ganze auf der Seite des Kinderlieb, des Cafés, der Werkstatt, des Hotels, und eigentlich überall. Wir werden deine Sachen in all unseren Geschäften präsentieren, wir werden Flyer auslegen, Facebook-Anzeigen schalten, das ganze Programm.«

Emma war bei ihrer Rede aufgesprungen und hatte mit ausufernden Bewegungen eine ganz neue Zukunft für Nicky in die Luft gemalt.

»Das hört sich großartig an. Ihr seid einfach die Besten. Ich wüsste nicht, was ich ohne euch machen würde.«

»Ach was, wir helfen dir nur ein bisschen. Deine Begeisterung ist ja auch einfach ansteckend. Du hattest die Idee, und du bist mit deinen Artikeln das Herzstück dieser Firma. Wir unterstützen dich nur.«

»Wer hat hier wieder tolle Ideen?« Isabella war zu ihnen an den Tisch getreten und umarmte ihre Freundinnen herzlich.

»Du kommst genau richtig. Wir haben gerade darüber geredet, wie wir das Marketing für Nickys neue Marke angehen können.«

»Super. Hast du den Newsletter schon angesprochen?«

»Nein, ganz so weit war ich noch nicht. Setz dich doch, möchtest du einen Latte macchiato?«

Isabella nickte und lächelte Nicky an. »Wie geht es dir?«

»Ach, weißt du, es ist nicht ganz einfach, aber Tom und Emma haben mich mit ihren grandiosen Müsliriegeln wieder aufgemuntert. Magst du auch mal probieren?«

Isabella nahm sich ein kleines Stück des letzten Riegels, der übriggeblieben war, und schloss genießerisch die Augen. »Wow, wie lecker! Das wird der Verkaufsschlager schlechthin. Schlemmen ohne schlechtes Gewissen.«

»So, hier, dein Kaffee.«

»Danke. Bist du bereit?«

Nicky ließ den Blick zwischen den beiden Freundinnen hin und her schweifen. »Bereit wofür?«

Isabella nahm eine Mappe zur Hand, die Nicky bislang gar nicht aufgefallen war.

»Während Tom sich um deine Fitnessriegel gekümmert hat, haben Emma und ich ein bisschen an deinem Marketing geschraubt. Einen kleinen Einblick haben wir dir ja schon gegeben, aber wir haben noch etwas ganz Besonderes für dich.«

Emma zeigte auf ein Blatt, das Isabella aus der Mappe geholt hatte. »Bella und ich haben uns Gedanken um deine Marke gemacht, weil wir dachten, sie bräuchte auch noch einen Namen und ein entsprechendes Logo. Und beim Brainstorming hatten wir einige ganz gute Ideen. Bella wird sie dir jetzt mal präsentieren.«

Nicky riss die Augen auf. »Ihr habt euch schon Gedanken um meinen Markennamen gemacht? Bisher besteht meine Marke aus zwei Hosen und einem Top.«

»Na und? Dann machst du dich jetzt halt an die Produktion. Außerdem bietest du ja Einzelstücke an. Deshalb brauchst du auch keinen riesigen Lagerbedarf, bevor wir in die Werbung gehen. Einzig die standardisierten Artikel wie die Flaschen oder die Rucksäcke könntest du schon mal besorgen. Aber die Klamotten würde ich an deiner Stelle auf Maß anfertigen. Dann musst du nicht ganz so viel in Vorleistung gehen. Du könntest verschiedene Stoffe ins Angebot nehmen und dann die Kundinnen vermessen und die Klamotten speziell nach Wunsch anfertigen. Was hältst du davon?«

Maßanfertigung statt von der Stange. Nicky spürte, wie es in ihrem Bauch kribbelte. Isabella hatte ihr gerade die Idee des Jahres vorgeschlagen.

»Das hört sich fantastisch an. Genauso machen wir es, dann haben wir ein paar Produkte auf Lager und dann noch die Maßanfertigungen und Toms sagenhafte Riegel - perfekt. Einfach nur perfekt. So kann ich die Zeit nutzen, die ich jetzt eigentlich für die Events aufgewandt hätte. Und ich kann ein paar Muster nähen. Euch Mädels wollte ich ja sowieso noch die Hosen anfertigen.

Mariettas Leohose ist schon fertig, die kann sie nächste Woche beim Zumba gleich vorführen. Ihr werdet Augen machen!«

Isabella lachte auf bei der Vorstellung ihrer dreiundsiebzigjährigen Großtante in Leggins mit Leopardenmuster. »Das hört sich großartig an.«

»Okay, aber nun bin ich neugierig. Was habt ihr euch denn sonst noch überlegt?«

»Dann fang ich einfach mal an. Bereit?« Isabella strahlte, und ihre positive Energie sprang auf Nicky über. Sonst war es immer andersherum, aber in diesem Moment fühlte Nicky, dass es ihr mit einem Schlag besser ging.

»Natürlich. Schieß los!«

»Also, wir haben uns überlegt, was deine Marke besonders macht. Fitnesstrends gibt es ja wie Sand am Meer, und viele sind austauschbar. Wir wollen, dass deine Marke heraussticht. Dass der Kern deiner Vision für alle sichtbar ist. Und wie du uns erzählt hast, stellst du dir eine Marke vor, die sowohl bezahlbar ist, aber auch klimaneutral produziert. Eine Marke, die für Sport und Leichtigkeit steht, genauso aber für Nachhaltigkeit und deine Werte. Und dann wollten wir ein bisschen was von deiner Persönlichkeit mit reinbringen. Auch, wenn du in den letzten Tagen ein bisschen bedrückt warst, bist du doch unser Licht in trüben Tagen. Du bist unser Sonnenschein, und genau das wollten wir mit in die Marke einfließen lassen. Passt das so weit für dich?«

Nicky nickte. Sie war Isabellas Ausführungen so gespannt gefolgt, dass sie im Moment kein Wort herausbrachte. Was die Mädels sich alles überlegt hatten, und was Isabella auf ihr Blatt skizziert hatte, überforderte sie im Moment. Dass jemand sich so viel Zeit und Mühe gab, nur für sie, ließ große Dankbarkeit in ihr aufwallen.

»Gut. Und weil wir diesen Sonnenscheinaspekt unbedingt mit reinbringen wollten, haben wir uns gedacht, du nennst deine Marke vielleicht „Sunshine Fitness". Der Sonnenschein steht dann für deine Persönlichkeit, gleichzeitig aber auch für die Nachhaltigkeitsaspekte und die Leichtigkeit. Fitness natürlich für den Sport, klar. Damit es sich ein bisschen moderner anhört, haben wir uns für die englische Variante entschieden. Was sagst du dazu?«

Isabella hatte sich tief über den Tisch gebeugt, um Nickys Reaktion genau zu beobachten.

„Sunshine Fitness." Nicky musste das erst mal kurz setzen lassen. Der Name war so genial wie einfach, er passte tatsächlich zu ihr und zu dem, was sie sich überlegt hatte.

»Ich weiß gar nicht, was ich sagen soll, Mädels.«

»Du sollst ja oder nein sagen.« Emma hatte den Arm um Nicky gelegt, um sie zu beruhigen. Nicky spürte eine solche Energie in sich aufsteigen, es kribbelte in ihrem ganzen Körper. Ihre Mundwinkel hoben sich wie von alleine zu einem erleichterten Lächeln.

»Es ist perfekt. Ich wüsste nicht, was man verbessern könnte.«

»Da bin ich aber erleichtert. Ich hatte schon die Befürchtung, es wäre dir zu einfach oder zu wenig kreativ.«

»Warum sollte ein Markenname denn kompliziert sein? Im Gegenteil, je eingängiger, desto besser. Und ihr habt ganz recht. Der Sonnenschein passt zu mir, und ich werde hoffentlich auch bald wieder euer Sonnenschein sein.«

»So, wie ich das sehe, bist auf dem besten Weg dahin. Und jetzt lass mich mal weitermachen.«

»Wie? Es geht noch weiter?«

Isabella nickte. »Natürlich, es soll ja nicht nur bei dem Namen bleiben, du brauchst auch ein Logo. Wir wollten es ein bisschen verspielt machen, aber es sollte auch nicht zu kindlich aussehen. Gleichzeitig muss es ein feminines Logo sein, du möchtest ja eher Frauen ansprechen, vor allem mit der Kleidung. Und hier ist es. Tada!«

Isabella drehte das nächste Blatt herum, auf dem Nicky ihr neues Logo entdeckte. Die angedeuteten Sonnenstrahlen umspielten das Wort Sunshine. Das Wort Fitness war in handgeschriebener Schrift über das Wort Sunshine gelegt, sodass sich eine perfekte Einheit aus Leichtigkeit, Spielerei, aber auch modernen Einflüssen ergab.

»Siehst du, du kannst das Logo in Schwarz oder Weiß benutzen, aber natürlich auch in deiner Farbe. Und wir dachten, all das wäre perfekt in Apricot.«

»O ja! Ich liebe diese Farbe. Sie ist frisch und leicht. Ach, Mädels, das ist es! Das ist mein Neuanfang. Ich spüre es im ganzen Körper. Sunshine Fitness ist mein neues Baby, meine Zukunftsvision, mein neuer Antrieb.«

In Nickys Fingern kribbelte es. Am liebsten würde sie sofort nach Hause stürzen und sich um die Produktion ihrer Waren kümmern. Sie konnte es kaum erwarten, ihre neue Fitnessmarke aufzubauen. Es würde großartig werden. Und dank ihrer Freundinnen würde alles wie am Schnürchen laufen. Endlich spürte sie wieder so etwas wie Lebenswillen, und sie wusste, egal, wie die Geschichte mit Leon weiterging, sie würde nicht aufgeben, sondern weitermachen. Denn ihr Leben hatte ihr so viel mehr zu bieten als diese Fast-Beziehung mit Leon. So viele wundervolle Dinge und Menschen hatte sie in ihrem Leben vereint. Und dafür galt es, besonders dankbar zu sein.

Kapitel 26

Everybody Hurts
R.E.M., 1992

»Jungs, ich sage euch, so eine Hochzeit ist ein Lebenswerk.«

Eigentlich war Leon heute nicht danach, sich unter Leute zu begeben, aber vielleicht war das Treffen mit den Jungs eine gute Ablenkung und half ihm, aus seiner trübseligen Stimmung herauszukommen.

»Leon, wie schön, dass du es einrichten konntest.«

»Ja, ich freue mich auch. Ich wollte nur noch schnell etwas fertig machen. Mein Chef ist ein ganz strenger Kerl, wisst ihr?«

Die Jungs lachten, und Marc sah ihn etwas überrascht an. »War das ein Witz, oder meinst du das ernst?«

Leon grinste. »Das war natürlich ein Scherz. Ich könnte mir keinen besseren Chef als dich vorstellen«, wiegelte er ab.

»Klar, das musstest du ja jetzt sagen, schließlich bist du mein Untergebener.«

»Aber ich wollte euch nicht unterbrechen. Ben, du hast gerade von der Hochzeit erzählt, richtig?«

Ben seufzte. »Ja, mal wieder. Die Vorbereitungen ziehen sich nun schon fast ein ganzes Jahr lang hin. Alina ist voll in ihrem Element. Sie kauft Klamotten für sich, für mich, Dekorationen, Süßigkeiten, alles Mögliche. Ich weiß gar nicht, wie viele Torten ich schon probiert habe. Ich kann die alle überhaupt nicht auseinanderhalten. Und eigentlich ist es mir auch ganz egal. Ich will nur einen schönen Tag haben, mit meinen Freunden feiern und endlich meine Traumfrau heiraten. Ich bräuchte gar nicht so ein großes Brimborium. Wegen mir hätten Alina und ich einfach mit Sam wegfliegen können, um irgendwo in einer kleinen Kapelle zu heiraten. Hauptsache, sie sagt endlich ja.«

»Wer ist denn Sam? Und warum ist er nicht hier bei eurer Runde dabei?«

Ben lachte. »Sam ist meine Tochter. Das ist die Abkürzung für Samantha.«

»Oh, entschuldige bitte. Darauf wäre ich jetzt tatsächlich nicht gekommen.«

»Alles gut, das kannst du ja auch nicht wissen. Sam hat letztes Jahr ihren Schulabschluss geschafft und macht jetzt eine Ausbildung bei Alina im Kosmetikstudio.«

»Oh, und das geht gut? Verstehen sich die beiden denn?«

»Ja, sie sind ein Herz und eine Seele. Das war nicht immer so, Sam hatte am Anfang ein paar Probleme, sich an Alina zu gewöhnen. Andersherum auch. Aber inzwischen sind die beiden ganz eng miteinander. Sam zieht Alina sogar ins Vertrauen, wenn es um Jungs geht. Ich bin froh, dass sie mich damit in Ruhe lässt. Ich bin mir nicht sicher, wie ich auf die Beschreibung eines attraktiven Kerls reagieren würde. Ich meine, sie ist doch mein kleines Mädchen.«

»Na ja, von klein kann keine Rede mehr sein, aber ich kann mir vorstellen, was du meinst. Wenn ich nur daran denke, dass Emilia auch irgendwann mit dem ersten Freund vor der Tür steht ... Gott, ich darf gar nicht daran denken.« Chris strich sich die Haare aus der Stirn.

Leon wurde bewusst, dass er noch viel zu wenig von den Männern wusste, mit denen er hier am Tisch saß. Natürlich war er über die Fußballkarriere von Marc und Chris im Bilde, aber dass Ben eine Tochter hatte, die bereits eine Ausbildung machte, das überraschte ihn. Er war nicht viel älter als er, die Geschichte dahinter war bestimmt spannend. Vielleicht würde er irgendwann den Zugang zu dem stillen Paketboten finden, und er würde ihm von seiner Vergangenheit erzählen. Zwischen den Zeilen hörte er heraus, dass Ben seine Alina sehr liebte. Und er gönnte Ben sein ganzes Glück. Er war ein netter Kerl. Sympathisch, unaufdringlich und witzig. Und doch erinnerte ihn Bens Ansprache daran, dass er alleine war. Er vermisste Nicky in diesem Augenblick mit jeder Faser seines Körpers. Viel lieber wäre jetzt mit ihr zusammen als mit diesen Jungs. Das war nicht fair ihnen gegenüber, denn sie bemühten sich redlich, ihn in ihrer Mitte aufzunehmen. Und doch durchfuhr ihn die Sehnsucht nach Nicky wie ein Blitz.

»Wenn wir schon beim Thema Freunde sind, wie ist denn das jetzt eigentlich mit dir und Nicky, Leon?« Alex blickte ihn unverwandt an. Er war der Vierte in der Runde, und wenn man den Erzählungen der Jungs Glauben schenken durfte, auch noch nicht lange hier.

»Ach, ich glaube, das ist nicht unbedingt ein Thema für diese Runde.«

»Wie jetzt? Vielleicht ist dir schon aufgefallen, dass wir sehr offen miteinander sprechen. Von uns Männern wird ja oft erwartet, dass wir mit unseren Gefühlen selbst klarkommen, aber manchmal ist es gar nicht schlecht, wenn man ein paar Jungs hat, die einen verstehen und vor denen man sich nicht schämen muss. Deshalb sprechen wir in der Regel hier auch über solche Themen.«

»Na ja, das könnt ihr ja halten, wie ihr wollt. Aber zu Nicky und mir gibt es gar nichts zu erzählen.«

»Ja, aber läuft da was?« Chris war Leon barsch ins Wort gefallen. Er konnte es offensichtlich nicht leiden, wenn man um den heißen Brei herumredete.

»Nein, da läuft nichts.«

»Da habe ich aber andere Dinge gehört.« Ben hatte die Arme vor der Brust verschränkt. »Weißt du, ich komme jeden Tag in ganz Engeltal herum. Da erfährt man so einiges, ob man will oder nicht. Und was ich gehört habe, war, dass sich zwischen dir und Nicky sehr wohl eine Beziehung anbahnt.«

»Nein, da hast du dieses Mal falsche Informationen aufgeschnappt. Ich habe auch schon festgestellt, dass hier in Engeltal sehr schnell Gerüchte in die Welt gesetzt werden und dann durch die ganze Stadt gehen. Aber ihr müsst euch keine Gedanken machen. Ich bin nicht auf der Suche nach einer Beziehung, und deshalb werde ich auch nichts mit Nicky anfangen.«

Marc sah ihn aufmerksam an. Seinem Blick entnahm Leon, dass er sehr wohl wusste, was zwischen ihm und Nicky vorgefallen war. Vor allem war er sicher verärgert, dass er dadurch seine wertvolle Tänzerin verloren hatte.

»Okay, wenn du das sagst, dann wird es wahrscheinlich so sein.« Ben runzelte die Stirn. »Ich habe keinen Grund, dir zu misstrauen. Also nicht, dass du das Gefühl hast.«

»Alles gut, du musst dich nicht entschuldigen. Wie gesagt, hier in der Kleinstadt wird das eine oder andere aufgeschnappt und dann noch ausgeschmückt. Jungs, es war nett mit euch, aber ich muss jetzt los. Ich habe ganz vergessen, dass ich Pia versprochen habe, heute Abend mit ihr zu kochen. Habt noch einen schönen Abend, und wir sehen uns bald, okay?«

Er blickte in vier verdutzte Gesichter.

»Na klar, wir sehen uns dann morgen in der Agentur, ja?«

Marc hatte ihm zum Abschied auf die Schulter geklopft. Vielleicht ein bisschen fester als nötig gewesen wäre.

»Klar, morgen in aller Frische. Bis bald.«

Schnell warf er einen Fünf-Euro-Schein auf den Tisch und verließ das Restaurant. Der frontale Angriff hatte ihn überrumpelt. Er hatte nicht damit gerechnet, dass er plötzlich zum Mittelpunkt des Gesprächs werden würde. Es machte ihn fertig, dass er immer wieder Ausreden erfinden musste. Er hasste Lügen, und nun war er zum Lügenbaron persönlich geworden. Er hatte gehofft, einen Abend Zerstreuung zu finden. Er hatte sich gar nicht so sehr ins Gespräch einmischen, sondern sich eher von den Erzählungen der anderen berieseln lassen wollen. Aber das war ihm überhaupt nicht gelungen.

Er verlangsamte seinen Schritt. Der Goldene Adler war aus seinem Blickfeld verschwunden, und er musste nun nicht mehr so tun, als hätte er einen Termin verschwitzt. Im Grunde war es ganz egal, wann er nach Hause kam. Pia rechnete noch gar nicht mit ihm, und es hatte auch nicht den Anschein gemacht, als ob es ihr etwas ausmachen würde, wenn er den Abend auswärts verbrachte. Ihre Beziehung hatte sich verändert. Leon wusste, das war alleine seine Schuld. Unterbewusst machte er Pia Vorwürfe, beschuldigte sie, für sein Unglück verantwortlich zu sein. Er wollte es nicht, aber er konnte sich dem nicht entziehen. Und Pia verschloss sich immer mehr, denn natürlich nahm sie seinen stillen Groll wahr. Pia war schon immer sehr sensibel gewesen und hatte sich gut in andere Menschen hineinversetzen können. Dementsprechend litt sie auch unter seinem Unglück. Und auch das tat ihm leid, aber er konnte nicht anders. Im Moment hatte er das Gefühl, als würde er sich nur in Lügen und Entschuldigungen verstricken, als wäre sein ganzes Leben ein einziges Geflecht aus negativen Gefühlen, die er in sich selbst und in anderen hervorrief. Am liebsten würde er sich einfach in sein Bett legen, die Decke über den Kopf ziehen und nicht mehr aufstehen.

Was sollte das Ganze eigentlich noch? Wem wollte er hier etwas vormachen? Sein Leben hatte komplett den Sinn verloren. Er plante Events für irgendwelche Unternehmer, die ihn im Grunde überhaupt nicht interessierten. Es machte zwar meistens Spaß, aber die Inhaber der größeren Firmen waren teilweise schwierige Menschen, mit denen er sich freiwillig niemals herumschlagen würde. Und die Herausforderungen, denen er sich täglich stellte, ließen sein Leben zwar abwechslungsreich erscheinen, aber dennoch konnte er darin nicht den Sinn seines Lebens sehen.

Es war, als hätte Nicky all den Glanz aus seinem Leben mitgenommen. Als hätte sie ihn ohne Schirm im Regen zurückgelassen, dabei war er es ja selbst gewesen, der sie vor den Kopf gestoßen hatte. Er hasste die Person, die er geworden war, und er hasste sein ganzes Leben. Müde ließ er den Kopf hängen und trat den Heimweg an. In der Dunkelheit am Ende der Straße funkelte eine einzelne Laterne, und er fühlte sich, als wäre er der einzige Mensch auf der ganzen Welt. Allein und verlassen.

Kapitel 27

Crawling
Linkin Park, 2000

»Emma? Ich bin's, Nicky.«
»Nicky? Ist was passiert? Du hörst dich so komisch an.«
Nicky schluckte gegen die Tränen an. »Ja, ich bin im Krankenhaus.«
»Du bist was? Warum? Was ist passiert? Soll ich kommen?«
»Ich hatte einen kleinen Unfall.«
»Nicky, was ist passiert? Lass dir doch nicht alle Worte aus der Nase ziehen. Bist du verletzt?«
»Ja, ein bisschen. Ich bin heute früh in der ersten Zumbastunde ziemlich blöd über meine eigenen Füße gestolpert, weil ich mal wieder nicht hundertprozentig konzentriert war. Na ja, ich hab' mir den Knöchel vertreten und habe jetzt eine ziemlich üble Bänderdehnung im rechten Knöchel. Zum Glück ist nichts gerissen, aber der Arzt meinte, dass eine Bänderdehnung mindestens genauso schmerzhaft und langwierig sein kann wie ein Bänderriss.«
Nicky schluchzte auf. Gerade noch war sie so optimistisch gewesen, hatte zurück zu ihrer alten Stärke gefunden, und nun das.
»O nein, Süße, kann ich was tun?«
»Ich muss jetzt noch auf den Arzt warten, aber es wäre super, wenn du mich so in einer halben Stunde abholen könntest. Mit Krücken ist der Weg doch ein bisschen weit.«

»Natürlich, das ist gar kein Problem, ich sage nur kurz Tom Bescheid, dann fahre ich los. Ich bin gleich bei dir, Süße. Und, Nicky? Lass den Kopf nicht hängen, wir kriegen das alles hin.«

»Klar, danke dir.« Nicky legte schnell auf, bevor der nächste Heulanfall über sie kam. Schon kurz nach ihrem Unfall hatte sie gewusst, dass es etwas Schlimmes war. Der Knöchel war rasend schnell angeschwollen, und sie konnte kaum mehr auftreten. Der Schmerz war heiß durch ihr Bein geschossen, und noch immer tat es verdammt weh. Sie war im Krankenhaus behandelt worden, hatte Schmerzmittel bekommen und die verschiedensten Untersuchungen über sich ergehen lassen müssen.

Eine Arzthelferin streckte in diesem Moment ihren Kopf aus einem der vielen Behandlungszimmer. »Nicky, du kannst jetzt reinkommen. Warte, ich helfe dir.«

Humpelnd und auf die Arzthelferin gestützt, die selbst bei Nicky den Jumpingkurs besuchte, gelangte sie schließlich in das Arztzimmer.

»Danke, Evelyn. Ich fürchte, Jumping werden wir in den nächsten Wochen erst mal aussetzen müssen.«

Evelyn schüttelte bedauernd den Kopf. »Na ja, wenn ich mir deinen Fuß so anschaue, würde ich wetten, dass du nicht nur den Jumpingkurs ausfallen lassen musst. Aber das kann dir der Arzt sicherlich gleich noch genauer erklären. Wenn du was brauchst, melde dich.«

»Danke dir. Es ist schön zu wissen, dass ich mich auf so viele Menschen verlassen kann.«

Nur auf den einen nicht, flüsterte eine kleine Stimme in ihr. Nein, jetzt war wirklich nicht die richtige Zeit, um auch noch an das Wirrwar mit Leon zu denken. Nicky sah gerade dabei zu, wie ihr Leben wie ein Kartenhaus in sich zusammenstürzte. Da brauchte sie nicht auch noch die Grübelei über Leon und sein seltsames Verhalten. Sie hatte sich so bemüht, ihn aus ihrem Kopf zu verbannen, hatte sich so in den Aufbau ihrer neuen Marke hineingekniet, dass sie es übertrieben hatte. Bis heute Nacht um drei Uhr hatte sie an der Nähmaschine gesessen. Und nach nur vier Stunden Schlaf war sie unaufmerksam und zerstreut gewesen. Sie hatte sich nicht richtig aufgewärmt und schlicht und ergreifend nicht aufgepasst. Das hatte sie nun davon. Sie hoffte, dass der Arzt recht schnell Entwarnung geben konnte, aber so richtig glaubte sie nicht daran.

Als hätte sie ihn mit ihren Gedanken herbeigezaubert, betrat der Arzt den Raum. Er war gut gebaut, hatte dunkles, wallendes Haar und eine sportliche Figur. Wenn ihr nicht immer noch Leon im Kopf herumspuken würde, könnte sie ihn glatt attraktiv finden.

»Hm, okay, ich muss Ihnen leider sagen, das sieht nicht gut aus. Sie haben Ihr Außenband deutlich überdehnt, sehen Sie hier?

Der Arzt deutete auf ein Computerbild ihres Fußes.

»Es wird eine Weile dauern, bis das wieder richtig heilt. Ich denke, in den nächsten vier Wochen müssen Sie den Fuß schonen.«

»Vier Wochen?« Nicky starrte den Arzt ungläubig an. Hatte er gerade vier Wochen gesagt?

»Ja, so lange wird es mindestens dauern. Es können sogar bis zu sechs Wochen nötig werden, wenn sie jetzt nicht deutlich kürzertreten. Sie müssen den Fuß auf jeden Fall schonen, Sport muss für die nächsten Wochen tabu sein.«

»Wissen Sie eigentlich, was mein Job ist?« Nickys Stimme drohte zu brechen. Wie sollte sie den Betrieb im Studio vier Wochen aufrechterhalten, wenn sie keine Kurse anbieten konnte? Das Personal Training würde womöglich auch noch wegfallen. Diese Diagnose war in ihrer Situation eine Katastrophe.

»Ja, das ist mir bewusst. Gerade deshalb ist es so wichtig, dass Sie jetzt nicht übertreiben. Wenn Sie sich nicht ausruhen, dann werden Sie immer Probleme mit dem Band haben. Gerade bei Sportlern ist es wichtig, dass Verletzungen gut ausheilen.«

»Aber wie soll ich das denn machen?«

Der Arzt war aufgestanden und legte Nicky beruhigend seine Hand auf die Schulter. Er ging vor ihr in die Hocke, um mit ihr auf Augenhöhe zu sein.

»Ich weiß, das ist jetzt ein Schock, und es hört sich verdammt lang an. Aber Sie werden sehen, dass Sie diese Zeit mit Leichtigkeit hinter sich bekommen, und danach legen Sie mit hundert Prozent wieder los. Aber bitte versprechen Sie mir, dass Sie jetzt nichts riskieren. Wenn Sie zu früh wieder anfangen, dann könnte es sein, dass Sie den Fuß nie mehr zu hundert Prozent belasten können.«

Nicky schloss die Augen. Das durfte doch alles nicht wahr sein. Gerade jetzt, wo sie richtig durchstarten wollte, kam sowas. Was hatte sie eigentlich verbrochen, dass sie in diesem Jahr von einer Katastrophe zur nächsten wandelte? Das Jahr war noch gar nicht so alt, und schon hatte es den größten Liebeskummer und die schlimmste Sportverletzung ihres Lebens gebracht. Was sollte denn noch alles kommen? Welche Prüfungen wollte das Leben ihr noch schicken? Und vor allem: Wie sollte es jetzt weitergehen?

»Haben Sie noch Fragen?« Der Arzt unterbrach mit seiner Frage ihre kreisenden Gedanken. Müde blickte Nicky zu ihm auf.

»Nein, danke. Ich fürchte, es ist alles gesagt.«

Der Arzt nickte verständnisvoll. »Sie bekommen jetzt noch ein Rezept für Schmerztabletten und eine Schiene, die Sie tragen sollten. Krücken haben Sie ja schon, wie ich sehe.«

»Ja, ich bin begeistert.«

Als der Doktor lachte, blitzten Nicky weiße Zähne an. »Sie werden sehen, es ist alles nur halb so schlimm, wie Sie es sich jetzt ausmalen. In vier Wochen lachen Sie über die ganze Geschichte und fragen sich, was aus der Katastrophe geworden ist, die Sie heute dahinter vermuten. Passen Sie auf sich auf und machen Sie keinen Sport.«

Nicky lächelte den Arzt dankbar an und verließ humpelnd das Zimmer.

Emma stand bereits an der Anmeldung und zog sie gleich fest in ihre Arme. Die tröstende Berührung tat Nicky so gut und gab ihr die Kraft, die sie in den nächsten Wochen sicherlich gut gebrauchen konnte.

»Süße, wie geht's dir? Was sagt der Arzt?«

»Der Arzt sagt, dass ich vier Wochen lang nicht trainieren darf.« Nicky wurde von einem Schluchzen geschüttelt, und Emma streichelte ihr beruhigend über den Rücken. Dann blickte sie ihre Freundin ernst an.

»Nicky, versprich mir, dass du dich an diese Vorgabe hältst! Ich weiß, das ist jetzt richtig blöd, aber natürlich sind wir alle für dich da und helfen dir, wo wir können. Leider können wir die Kurse nicht übernehmen, denn ich bin mir sicher, dass einige Teilnehmerinnen das besser könnten als wir. Aber wir können für dich da sein, wir können dir im Haushalt, beim Einkaufen, beim Kochen und beim Waschen helfen, was auch immer du brauchst. Du musst nach dir schauen und dich ausruhen.«

»Ich weiß, aber wie soll ich das finanziell stemmen? Ich habe so viel Geld in die Produktion der Flaschen und Rucksäcke gesteckt. Alles musste ich vorfinanzieren, mein Konto ist leer. Und wenn ich jetzt vier Wochen lang kein Training anbieten kann, muss ich alle Mitgliedsbeiträge zurückbezahlen. Wie soll ich das machen?«

»Hast du denn keine Betriebsausfallversicherung?«
»Nein, die habe ich mir damals gespart.«
»Nicky, warum denn bloß? Gerade in deinem Job brauchst du doch eine gute Versicherung, falls du nicht arbeiten kannst.«
»Ja, das weiß ich jetzt auch. Nächste Woche werde ich eine abschließen. Aber leider bringt mir das im Moment so rein gar nichts.«
»Ach, Süße, lass den Kopf nicht hängen. Wir werden uns etwas überlegen. Wir werden das hinkriegen, du wirst die nächsten vier Wochen definitiv nicht vor dem finanziellen Ruin stehen, das verspreche ich dir. Und im Notfall leihst du dir einfach ein bisschen Geld von Chris oder Marc. Ich meine, die beiden sind ehemalige Fußballstars und haben sicherlich noch ein paar Millionen auf dem Konto rumliegen. Und ich bin mir sicher, dass sie dir liebend gern aushelfen würden.«
»Nein, das will ich nicht. Ich weiß, dass die beiden wohlhabend sind, aber ich möchte ihre Freundschaft nicht ausnutzen.«
»Ich rede doch auch gar nicht davon, dass sie dir das Geld schenken sollen. Du könntest es dir leihen und wenn's sein muss sogar mit Zinsen zurückzahlen, auch wenn sie sich darauf sicherlich nicht einlassen würden. Aber wir werden sehen. Du kannst dir sicher sein, dass wir eine Lösung finden werden. Und jetzt bringe ich dich erst mal nach Hause.«
»Okay. Können wir noch kurz an der Apotheke vorbei? Ich habe ein Rezept bekommen.«
»Alles, was du willst.«

Nicky tat sich schwer, die Treppen zu ihrer Wohnung hochzuhüpfen, die über dem Studio lag, denn natürlich hatte das alte Haus keinen Aufzug. Schwer atmend ließ sie sich auf ihr Sofa sinken.

»Kann ich noch etwas für dich tun?«

Emma war einfach ein Schatz.

»Nein, danke dir. Die Schmerztabletten haben mich ziemlich müde gemacht, und ich denke, ich sollte mich einfach ein bisschen hinlegen und versuchen, zur Ruhe zu kommen.«

»Was war denn überhaupt los? Wie kam es zu deiner Verletzung?«

»Ach, nur ein bisschen wenig Schlaf. Eigentlich nichts Wildes.« Nicky rieb sich über das Gesicht.

Emma ließ sich vor Nicky in die Hocke sinken und legte ihre Hände auf Nickys Knie. »Süße, ich weiß, dass du das mit der neuen Marke jetzt unbedingt vorantreiben willst. Aber du solltest dir nicht zu viel zumuten. Es bringt auch nichts, wenn du dich damit um den Schlaf bringst. Du musst ein bisschen nach dir und deiner Gesundheit schauen. Vielleicht kannst du die nächsten vier Wochen dafür nutzen, neue Kraft zu sammeln. Wie gesagt, mach dir nicht zu viele Sorgen, wir kriegen das alles hin. Vier Wochen sind nicht die Welt.«

Nicky ließ ihren Kopf auf die Arme sinken. »Ich weiß. Und danke, dass du immer da bist. Das ist lieb von dir.«

»Immer gerne. Dann mache ich mich mal auf den Weg ins Kinderlieb, ich bin heute mit der Nachmittagsschicht dran. Wenn etwas ist, dann ruf an! Im Notfall mache ich auch den Laden dicht, wenn du mich brauchst.«

»Danke, aber das wird nicht nötig sein. Wie gesagt, ein bisschen Schlaf wird mir jetzt guttun.«

»In Ordnung, mach's gut, Süße. Gute Besserung.«

Nicky versuchte sich an einem schiefen Lächeln und schickte Emma einen Luftkuss hinterher. Manchmal fragte sie sich, womit sie solche Freundinnen verdient hatte.

Müde ließ sich Nicky auf das Sofa sinken und legte ihren Fuß mit schmerzverzerrtem Gesicht hoch. Diesen

Unfall hätte sie wirklich nicht auch noch gebraucht. Gestern Abend war sie so voller Energie gewesen. Sie hatte sich ihre Zukunft rosarot ausgemalt, und wieder einmal musste sie einsehen, dass die Zeit der rosaroten Wolkenschlösser vorbei war. Sie hatte keine Ahnung, wie sie in den letzten Jahren damit durchgekommen war, aber das neue Kalenderjahr zeigte ihr mit aller Härte, dass es damit womöglich vorbei war. Ihr Leben glich inzwischen einer Achterbahnfahrt. Von himmelhochjauchzend direkt hinab ins tiefe Tal. Stetig hoch und runter. Immer, wenn sie wieder Mut gefasst hatte, der Welt zuversichtlich gegenübertrat und sich auf ihre Zukunft freute, traf sie wieder ein Tiefschlag, der alles einstürzen ließ. Ihr war überhaupt nicht klar, wie sie das mit ihren Kursen schaffen sollte. Auch beim Personal Training stand sie nicht bloß untätig daneben. Vielleicht würde sie hier ein bisschen weniger mitmachen und die Kunden dafür mehr schwitzen lassen.

Ein müdes Lächeln stahl sich auf ihr Gesicht. Ja, vielleicht könnte sie wenigstens das Personal Training weiter anbieten. Die Kurse würde sie allerdings für die nächsten vier Wochen absagen müssen. Sie hatte keine Angestellten, die sie jetzt um Hilfe bitten könnte. Bisher war das Studio eine One-Woman-Show. Vielleicht sollte sie darüber nachdenken, andere Trainer mit ins Boot zu holen. Möglicherweise könnte sie, wenn ihre neue Sportmarke groß genug wäre, ein bisschen zurückfahren und die Kurse auslagern. Zumindest ein paar. In den letzten Wochen und Monaten hatte sie gemerkt, dass ihr Körper müde war. Ausgelaugt, von den vielen Jahren, in denen sie wenig Rücksicht auf ihn genommen hatte. Und nicht nur ihr Körper war entkräftet, auch ihr Geist. Vielleicht war das jetzt der Tritt in den Allerwertesten, den sie gebraucht hatte, um ein bisschen zurückzufahren.

Nicky kuschelte sich in die Kissen auf dem Sofa. Anscheinend wurde es mal wieder Zeit, ihr ganzes Leben zu überdenken.

Mit diesen Gedanken fiel sie in einen unruhigen Schlaf.

Kapitel 28

Unwell

Matchbox Twenty, 2002

»Hör schon auf, im Zimmer herumzutigern. Das macht mich ganz nervös. Was ist denn jetzt schon wieder los?«

Pia saß auf dem Sofa und blätterte eine Zeitschrift durch. Leon hingegen war viel zu aufgewühlt, um sich hinzusetzen. Marc hatte ihm erzählt, dass Nicky sich so schwer verletzt hatte, dass sie das Studio für vier Wochen schließen musste. Sein erster Impuls war gewesen, sofort zu ihr zu laufen und sie tröstend in den Arm zu nehmen. Er würde ihr so gerne helfen, würde nichts lieber tun, als mit ihr zu sprechen und ihr anzubieten, für sie da zu sein. Er wäre so gerne ihre starke Schulter, ihr Fels in der Brandung. Doch nichts von alledem war er für sie und würde es niemals sein. Und er hatte es so gewollt. Er würde gar nichts für sie tun können, es war unmöglich. Nicky wollte nichts mehr mit ihm zu tun haben, sie hatte den Kontakt komplett abgebrochen, und wenn sie ihm auf der Straße begegnete, blickte sie ihn noch nicht einmal mehr an. Er hatte alles verdorben. Er könnte ihr helfen, aber er traute sich nicht, sie anzusprechen. Er schämte sich noch immer für seine bösartigen Worte. Und er war sich sicher, dass Nicky kein einziges davon vergessen hatte. Und wie könnte er ihr das verdenken?

In den letzten Wochen hatte er immer mal wieder ein paar Fetzen aufgeschnappt, wenn Annika und Marc sich über Nicky unterhalten hatten. Annika besuchte Marc regelmäßig in der Agentur, wenn sie Mittagspause hatte, oder sie holte ihn abends ab. Dann stand sie mit ihrem ölverschmierten Blaumann und der strubbeligen Frisur mitten in der schicken Agentur und passte so überhaupt nicht in diese Umgebung. Aber das schien ihr rein gar nichts auszumachen. Annika war eben so, wie sie war. Sie verstellte sich nicht, gab nicht vor, jemand anderes zu sein. Sie war nur sie selbst, und Marc liebte sie genau deswegen. Sie wusste gar nicht, was für ein Privileg es war, zu sich selbst stehen zu können, der Welt sein wahres Gesicht zu zeigen und nicht in ein Geflecht aus lauter Lügen verstrickt zu sein.

Jedes Mal, wenn Annika in die Agentur kam, warf sie ihm einen bitterbösen Blick zu. Nicky hatte sich sicher bei ihr ausgeheult, und sie wusste über jedes einzelne Wort Bescheid, das er ihr an den Kopf geworfen hatte. Unter ihren Blicken fühlte er sich unwohl. Wie ein Schwein. Sie gab ihm das Gefühl, der schlechteste Mensch auf dieser Welt zu sein. Auch, wenn sie nichts dergleichen artikulierte, ließ ihn ihr Blick jedes Mal zusammenzucken. Natürlich wusste er, dass er sich nicht vor Nickys Freundinnen rechtfertigen musste, aber die Situation war unangenehm für ihn. Er war es gewohnt, der Schwiegermutterliebling zu sein, der herzliche Leon, den alle gerne mochten. In Engeltal hatte er es sich jetzt total verdorben. Die ganze Stadt blickte ihn schief an, denn die Liebesgeschichte ohne Happy End hatte sich doch rasend schnell verbreitet. Aber er wusste nicht, was er anderes hätte tun können. Immer noch haderte er mit seinem Schicksal. Obwohl inzwischen Wochen vergangen waren, seit er Nicky in seinen Armen gehalten hatte, konnte er sie nicht vergessen. Das Gefühl, das sie in ihm ausgelöst hatte, ließ sich nicht verdrängen. Und jetzt nicht bei ihr sein zu können, wenn sie auf Hilfe angewiesen war, wenn sie eine starke Schulter zum Anlehnen brauchte, machte ihn sehr betroffen. Aber er war sich sicher, dass Nicky schon genug Probleme hatte. Sicherlich war sie ohne ihn besser dran. Alleine, sich das eingestehen zu müssen, machte ihn fertig. Er war immer derjenige gewesen, der anderen geholfen hatte, der für jeden da gewesen war, alle unterstützt und wieder aufgebaut hatte. Wenn jemand einen Umzug geplant hatte, war er als Erster zur Stelle gewesen. Wenn jemand unglücklich war, war er derjenige mit dem offenen Ohr gewesen. Doch all das schien inzwischen der Vergangenheit anzugehören. Er wusste, dass er eine Art Helferkomplex hatte, und dass dieser Charakterzug nicht von ungefähr kam. Schon als kleiner Junge war er seiner Mutter im Haushalt zur Hand gegangen, so gut er es in dem jungen Alter eben geschafft hatte. Nur dann hatte sie ihn mit einem seltenen liebevollen Lächeln belohnt. So hatte er von klein auf gelernt, dass er nur etwas wert war, wenn er anderen half. Aber in Engeltal wollte keiner seine Hilfe. Keiner wollte mit ihm sprechen und ihm sein Herz ausschütten. Auch den Jungs war er lieber aus dem Weg gegangen, weil er Angst hatte, dass das Gespräch wieder auf Nicky kommen könnte. Und er wusste sich einfach nicht mehr zu erklären. Seine Geschichte bestand nur noch aus Lügen. Ein Lügengeflecht, das ihm immer mehr die Luft zum Atmen nahm. Inzwischen ging er möglichst vielen Gesprächen aus dem Weg, einfach nur, um nicht lügen zu müssen.

»Leon? Ist alles in Ordnung?«

»Was?«

»Du stehst jetzt seit zehn Minuten auf der gleichen Stelle und starrst vor dich hin. Immerhin hast du aufgehört, wie ein Wilder im Wohnzimmer herumzulaufen. Ich hatte schon Angst, der Teppich wäre bald durch. Was ist denn los mit dir?«

»Hast du von Nickys Unfall gehört?«

»Ja, ich hab's vorhin mitbekommen, als Marc es dir erzählt hat.«

»Es ist wirklich schlimm, und es tut mir so leid. Schließlich ist das Studio Nickys Ein und Alles.«

»Ja, mir tut es auch total leid. Aber ich verstehe immer noch nicht, was genau dich daran so aufwühlt.«

»Ist das nicht offensichtlich? Nicky bräuchte meine Hilfe, würde sie aber niemals annehmen. Allein das zu wissen, macht mich wütend. Am liebsten würde ich zu ihr hinfahren und …«

»Und was? Nicky hat genug Freunde in Engeltal, die ihr zur Seite stehen. So hart es klingt, sie braucht dich nicht. Vielleicht ist Nicky auch schon über eure kleine Affäre hinweg. Du weißt doch gar nicht, ob sie dir genauso hinterhertrauert wie du ihr. Vielleicht hat sie gar keine Lust mehr, sich mit dir zu treffen. Ich weiß, dass es wehtut, das zu hören. Deshalb sollte auch ich diejenige sein, die es dir sagt. Nickys Leben geht weiter. Ohne dich. Und das ist gut so. Du solltest auch endlich anfangen, dein eigenes Leben zu leben.«

Leon schluckte hart. Pias Worte hatten ihm einen Stich versetzt, auch, wenn er wusste, dass sie vermutlich recht hatte. »Welches Leben denn? Es ist doch nichts davon übriggeblieben. In Engeltal bin ich unten durch, keiner hat mehr Bock auf mich. Das alles nur, weil …«

»Weil du mir zuliebe deine Beziehung beendet hast. Ich weiß. Jedes Mal, wenn ich in dein trauriges Gesicht schaue, habe ich ein schlechtes Gewissen.« Sie seufzte. »Du denkst, das Ganze geht spurlos an mir vorbei? Da täuschst du dich sehr, mein lieber Bruder. Mich belastet die Situation mindestens genauso. Aber ich versuche, stark zu sein. Stark für uns beide, denn ich habe das Gefühl, dass du nicht mehr der Stärkere von uns beiden bist. Engeltal hat dich sehr verändert, und ich hoffe, diese Veränderung wird nicht von Dauer sein. Denn sie gefällt mir nicht. Ich würde gerne wieder den Bruder um mich haben, den ich vorher hatte. Den, auf den ich mich verlassen konnte, der mir nicht mit seinen Blicken jeden Tag ein schlechtes Gewissen gemacht hat.«

»Ich weiß, aber ich mache das nicht mit Absicht.«

Leon schämte sich. Nicht nur, dass er Nicky vor den Kopf gestoßen hatte, jetzt behandelte er auch noch seine Schwester mies. Leon sank auf die Knie und zog Pia in seine Arme.

»Es tut mir leid. Ich möchte dir keine Vorwürfe machen. Ich weiß ja, dass du gar nichts dafür kannst. Aber die Situation ist für mich kaum zu ertragen. Wir wollten hier neu anfangen, und noch bevor wir richtig angekommen sind, habe ich die ganze Stadt gegen mich aufgebracht. Ich habe keine Freunde, keinen Anschluss. Und keine Freundin. Ich bin einsam, und ich bin wirklich unglücklich. Hast du nochmal über einen Umzug nachgedacht?«

Pia zwängte sich aus der Umarmung und blickte Leon streng an. »Da gibt es nichts nachzudenken. Meinst du vielleicht, ein Neuanfang in einer anderen Stadt macht alles besser? Vergiss es, auch woanders geht der gleiche Mist von vorne los. Auch da wirst du dich nicht öffnen können, auch da wirst du die Leute vor den Kopf stoßen müssen, weil du unser Geheimnis für dich bewahren musst. Du kannst nicht einfach durch die Gegend rennen und rufen: „Ich bin Leon, habt mich lieb!". Das geht nicht. Also vergiss das mit dem Umzug, es würde nichts ändern. Wir müssen mit der Situation klarkommen. Du musst dein Leben wieder in die Hand nehmen und aufhören, einer Frau nachzutrauern, die wahrscheinlich schon längst mit dir abgeschlossen hat. Leon, fang endlich wieder an zu leben. Mach das Beste aus der Situation.«

»So wie du?«

Pias Gesichtsausdruck verschloss sich.

»Ich meine, seit wir in Engeltal wohnen, hast du mit kaum jemandem gesprochen. Wenn Annika dich zum Stammtisch einlädt, lässt du sie jedes Mal abblitzen. Du hättest alle Möglichkeiten, dir hier einen Freundeskreis aufzubauen. Die Mädels sind herzlich, und sie haben dich mit offenen Armen empfangen. Wenn du wolltest, dann könntest du mit einem Fingerstreich fünf tolle neue Freundinnen haben, die sich um dich sorgen und die dich in ihrer Mitte aufnehmen würden. Aber du ziehst es ja vor, dich in dein Schneckenhaus zu verkriechen. Und ausgerechnet du willst mir sagen, wie ich mein Leben angehen soll?«

Leon verließ schnaubend das Wohnzimmer. In seinem Schlafzimmer knallte er die Tür hinter sich zu. Was gab Pia eigentlich das Recht dazu, ihm zu sagen, wie er sein Leben leben sollte? Sie hatte ihr eigenes doch überhaupt nicht im Griff. Aber Hauptsache, sie erteilte ihm irgendwelche schlauen Ratschläge. Die konnte sie sich in die Haare schmieren.

Leon atmete tief durch und lehnte den Kopf an die Zimmertür. Vielleicht war er ein bisschen hart gewesen. Das war wieder typisch. Er war explodiert, und hinterher tat es ihm leid. Dann musste er wieder angekrochen kommen und sich entschuldigen. Das war noch der alte Leon. Dieses Verhalten hatte ihn früher schon in schwierige Situationen gebracht. Aber er hatte sich mit seinem Charme jedes Mal wieder herauswinden können und hatte gewusst, dass seine Freunde ihm diese kleinen Ausbrüche verziehen.

Leise öffnete er die Tür und hörte Pia schluchzen. Er ließ den Kopf sinken. Das hatte er wieder toll gemacht. Vor lauter Sorge um Nicky und vor Wut, dass er ihr nicht beistehen konnte, hatte er nun auch noch den einzigen

Menschen verletzt, der ihm auf diesem Planeten geblieben war.

Leise schlich er wieder zurück zum Wohnzimmer und zog seine Schwester in die Arme. Wenigstens für sie konnte und wollte er da sein.

Kapitel 29

I'll Be There for You
The Rembrandts, 1995

Nicky öffnete die Tür zum Café Himmelreich und war erstaunt, in die lächelnden Gesichter ihrer Freundinnen zu blicken. Sie schaute auf die Uhr.

»Warum seid ihr denn alle schon da? Ich dachte, ich wäre die Erste. Seht ihr, langsam komme ich mit den Krücken ganz gut zurecht und kann schon richtig große Sprünge machen.«

Wie zum Beweis setzte sie die Krücken auf und sprang einmal durch das halbe Café. Sie lachte.

»Wie schön, euch alle zu sehen. Ich bin so froh, dass wir heute Stammtisch haben. Ich glaube, zu Hause wäre mir langsam die Decke auf den Kopf gefallen.«

Emma nahm sie fürsorglich in den Arm und führte sie zu dem großen Tisch, den sie an ihren gemeinsamen Abenden immer für sich beanspruchten. Im Café war heute nicht mehr viel los.

»Wie geht es dir denn?« Isabella streichelte Nicky liebevoll über den Arm.

»Ach, es geht schon. Die Schmerzen sind deutlich besser geworden, und mit den Tabletten habe ich sie ganz gut im Griff. Das Einzige, was mich wirklich belastet, ist, dass ich meine Kurse absagen musste. Beim Personal Training habe ich auch zurückgeschraubt. Manche Kunden waren verständnisvoll und werden die nächsten Wochen einfach statt zweimal nur einmal die Woche zum Training kommen. Dann machen wir es so, dass ich mich hinsetze und die Kunden einfach das Doppelte arbeiten lasse.« Nicky grinste. »Der eine oder andere hat schon gemeint, ich würde zum Sklaventreiber mutieren.«

»Schön, dass du dein Lächeln wiedergefunden hast. Ich hatte mir schon Sorgen gemacht, dass du dir diese Verletzung zu sehr zu Herzen nehmen würdest.« Alina schaute Nicky aufmunternd an. »Du wirst sehen, das geht schneller, als du denkst, und dann hüpfst du wieder wie ein junges Reh.«

»Habt ihr nicht gesehen, dass ich mit den Krücken jetzt schon weiter springen kann als ohne?«

»Wie schön, dass du auch deinen Humor wiedergefunden hast. Aber du weißt, was ich meine. Lass dich nicht hängen, die Zeit geht auch vorbei.«

»Ich weiß, und auch wenn mir das Studio wahnsinnig fehlt, habe ich so die Möglichkeit, mich so richtig um meine Fitnessmarke zu kümmern. Ich habe in den letzten Tagen ein bisschen genäht. Ich muss nur aufpassen, wenn ich die Nähmaschine bediene.«

»Nicky! Du sollst doch deinen Fuß schonen.«

»Keine Sorge. Die meiste Zeit verbringe ich am Laptop und recherchiere, welche Druckereien es gibt, welche Produkte sich für mein Studio noch eignen würden, welche Marketingmaßnahmen ich angehen kann.«

»Dafür hast du doch die zwei perfekten Beraterinnen an Bord, oder?« Annika nickte zu Isabella und Emma hinüber, die sich gleich etwas gerader aufsetzten.

»Natürlich, wir haben ja schon einen Marketingplan erstellt.«

»Ja, und dafür werde ich euch ewig dankbar sein, aber ich dachte, ich sollte mich selbst ein bisschen damit beschäftigen, um einfach zu wissen, worüber ihr da überhaupt immer sprecht. Inzwischen finde ich es richtig spannend. Das Einzige, was mir jetzt wirklich noch

Bauchgrummeln macht, ist die Frage, wie ich die Beiträge meiner Kunden erstatten soll. Mein Konto ist einfach leer.«

»Nicky, mach dir keine Sorgen. Genau deshalb sind wir heute schon früher zusammengekommen und haben ein bisschen gebrainstormt. Und ich glaube, wir haben gemeinsam eine tolle Lösung gefunden, wie du dieses Problem angehen kannst.« Sandra hatte ein Blatt Papier vor sich ausgebreitet, das mit verschiedenen Wortwolken vollgeschrieben war.

»Was? Warum habt ihr denn nichts gesagt?«

»Wir wollten dich damit nicht belasten, sondern dir jetzt schon eine perfekte Lösung vorstellen. Wir dachten, weil wir mehr Abstand zu dem ganzen Thema haben, würde es uns vielleicht leichter fallen, einen Ausweg zu finden und weniger das Problem zu sehen.«

»Okay, dann bin ich aber gespannt. Wenn ihr dafür jetzt auch noch eine Lösung findet, dann weiß ich tatsächlich nicht, wie ich euch danken soll.«

»Na ja, eigentlich war es gar nicht so schwer, denn die Lösung liegt sehr nahe. Wir haben gedacht, dass du deinen Kunden einen Gutschein für deine neue Fitnessmarke ausstellst, statt den Beitrag zurückzuzahlen. Also, was weiß ich, entweder einen Wertgutschein, oder du schreibst gleich darauf, für was genau der Gutschein gelten soll, also zum Beispiel für eine neue Hose, ein Top, einen Sportbeutel, was auch immer. Die Kunden können die Gutscheine dann einlösen, wenn die Produkte da sind. Das würde dir jetzt helfen, deine Liquiditätskrise zu überstehen, und gleichzeitig könntest du Werbung für deine neue Marke machen. Du hättest dann auch schon die ersten Kunden, die praktisch als Test-Kunden fungieren und mit Mund-Propaganda weitere Interessenten zu dir schleusen. Es hätte also mehrere Vorteile, solche Gutscheine zu entwickeln. Du müsstest nur noch überlegen, wie du's genau angehen willst. Aber die Lösung ist so einfach wie genial. Findest du nicht?«

Nickys Gedanken rasten. Wäre das möglich? Dann müsste sie jetzt kein Geld in die Hand nehmen und ihr Konto weiter belasten.

»Ja, ja, das geht. Ihr seid Genies! Unglaublich, dass ich nicht selbst darauf gekommen bin. Sandra, du hast recht. Ich war zu sehr in dem Problem gefangen, um eine Lösung sehen zu können. O mein Gott, ihr seid wirklich die Besten. Ich bin so froh, dass ich euch habe.«

»Super, dass du damit einverstanden bist. Emma und ich haben vorhin noch schnell einen Gutschein gestaltet. Schau doch mal kurz, ob er dir so gefällt.«

Isabella drehte ihr Tablet so um, dass Nicky den Bildschirm sehen konnte. Nickys neues Logo prangte auf dem Entwurf, und das Wort Gutschein war wie handschriftlich daraufgesetzt.

»Er ist perfekt. Ach, ich weiß gar nicht, was ich sagen soll.«

»Nicky, ich glaube, es ist Zeit, dass du verstehst, dass du jetzt nur das zurückbekommst, was du verdient hast. Ich habe gesehen, wie du in den letzten Jahren für die Mädchen da warst. Jede Einzelne hast du mit deinen positiven Gedanken aufgebaut, und ich denke, du musst gar nicht so dankbar sein, sondern die Hilfe einfach nur annehmen.«

»Ach, Marietta, das hast du schön gesagt.«

»Hui! Wer ist denn diese knackige Erscheinung?« Die Mädels folgten Alinas Blick in Richtung Kaffeemaschine. Hinter der Theke stand ein junger Mann, den Rücken zu ihnen gewandt. Er hatte schwarze Locken und einen trainierten Körper.

»Ach, das ist Matteo, mein neuer Praktikant. Vincenzo war letzte Woche hier und hat mich gefragt, ob Matteo mal zum Probearbeiten kommen kann. Er ist sein

Großneffe und soll die Eisdiele hier im Ort übernehmen. Vincenzo hat das Heft in die Hand genommen und tritt Matteo, glaube ich, ein bisschen in den Hintern.« Emma grinste.

»Ach was, er tritt ihn nicht. Aber Matteo braucht Erfahrung. Man kann nicht einfach ins kalte wasser springen und denken, das läuft ganz von alleine.«

»Ach, dann kann ich mir schon vorstellen, wer dafür verantwortlich ist, dass Matteo jetzt hier arbeitet.« Isabella grinste ihre Großtante an. »Du hast also deine Beziehungen spielen lassen.«

Die Mädchen beobachteten weiterhin, wie Matteo die Kaffeemaschine putzte, während er sich gleichzeitig im Takt der Musik bewegte. Als er anfing, mit den Hüften zu kreisen und den Hintern hin und her zu schwingen, jubelten sie ihm zu. Er drehte sich erschrocken um und blickte in die strahlenden Gesichter der Mädchen.

»Äh, hallo.«

»Alles gut, Matteo. Lass dich nicht stören. Aber wenn du magst, kannst du beim Putzen auch gerne weiter tanzen.«

Nicky blickte sich in der Runde ihrer kichernden Freundinnen um. Die Stimmung war grandios. Die Mädels hatten sie wieder einmal überrascht. Dank der wundervollen Ideen und Matteos kleiner Tanzeinlage hatte sie ihre Sorgen fast schon vergessen.

Kapitel 30

Hurt

Johnny Cash, 2002

»Nein, so geht das nicht!«

Leon strich sich mal wieder eine Strähne aus der Stirn, die einfach nicht bleiben wollte, wo sie hingehörte.

»Ich habe Ihnen doch schon erklärt, dass ...«

Der Kunde schnaubte, und Leon nahm die wachsende Ungeduld in seiner Mimik wahr.

»Sie haben mir gerade erklärt, dass Sie sich nicht an Ihren Vertrag halten. Wir hatten genau festgelegt, wie die Feier abzulaufen hat. Und darin spielte der Auftritt von Nicky eine bedeutsame Rolle. Ja, er war sozusagen das Herzstück des Events. Wenn sie jetzt nicht auftritt, dann ist das Vertragsbruch.«

Leon blickte seinen Kunden verdutzt an. Er hatte sich in den letzten Wochen ja einiges anhören müssen, aber das war jetzt doch eine Spur zu viel des Guten. »Vertragsbruch? Der Auftritt von Nicky war niemals Vertragsbestandteil. Er war allenfalls einer von verschiedenen Programmpunkten, eine Alternative, ein Vorschlag. Aber kein bindender Vertragsbestandteil.«

Der Kunde war rot angelaufen und stapfte zornig in seinem Büro herum. So stellte Leon sich Rumpelstilzchen vor.

»Am liebsten würde ich alles abblasen. So kann ich doch kein Event veranstalten. Ich habe Sie gebucht, weil es überall heißt, die Qualität sei gut, die Zuverlässigkeit hoch, der exorbitante Preis gerechtfertigt. Und nun? Zwei

Tage, bevor mein Event stattfinden soll, erklären Sie mir hier, dass Nicky nicht auftreten wird. Wo ist sie nun, die Zuverlässigkeit? Das frage ich mich schon.«

»Herr Zauner, ich kann mich nur wiederholen. Es tut mir wirklich leid, dass der Auftritt ins Wasser fallen muss. Vielleicht haben Sie schon gehört, dass Nicky sich eine Bänderdehnung zugezogen hat. Damit ist nicht zu spaßen, und der Arzt hat angeordnet, dass sie sich mindestens vier bis sechs Wochen ausruht. Sie darf den Fuß nicht belasten, was bedeutet ...«

»Ja, ich weiß, was das bedeutet. Das brauchen Sie mir nicht zu erklären.«

Der Kunde war ihm nicht nur unhöflich ins Wort gefallen, nun wedelte er auch noch mit seinen Wurstfingern direkt vor Leons Gesicht herum. Er hatte bereits einige Veranstaltungen in Engeltal durchgeführt, aber so einen aufgeblasenen und unfreundlichen Geschäftsinhaber hatte er noch nicht erlebt. Ausgerechnet hier gab es Probleme, aber das war im Vorfeld bereits klar gewesen. Marc hatte ihn vor dem Auftrag gewarnt und zu höchster Professionalität angehalten. Diesmal war es ein wirklich großes Event. Die Firma hatte fünfhundert Mitarbeiter in verschiedenen Niederlassungen im ganzen deutschsprachigen Raum. Hier in der Zentrale in einem Nachbarort von Engeltal sollte nun die Jubiläumsfeier stattfinden. Fünfzig Jahre Zauner. Ein großes Ding, auch für die Agentur. Mit solchen Veranstaltungen konnten sie sich richtig gute Referenzen aufbauen und die zögerlichsten Kunden von einer Zusammenarbeit überzeugen. Leon seufzte und rieb sich die Stelle zwischen den Augen. Kopfschmerzen zogen auf, und er fühlte sich ausgelaugt. Er war mit seiner Geduld am Ende. Wenn der Kunde nicht so wichtig wäre, hätte er ihm schon längst die Meinung gegeigt. Egal, was er ihm vorgeschlagen hatte, er hatte immer etwas auszusetzen und war niemals zufriedenzustellen. Und nun auch noch das. Zum Glück hatte er inzwischen eine überzeugende Ausrede. Natürlich tat es ihm leid, dass Nicky sich verletzt hatte. Niemals würde er wollen, dass es ihr schlecht ging, dass sie Schmerzen hatte. Aber mit diesem Unfall konnte er den Kunden einen guten Grund nennen, warum Nicky nicht auftreten konnte. Das war vorher schwieriger gewesen. Er konnte den Kunden ja kaum eingestehen, dass er sie selbst vergrault hatte, weil er einfach der größte Idiot auf der ganzen Welt war. Das hätte der eine oder andere Kunde vielleicht so unterschrieben, aber verstanden hätte es keiner.

»Herr Zauner, ich weiß, dass es unglücklich läuft, und es ist wirklich schade, dass Nicky nicht auftreten kann. Glauben Sie mir, unsere Agentur ist besonders betroffen von dieser ganzen Geschichte. Aber Sie wissen, dass so ein Sportunfall schnell passieren kann, und gerade in diesem Metier gibt es dadurch oft kurzfristige Änderungen des Programms. Ich kann es leider nicht ändern, ich kann Ihnen nur ein paar Alternativen anbieten. Ich habe Ihnen hier verschiedene Artisten rausgesucht. Es gibt auch noch eine andere Tänzerin. Zugegeben, das Programm ist etwas anders als das von Nicky, aber ich habe sie in den letzten Wochen schon öfter gebucht, und das Publikum war immer begeistert. Ihre Mitarbeiter wissen ja nicht, dass ihnen etwas entgeht. Sie werden trotzdem beeindruckt sein, das verspreche ich Ihnen.«

»Sie haben recht. Es bringt alles nichts, und wenn ich mich aufrege, bekomme ich nur wieder Probleme mit meinem Arzt. Der ist sowieso der Meinung, ich sollte mal ein bisschen mehr entspannen. Aber der hat leicht reden, der hat ja keine Firma mit fünfhundert Mitarbeitern zu führen.«

Leon setzte ein gekünsteltes Lächeln auf. Endlich beruhigte sich der unangenehme Kunde ein bisschen. Er brauchte unbedingt heute eine Entscheidung, sonst würde er keinen anderen Act als Ersatz buchen können. Diese Pseudo-Stars, die er in seiner Datenbank hatte, waren zwar froh um jeden einzelnen Auftritt, aber ein bisschen Vorlauf brauchten sie doch. Einige von ihnen hatte er in den letzten Wochen kennengelernt. Im Grunde waren sie alle austauschbar. Doch er wollte nicht so negativ von ihnen denken. Jeder von ihnen lebte seinen Traum, machte möglich, was er konnte, und nutzte seine Chance. Dass der eine oder andere dabei ein paar Diva-Allüren an den Tag legte, war nicht weiter verwunderlich. Er kannte das bereits von seiner vorherigen Arbeitsstätte. Auch hier war es so gewesen: Je kleiner und unbedeutender die Künstler waren, desto anstrengender waren sie.

Er konzentrierte sich wieder auf Herrn Zauner, der weiterhin auf ihn einredete.

»Also, jetzt zeigen Sie mir endlich Ihre Vorschläge. Ich habe nicht ewig Zeit. Wir sollten zum Punkt kommen, sonst muss ich das ganze Event absagen. Und das würde Sie teuer zu stehen kommen. Viele meiner Mitarbeiter aus anderen Filialen werden bereits morgen anreisen, und ich habe alle Hotelzimmer in Engeltal und Umgebung gebucht.«

»Natürlich, ich habe hier die Mappe dabei, vielleicht möchten wir uns kurz setzen?«

Leon zeigte auf eine kleine Sitzgruppe, die in dem weitläufigen Büro von Herrn Zauner untergebracht war.

»Natürlich, nehmen Sie Platz.«

Es war das erste Mal, dass Herr Zauner Leon einen Platz anbot. Bisher hatte er immer stehen oder zu Kreuze kriechen müssen. Je nach Situation. Leon schob seinem Kunden eine Mappe über den Tisch. Hierin hatte er alle

Varianten für das Festprogramm gesammelt. Zu jedem Auftritt hatte er eine kurze Beschreibung notiert sowie die Besonderheiten, die den Artisten ausmachte.

»Hier, sehen Sie? Das ist Tatjana. Auch eine sehr gute Tänzerin. Wie gesagt, ihr Auftritt unterscheidet sich von dem von Nicky, aber die Show wurde in den letzten Wochen oft gebucht und kam sehr gut an.«

»Gut, was haben wir noch?«

Leon blätterte weiter. »Hier, Felix. Er führt eine Zaubershow vor. Ein paar Tricks, bei denen er das Publikum mit einbindet. Auch er hat in den letzten Wochen einige Fans gewonnen.«

Und so ging es weiter. Leon hatte insgesamt zwölf andere Performer zusammengetragen. Tänzer, Sänger, Zauberer und Artisten. Alles, was das Herz begehrte. Nur nicht sein eigenes. Sein Herz begehrte, was es nicht haben konnte. Nicky. Noch immer. Inzwischen hatten sie sich einige Zeit nicht gesehen, trotzdem bekam er sie weder aus seinem Kopf noch aus seinem Herzen. Jeden Tag lief er am Studio vorbei. Er wusste ja, dass ihre Wohnung direkt darüber lag. Und jedes Mal war er versucht anzuhalten. Mit ihr zu reden, ihr alles zu erklären. Er wollte sich um sie kümmern, wollte für sie da sein. Und jedes Mal ging er vorüber, ohne anzuklopfen und ohne all die Worte zu sagen, die ihm so auf der Seele lagen.

Als Herr Zauner sich endlich entschieden hatte, packte Leon seine Siebensachen zusammen und verließ das Büro auf dem schnellsten Wege. Keine Minute länger wollte er mit diesem unangenehmen Menschen verbringen. Seine Arbeit in der Agentur machte ihm Spaß, und er war froh, dass sie ihn von seinen deprimierenden Gedanken ablenkte. Meistens waren die Kunden freundlich und dankbar für seine Arbeit. Aber eben nicht alle. An solchen Tagen wie heute war ihm sein ganzes Leben lästig. Sein Job, seine Kunden, er selbst. Er selbst nervte sich eigentlich am meisten. Leon würde sich als lösungsorientierten und schnellen Entscheider bezeichnen. Doch was er hier trieb, entsprach weder dem einen noch dem anderen. Er ging Problemen aus dem Weg, ohne eine Lösung zu finden. Er konnte keine Entscheidung treffen, wusste nicht, ob er Nicky besuchen sollte oder nicht. Ob er sich entschuldigen sollte oder nicht. Ob er ihrer Beziehung eine Chance geben sollte oder nicht. Es wäre so einfach, sie in seine Arme zu ziehen, ihr sein Geheimnis zu offenbaren und darauf zu hoffen, dass alles wieder gut würde. An eine Zukunft mit Nicky zu glauben. Er wünschte sich, dass es so einfach wäre, war es aber leider nicht.

Leon verließ das Firmengebäude. Er nutze den Dienstwagen der Agentur am meisten, da er das zweifelhafte Vergnügen hatte, die Abstimmung mit den Kunden vor Ort vorzunehmen.

Er öffnete die Tür und ließ sich schwer in den bequemen Sitz des E-Autos plumpsen. Für einen Moment schloss er die Augen und ließ den Kopf an die Kopfstütze sinken. Das also war sein neues Leben. Ein lebenswertes Leben?

Die Ruhelosigkeit packte ihn, also stieg er wieder aus, überquerte den großen Parkplatz und blickte an dessen Ende in den vorbeiziehenden Fluss. Er ließ sich auf den kalten Boden nieder, schnappte sich ein paar herumliegende Kieselsteine und warf sie nacheinander in das Wasser. So, als wäre jeder Stein ein Problem, dass der Fluss einfach so wegtrug. Ein schönes Bild, das ihn ein bisschen beruhigte. Er wünsche sich nichts mehr, als dass er seine Probleme genau hier loswürde. Doch das würde nicht funktionieren, das war ihm klar. Wütend griff er sich einen größeren Stein und knallte ihn in den Fluss. Mit einem großen Platschen ging er unter, eine kleine Wasserfontäne spritzte empor, bevor sich Kreise auf dem

Wasser bildeten. Wann würde er endlich eine Entscheidung treffen können? Wann würde er sich an sein neues Leben gewöhnen, und wann verdammt noch mal fand er endlich eine Lösung für seine Probleme?

Kapitel 31

Perfect
Ed Sheeran, 2017

Der große Tag war gekommen: Alina und Ben würden sich endlich das Ja-Wort gegeben. Nicky schmunzelte ein bisschen, denn Annika hatte erzählt, dass Ben so gar keine Lust mehr auf die vielen Vorbereitungen hatte und froh war, wenn der Tag endlich da wäre, an dem dieses ganze organisatorische Wirrwarr ein Ende finden würde. Sie verlagerte ihr Gewicht auf ihr linkes Bein. Obwohl bereits ein paar Wochen vergangen waren, konnte sie immer noch nicht richtig auftreten. Die Genesung dauerte länger, als sie befürchtet hatte, und ihre Ungeduld wuchs von Tag zu Tag. Zum Glück waren all ihre Kunden darauf eingegangen, sich mit einem Gutschein für ihre neue Fitnessmarke zufriedenzugeben. Keiner hatte den Vertrag gekündigt, keiner forderte sein Geld zurück. Nicky war ein riesiger Stein vom Herzen gefallen. In den letzten Wochen konnte sie sich auf den Aufbau ihrer neuen Marke konzentrieren, alles lief nun endlich an. Sie hatte einige Muster genäht, und die Flaschen und Rucksäcke waren in der Produktion.

Doch heute wollte sie nicht an die Arbeit denken. Heute wollte sie nur diese romantische Hochzeit genießen. Diesen einfach magischen Moment im Kreise ihrer Freunde. Neben ihr standen Annika und Marc, Isabella und Chris und Sandra mit Alex. Sie hatten vor wenigen Minuten die Festhalle von Engeltal betreten. Da es draußen noch immer ein bisschen frisch war, hatte

Alina beschlossen, die Hochzeit nicht im Freien stattfinden zu lassen, sondern die Stadthalle von Engeltal anzumieten. Doch die schlichte Halle war überhaupt nicht mehr wiederzuerkennen. Alina hatte Großartiges geleistet. An den Wänden standen große glitzernde Leuchtelemente. Teilweise waren die Wände mit cremefarbenen Vorhängen abgehängt. Alles war mit Blumen geschmückt. Nicht nur in großen Töpfen und Vasen, nein, Alina hatte keine Mühen gescheut und sogar einen kleinen Weg mit Erde ausgestreut, an dessen Rand Blumen eingepflanzt waren. Diese Idee hatte sie erst vor kurzem im Internet gefunden, und Nicky wusste, es war Alinas ganzer Stolz. Überall glitzerte, überall leuchtete es. Der ganze Raum war ein einziges Meer aus Blumen und Lichtern.

An der Kopfseite des großen Raumes war der Tisch des Hochzeitspaares aufgebaut. Auch hier standen Blumenvasen und Kerzenleuchter. Hinter dem Tisch war ein Bild aus Blumen angefertigt worden. Es zeigte Alina und Ben, und Nicky war absolut fasziniert davon, wie es möglich war, mit Blumen ein ganzes Bild zu malen, das man sogar erkennen konnte. Hätte ihr das vorher jemand erzählt, hätte sie ihn für komplett wahnsinnig gehalten. Alina hatte sich wirklich selbst übertroffen.

Leise Klänge lagen in der Luft. Noch waren sie gefühlvoll und sanft, aber Nicky wusste, später würde die Band richtig aufdrehen, und sie würden tanzen können. Na gut, sie vielleicht nicht. Sie würde eher ein bisschen hüpfen müssen.

In diesem Moment kamen Alina, Ben und Sam zur Tür herein. Alle Gäste jubelten und klatschten. Alina hatte großzügig eingeladen und nicht unbedingt zur Freude von Ben über einhundert Gäste bei ihrer Feier dabeihaben wollen. Nicky blickte auf ihr pinkfarbenes Kleid herunter. Es ging ihr bis zum Knie, und noch immer begeisterten sie die glitzernde Corsage und der weite Tüllrock. Natürlich, sie hatte es ja selbst genäht. Sie hatte die Vorlage dazu in einer Modezeitschrift entdeckt und sofort gewusst, dass das ihr Kleid sein würde. Die Fotos davon, die sie auf ihrem Instagram-Kanal veröffentlicht hatte, waren super angekommen.

Alina hatte darauf bestanden, dass all ihre Freundinnen wenigstens in Pink kämen, wenn sie schon nicht das gleiche Kleid trugen. Annika hatte diesen Plan vereitelt, weil sie sich strikt geweigert hatte, ein Kleid anzuziehen. Aber Nicky musste neidlos gestehen, dass Annika der pinkfarbene Hosenanzug perfekt stand.

Ihr Blick glitt zu Alina. Sie sah aus wie eine Prinzessin. Das blonde Haar hatte sie hochgesteckt, ein langer Schleier steckte darin, der sich noch etwa einen Meter hinter ihr über dem Boden ergoss. Das Kleid war ein Traum in Weiß. Die Spitzenärmel schmiegten sich eng an Alinas Arme, und die Corsage betonte ihre schmale Taille. Der weite Rock, der aus mindestens zehn Lagen Stoff bestehen musste, fiel voluminös um sie herum. Er war mit Spitze und kleinen Glitzersteinen bestickt und verlieh dem Kleid etwas Magisches. Alina drehte sich einmal um sich selbst. Sie hatten das Kleid zusammen gekauft, denn Alina hatte befürchtet, einfach niemals das richtige Kleid zu finden. Wenn Nicky sie jetzt so anschaute, wusste sie, dass sie es geschafft hatten. Das Kleid war wie für Alina gemacht. Es stand ihr ausgezeichnet, und das beständige Strahlen ihrer Freundin verriet ihr, dass sie rundum glücklich war. Alinas Brautstrauß war kompakt gebunden. Pinkfarbene und weiße Rosen, dazu ein bisschen Schleierkraut und Grün bildeten eine wunderbare Einheit. Dieser Strauß passte unheimlich gut zu Alina. Nicky wusste, dass heute Abend das obligatorische Brautstraußwerfen stattfinden sollte. Vielleicht könnte sie dieser Zeremonie aus dem

Weg gehen. Denn sie mochte nicht daran denken, im Mittelpunkt zu stehen. Das Thema Hochzeit war für sie heute weiter weg als jemals zuvor.

Nicky ließ ihren Blick zu Leon wandern. Er stand mit Pia in der entgegengesetzten Ecke des Raumes vor einem mit Rosen verzierten Bilderrahmen, hinter dem sich jeder Gast für das Fotoalbum fotografieren lassen sollte. Er blickte mürrisch auf den Boden, mit der Fußspitze zeichnete er Kreise vor sich. Auch, wenn er sich richtig schick gemacht hatte und in seinem anthrazitfarbenen Anzug zum Anbeißen aussah, wirkte er alles andere als glücklich.

Nicky fragte sich, was in ihm vorgehen mochte. Sie hatten sich eine ganze Zeit lang nicht gesehen, und sie hatte keine Ahnung, wie es ihm ging. Wer wusste es schon? Vielleicht vermisste er sie ja genauso sehr wie sie ihn und bedauerte seinen Schritt womöglich sogar. Möglicherweise tat es ihm leid, aber er wusste nicht, wie er auf sie zugehen sollte? Nein, sie sollte ich besser keine Illusionen machen. Bestimmt war er froh, dass er sie nicht mehr um sich haben musste.

Emma und Tom waren zu ihnen getreten. Die beiden hatten die Hochzeitstorte gebracht. Ein Meisterwerk mit weißem Marzipan und pinkfarbenen Blüten.

»Süße, ist alles in Ordnung? Möchtest du dich nicht setzen?«

Emma zeigte auf die vielen runden Tische, die mit weißen Tischdecken bedeckt waren. Darauf standen nicht nur die obligatorischen Teller mit dem Besteck, sondern auch kleine Vasen mit Blumen. Wie könnte es anders sein? Daneben blitzten und blinkten hohe Kerzenleuchter mit pinkfarbenen Stabkerzen. Es war fast zu schön, um irgendetwas anzufassen. Die Stühle waren mit weißen Hussen bezogen. Alles war elegant und wirkte trotzdem natürlich. Es war perfekt. So wie Alina.

»Nein, nicht nötig. Dem Knöchel geht es schon viel besser, und ich hoffe, dass ich in den nächsten zwei Wochen endlich wieder richtig hergestellt bin.«

Emma strich Nicky über die Schulter. »Langsam wird es absehbar. Was meint denn der Arzt?«

»Der Arzt ist eigentlich recht zufrieden. Er hat wohl nicht erwartet, dass ich mich wirklich ausruhen würde. Aber er meint eben auch, dass ich bei dieser langwierigen Verletzung Geduld haben muss. Aber du weißt ja, mit Geduld hab ich's nicht so.«

Emma lachte. »Oh, schau mal, wer uns da beehrt. Marietta hat Vincenzo mitgebracht.«

Marietta hatte es sich nicht nehmen lassen, sich dem Anlass entsprechend herauszuputzen. Sie trug ein langes pinkfarbenes Kleid, das ihre schmale Figur umspielte. Die Ärmel aus Spitze reichten bis kurz über die Schultern. Dazu hatte sie lange Handschuhe in der gleichen Farbe gewählt. Pinkfarbene Pumps und ein pinker Fascinator in ihren hochgesteckten schwarzen Haaren vervollständigten das Bild. Sie sah aus wie einem Modemagazin entsprungen. Ihre dreiundsiebzig Jahre sah man ihr nun wirklich nicht an. Mit kleinen Trippelschritten, die ihr das Kleid erlaubte, schwebte sie auf die Gruppe zu.

»Wie schön, dass ihr alle hier seid. Darf ich euch Vincenzo vorstellen? Emma, du kennst ihn ja schon.«

Nicky musste sich zusammenreißen, um nicht zu grinsen. Neben Marietta stand ein eleganter, älterer Herr. Er trug einen dunkelblauen Anzug mit einem pinken Einstecktuch, das perfekt auf Mariettas Kleid abgestimmt war. Die grauen Haare waren voll, und die schwarzen Augen blickten sympathisch in die Runde. Der Reihe nach gab er den Männern die Hand, deutete bei den Frauen einen Handkuss an. Ganz der Gentleman, den sie nach Mariettas Vorlieben erwartet hatte.

»Es freut mich, euch alle kennenzulernen. Marietta hat mir viel von euch erzählt.«

»Na, das kann ich mir vorstellen.« Annika grinste.

Vincenzo legte vorsichtig den Arm um Mariettas Taille und zog sie an sich. Dann versanken die beiden in einem innigen Kuss.

Nicky blickte zur Seite. Dass Marietta in ihrem Alter und mit ihrer Vorgeschichte noch einmal die Liebe finden würde, hatte Marietta selbst lange ausgeschlossen. Doch jetzt war es passiert. Einfach so. Nicky freute sich für die Italienerin, gleichzeitig schnitt ein scharfer Schmerz ihr Herz. Alle waren glücklich, alle waren in einer Partnerschaft. Alle Mädchen hatten das perfekte Gegenstück gefunden und schmiegten sich nun verliebt an ihre Männer. Nur sie stand alleine hier.

Wieder ließ sie ihren Blick zu Leon schweifen, der noch immer aussah, als wüsste er nicht recht, was er hier eigentlich sollte. Sollte sie auf ihn zugehen? Nein, das wäre nicht angebracht, sie würde warten, bis er auf sie zukam. Schließlich hatte er sie verletzt, nicht sie ihn. Außerdem, was sollte das bewirken? Sie war sowieso nicht gut genug für Leon, daran war nicht zu rütteln. Aber was, wenn er nie mehr einen Schritt auf sie zu machen würde? Sollte sie ihm für den Rest ihres Lebens aus dem Weg gehen? Und was hatte sie zu verlieren? Es könnte ja wirklich nicht mehr schlimmer werden. Nicky fühlte wieder einmal diese innere Zerrissenheit und wusste nicht, für welche der beiden Stimmen in ihrem Kopf sie sich entscheiden sollte. In Gedanken versunken bemerkte sie, wie Emma ihre Hand drückte.

»Sei nicht traurig, Süße. Auch für dich wird es irgendwann noch ein Happy End geben. Vertraue mir, ich weiß es genau.«

Kapitel 32

From The Dining Table
Harry Styles, 2017

Sie sah so unglaublich schön aus. Leon ließ immer wieder verstohlen den Blick zu Nicky schweifen. Sie hatte ein pinkfarbenes Kleid gewählt, das ihrem Körper wunderbar schmeichelte. Eigentlich hätte er gedacht, dass die Farbe zu ihren roten Haaren nicht passen würde, aber sie hatte es geschafft, rundum wunderschön auszusehen. Sie stand inmitten ihrer Freunde und blickte ein bisschen verloren um sich. Die Sehnsucht nach ihr ergriff wieder einmal vollständig von ihm Besitz, und es zog ihn in ihre Richtung, als wären sie beide Magnete, die sich nicht dagegen wehren könnten, aufeinander zuzugehen. Es kostete ihn all seine Willenskraft, hier neben Pia stehen zu bleiben und nicht zu Nicky zu laufen.

Er betrachtete seine Schwester. Es war alles gesagt. Sie wusste, wie er sich fühlte, was in ihm vorging. Sie mussten die ganze Geschichte nicht zum wiederholten Male ausdiskutieren. Sie würde ihn sowieso nicht verstehen. Es war fast, als hätte sich in den letzten Tagen ein tiefer Graben zwischen ihnen aufgetan.

Wieder ließ er den Blick zu Nicky wandern, und als hätte sie es gespürt, blickte sie ihm direkt in die Augen. Ihre Blicke verhakten sich, und er konnte einfach nicht wegschauen. Er wollte den Kopf wegdrehen, wollte sich von ihr abwenden, aber er konnte es nicht. Sollte er auf sie zugehen? Er spürte Pias ermahnenden Blick. Nein, das wäre wohl keine gute Idee. Widerwillig senkte er den

Blick wieder zu Boden, was sicherer war. Er wünsche sich nichts mehr, als Nicky in die Arme zu nehmen, mit ihr durch diesen dämlichen Bilderrahmen zu schauen und ein Bild für die Ewigkeit machen zu lassen. Er wollte sie neben sich spüren, wollte ihr alles erzählen, wollte sich ihr öffnen. Und nichts davon würde Wirklichkeit werden.

»Leon?«

Er hob den Kopf. Die bezaubernde Nicky stand nur zwei Schritte vor ihm, sah ihm in die Augen und lächelte ihn an. Sie hatte tatsächlich wieder ein Lächeln für ihn übrig, nichts hätte er für abwegiger gehalten als das.

»Nicky, wie schön, dich zu sehen. Wie geht's dir denn?«

»Ach, eigentlich ganz okay. Der Fuß wird bald wieder ganz heil sein. Dann kann ich wieder durchstarten. Leon, hättest du ein paar Minuten Zeit? Ich würde gerne mit dir reden.«

Er spürte den Blick von Pia. Plötzlich wurde er sich der Bürde bewusst, die seine Schwester ihm unbewusst auferlegte. Aber dieses Mal würde er sich nicht Pias Willen beugen. Dieses Mal wollte er sich nicht verschließen. Wenn Nicky schon auf ihn zukam, obwohl er das bei Gott nicht verdient hatte, dann würde er sie nicht wieder abweisen.

»Natürlich, gerne. Hast du eine Jacke dabei? Wollen wir draußen ein paar Schritte gehen? Ach so, entschuldige bitte, spazierengehen ist für dich im Moment ja nicht so einfach.«

»Spazierengehen hört sich gut an. Wir können uns ja auf eine Bank setzen, wenn es mir zu viel wird. Es ist zwar noch nicht wirklich warm, aber ein paar Minuten wird es gehen.«

Sie sahen sich kurz an, holten ihre Jacken und verließen die Festhalle unter dem prüfenden Blick von mehreren Augenpaaren.

»Brauchst du Hilfe? Soll ich dich stützen?«

Nicky lächelte ihr wundervolles Lächeln, das ihn jedes Mal daran erinnerte, wie sehr er sie vermisste. »Nein, alles gut. Ich weiß inzwischen, was mir guttut und was nicht. Ich kann damit umgehen. Sieh mal, hier können wir uns doch hinsetzen.«

Leon nahm neben Nicky auf einer der zahlreichen Parkbänke Platz. Sie blickte ihn zuversichtlich an.

»Leon, ich dachte, wir sollten einfach mal miteinander reden. Unser gemeinsames Abenteuer ist nun lange genug her, dass wir irgendeine Möglichkeit finden sollten, damit umzugehen. Weißt du, es war für mich sehr schwer in den letzten Wochen. Was du mir alles an den Kopf geworfen hast, hat mich sehr verletzt.«

Tränen sammelten sich in Nickys Augen. Er sah, wie sehr er ihr wehgetan hatte, und es tat ihm unendlich leid.

»Nicky, ich …«

»Nein, lass mich bitte ausreden, Leon. Es hat mich so sehr verletzt, weil ich dachte, das zwischen uns wäre etwas Besonderes. Du kannst mir glauben, dass ich nicht mit jedem ins Bett steige, sondern mir das sehr wohl überlege. Nur mit ganz besonderen Menschen teile ich mein Bett, und ein solcher Mensch warst du für mich. Ich weiß nicht, wie es in dir aussieht und welche Beweggründe du hattest, alles so abrupt abzubrechen. Aber es tut auch nichts zur Sache. Ich hatte ein paar Wochen Zeit nachzudenken.«

Nicky legte ihre Hand auf sein Bein. Eine Gänsehaut zog sich über seinen ganzen Körper, er war kurz versucht, sie einfach in seine Arme zu reißen und seine Lippen auf ihre zu drücken. Aber er wollte den Moment nicht zerstören, wollte sie nicht unterbrechen.

»Mir ist klar geworden, auch wenn eine Beziehung für uns nicht möglich ist, möchte ich dich trotzdem in meinem Leben haben. Vielleicht können wir einfach noch mal von vorne beginnen?«

Wieder verhakten sich ihre Blicke ineinander. Leon konnte es nicht glauben, hatte Nicky ihm gerade wirklich verziehen? Hatte sie ihm gesagt, dass sie ihm noch eine Chance geben wollte? Ihm? Der sich so unmöglich benommen und sie so verletzt hatte?

»Nicky, das ist … Unglaublich schön von dir. Es tut mir so leid, ich wollte dich nicht verletzen. Die Worte, die ich gesagt habe, sind unverzeihlich, und es tut mir leid. In diesem Moment war ich nicht ich selbst. Ich musste eine Entscheidung treffen, die mir sehr schwergefallen ist, und ich konnte einfach nicht ausdrücken, was ich eigentlich sagen wollte.«

»Und was wolltest du eigentlich sagen?« Hoffnung glomm in Nickys Augen auf, und es fiel ihm schwer, die richtigen Worte zu finden. Wieder einmal. In ihrer Anwesenheit konnte er nicht richtig denken, geschweige denn sprechen. Er war zu sehr erfüllt von Sehnsucht. Und von Liebe.

»Ich weiß nicht, welche Worte richtig gewesen wären. Ich weiß nur, dass die, die aus mir herausgeplatzt sind, falsch waren. Es war alles zu viel, und ich wusste nicht, was ich sagen sollte.«

Nicky legte ihren Finger auf seinen Mund. »Dann sag doch einfach nichts mehr und lass es uns versuchen. Lass uns einen Neuanfang wagen, lass mich dich kennenlernen.«

Nicky streckte ihm förmlich ihre Hand entgegen, die er gerne ergriff. Zärtlich ließ er den Daumen über ihr Handgelenk gleiten, dann sah er ihr direkt in die Augen.

»Ja, lass es uns versuchen. Lass uns neu anfangen. Ich möchte dir auf jeden Fall ein guter Freund sein. Auch, wenn es vielleicht nicht ganz einfach werden wird.«

Ein Strahlen legte sich über Nicky Gesicht. »Lass uns Freunde sein. Alles ist besser als diese Zeit des Schweigens. Und vielleicht wird die Zeit uns zeigen, ob noch etwas anderes für uns möglich sein kann.«

Eine Welle des Glücks erfüllte ihn, und er nahm Nicky zärtlich in den Arm. Sie lehnte ihren Kopf an seine Brust, und er atmete ihren ganz speziellen Duft ein. Ja, er würde ihr ein guter Freund sein, auch wenn er nicht wusste, wie er das schaffen sollte. Er wollte sich nicht länger von Nicky fernhalten, denn auch er konnte diese Eiszeit nicht länger ertragen. Er wollte Teil dieser Gemeinschaft sein, und wenn es bedeutete, dass außer Freundschaft nichts zwischen ihnen möglich war, dann wollte er doch wenigstens diesen Strohhalm ergreifen. Er war stark genug, er würde es schaffen, Nicky zu widerstehen und ihr als Freund zur Seite zu stehen. Endlich könnte er ihr seine Hilfe anbieten und für sie da sein, so, wie er es sich in den letzten Wochen immer wieder gewünscht hatte. Nicky drückte sich noch ein bisschen näher an ihn. Sein Herz schlug einen Takt schneller. Und dann legte sich eine große Ruhe über ihn.

Gemeinsam betraten sie wenige Minuten später die Stadthalle. Für einen längeren Aufenthalt im Freien war es noch zu kühl. Leon konnte nicht anders, als Nicky zur Tanzfläche zu führen, und sie sanft hin- und herzuwiegen. Er spürte, dass sie von allen Seiten beäugt wurden. Aber es war ihm egal, was die anderen dachten. Zum ersten Mal seit langem vertraute er nur auf sein Bauchgefühl. Und das gab ihm ganz deutlich zu verstehen, dass er Nicky festhalten musste.

Kapitel 33

I Don't Want to Miss a Thing
Aerosmith, 1998

Nicky atmete die Frühlingsluft tief ein. Überall um sie herum begannen die Blumen auszutreiben, die Frühblüher hatten schon ihre Köpfchen gehoben und verströmten einen wunderbaren, süßen Duft. Sie liebte den Frühling. Diese Jahreszeit hatte für sie einen ganz besonderen Charme. Alles erwachte zum Leben, wurde wieder bunt. So hatte auch sie jedes Jahr das Gefühl, als würde ihr Leben neu erblühen. Auch wenn sie jeder Saison etwas Schönes abgewinnen konnte und ein wohliger Winter mit sonnigen Tagen im Schnee ebenfalls seinen Reiz hatte, so war ihr der Frühling doch am liebsten.

Neben ihr lief Leon. Sie hatten sich darauf geeinigt, es langsam angehen zu lassen und erst einmal Freunde zu sein. Leon hatte ihr keine große Erklärung für sein Verhalten gegeben, und sie hatte auch keine eingefordert. Es war nun einmal geschehen, und sie wollte sich nicht mehr mit der Vergangenheit befassen.

Sie hörte den Fluss leise in seinem Bett gurgeln, ein paar Mutige hatten sich mit einem Ruderboot darauf getraut. Sie beobachtete ein Pärchen, das seine Zweisamkeit auf dem Fluss genoss. Vögel zwitscherten, und sie hörte jeden ihrer Schritte auf dem Kies knirschen. Es war eine Idylle wie aus dem Bilderbuch. Vielleicht lag es aber auch an Leon, dass ihre Welt wieder einmal rosarot strahlen durfte. Ihren Fuß konnte sie wieder normal belasten. Der Arzt hatte sie noch einmal eindringlich darauf hingewiesen, dass es das Beste wäre, wenn sie es trotzdem zwei weitere Wochen langsam angehen würde. Und sie hatte dem zugestimmt. Wie er es ihr vorausgesagt hatte, waren die sechs Wochen ohne Sport doch kein Weltuntergang gewesen. Der Anfang war hart gewesen, aber sie hatte sich irgendwann daran gewöhnt und das Beste daraus gemacht. Und ihr Personal Training hatte sie die ganze Zeit anbieten können. In etwas reduzierter Form, aber immerhin hatte sie so einen steten Strom an Einnahmen generiert. Eigentlich war ihr Leben wieder rundum perfekt. Und dass Leon nur mit ihr befreundet sein wollte, würde sich womöglich auch noch ändern. Sie wusste, dass sie beide füreinander geschaffen waren, dass sie zusammengehörten, und dass da mehr zwischen ihnen war. Und Leon würde das auch bald einsehen. Aber sie wollte ihn nicht drängen, hatte Angst davor, dass er wieder die Flucht ergriff. Sie hatten es nicht eilig. Sie hatten alle Zeit der Welt, und es machte keinen Unterschied, ob sie heute ein Paar wären oder in einem halben Jahr. Hauptsache, Leon war wieder Teil ihres Lebens. Die Zeit ohne ihn war grauenhaft gewesen, sie hatte es gehasst, nicht mit ihm zu sprechen, ihm aus dem Weg zu gehen, den Blick zu senken, wenn sie sich auf der Straße begegneten.

Inzwischen trafen sie sich fast jeden Tag. Sie gingen ins Kino, oder zum Bowling. Manchmal zu zweit, manchmal mit der ganzen Clique. Pia war leider nie mit an Bord. Sie hatte sich komplett abgeschottet. Keiner kam an sie heran. Vielleicht brauchte sie auch nur Zeit. Schließlich waren sie und Leon erst seit ein paar Monaten in Engeltal, und Nicky kannte Pia kaum. Möglicherweise war es normal, dass sie eine Weile brauchte, bis sie mit den Gegebenheiten warm wurde.

Nicky hängte sich bei Leon ein und schmiegte sich kurz an ihn. Er wandte ihr seinen Blick zu und lächelte.

Endlich erreichte das Lächeln wieder seine Augen. In seinem warmen Blick konnte sie die Liebe deutlich erkennen. Die Liebe zu ihr, die er noch immer verleugnete. Warum, wusste sie nicht. Was war in Leons Vergangenheit geschehen, dass er so reagierte? Dass er keine Liebe zulassen wollte, dass er sich so schwer damit tat, sich zu öffnen? Welches düstere Geheimnis trug er mit sich herum? Nicky wusste nicht, ob er es jemals mit ihr teilen würde, aber sie hatte aufgegeben, ihn darum zu bitten. Er hatte ihr deutlich klargemacht, dass seine Vergangenheit nichts mit der Zukunft oder der Gegenwart zu tun hatte, und sie daher auch nicht mehr darüber wissen musste.

»Ist es nicht wunderschön, wenn der Frühling in Engeltal einkehrt? Hast du so etwas Wundervolles schon mal gesehen?«

Leon lächelte, und Grübchen gruben sich in seine Wangen. »Den Frühling natürlich schon, aber noch nie in Engeltal. Der Frühling in Köln war anders. Die Luft wurde lau, und mit dem warmen Wetter strömten die Touristen in die Stadt. Es war natürlich nicht so wie hier. Die Natur, die zum Leben erwacht, war in der Stadt nicht so gegenwärtig. Es ist schön, es gefällt mir.«

»Du bereust es also nicht, nach Engeltal gezogen zu sein? In die Pampa?«

»Nein, gar nicht. Ich muss zugeben, dass ich zwischendurch nicht mehr ganz überzeugt von dieser Entscheidung war, aber inzwischen zweifle ich keine Sekunde mehr daran. Engeltal ist ein schönes Städtchen. Natürlich ist es hier anders als in der Großstadt. Aber nur weil es anders ist, muss es ja nicht schlechter sein.«

»Oh, da hättest du Alex am Anfang hören sollen. Als absoluter Großstadtmensch konnte er der Kleinstadt so gar nichts abgewinnen. Inzwischen hat er sich extrem gut angepasst.«

»Was wahrscheinlich weniger an Engeltal als an Sandra liegt, nehme ich an.«

Nicky lachte auf und warf den Kopf in den Nacken. »Da könntest du recht haben. Die beiden sind wirklich ein Traumpaar. Dabei konnten sie sich am Anfang auf den Tod nicht ausstehen. Überhaupt haben wir in Engeltal so die eine oder andere Lovestory miterlebt. Meine Freundinnen, ausgenommen Emma, haben ihre Partner erst in den vergangenen Jahren kennengelernt. Keines dieser Paare ist schon mehr als fünf Jahre zusammen. Und trotzdem haben sie es geschafft, eine perfekte Einheit zu bilden. Man kann sich die Mädels ohne den Partner gar nicht mehr vorstellen.«

»Ich weiß, was du meinst. Wenn die Jungs zusammensitzen, dann reden sie ganz natürlich über ihre Frauen, jeder weiß über die Beziehung der anderen Bescheid. Am Anfang hat mich das ziemlich irritiert, weil ich das so nicht kannte. Aber Engeltal ist eine große Gemeinschaft. Am Anfang hat es mir, ehrlich gesagt, schwer zugesetzt, dass sich manche Dinge in dieser kleinen Stadt so schnell herumsprechen. Manchmal weißt du selber noch nicht, was passiert ist, da wird es dir schon von jemand anderem zugetragen. Es ist verrückt.«

Nicky lächelte nachsichtig. »Ja, das ist es. Und ich kann mir vorstellen, dass die Situation für dich nicht nur unbekannt, sondern auch unangenehm war. Aber so ist das hier einfach. Jeder weiß über alles Bescheid, und jeder möchte dem anderen helfen. Wir sind ein großes Ganzes, ja, fast könnte man sagen, ganz Engeltal ist eine Familie. Wenn es jemandem schlecht geht, versuchen alle, etwas daran zu ändern. Du würdest nicht glauben, wie viele Leute mir Kuchen gebacken, Essen gekocht oder mir angeboten haben, meine Wäsche zu waschen. Nicht nur die Mädels, auch einige Frauen aus meinen Kursen. Ja, sogar die Frau vom Weinhändler stand auf einmal mit einem Nudelauflauf vor der Tür und wollte mir helfen. Es ist verrückt, aber einfach auch schön. Ich möchte nirgendwo anders leben.«

Leon nahm Nickys Hand und drückte sie sanft. »Ich auch nicht. Und ich bin sehr froh, dass wir uns wieder vertragen haben. Die letzte Zeit war nicht einfach. Wenn du wüsstest, mit wie vielen Kunden ich gestritten habe, weil sie so enttäuscht waren, dass deine Auftritte ausfallen.«

»Oje, das tut mir leid. Aber da es meinem Fuß jetzt wieder besser geht und wir uns nicht mehr gleich beim ersten Wort zerfleischen, könnten wir überlegen, ob ich wieder einsteigen kann. Ich habe mich in den letzten Wochen sehr um meine neue Fitnessmarke gekümmert, da kam es mir ganz gelegen, dass ich die Zeit, die eigentlich für die Auftritte eingeplant war, zur Verfügung hatte. Aber bald könnte ich schon wieder mit einsteigen. Der Arzt meinte, ich solle am Anfang noch vorsichtig sein, deshalb würde ich noch ein bisschen warten. Ich möchte endlich wieder mit den Kursen starten, aber ein bisschen Angst hab ich schon, gerade beim Jumping, dass ich mich noch einmal verletze und dann alles wieder von vorne anfängt. Der Arzt meinte zwar, dass das Band stabil sei, aber irgendwie schwingt diese Befürchtung immer im Hintergrund mit.«

»Das ist doch kein Wunder.«

Leon war stehen geblieben und drehte Nicky zu sich herum. Er legte die Hände sanft auf ihre Schultern, seine Daumen wanderten zu ihren Wangen. Sanft strich er darüber und blickte Nicky tief in die Augen. Sie genoss das Gefühl seiner sanften Berührungen und würde nichts lieber tun, als sich in seine Arme zu kuscheln, ihn zu spüren. Aber sie wusste, sie musste sich zurückhalten. Sie durfte jetzt nicht über das Ziel hinausschießen, ganz egal, welche Signale Leon ihr gab.

»Nicky, du musst mir versprechen, dass du auf dich aufpasst. Klar ist das Band gut verheilt, aber mach einfach langsam. Die Auftritte laufen uns doch nicht weg. Für die meisten Events habe ich inzwischen eine Alternative gefunden. Mach dir bitte deshalb keinen Stress. Kümmere dich um deine Gesundheit, sie ist das Wichtigste, was wir haben. Versprich es mir, ja?«

»Natürlich. Allein schon, weil ich wirklich keine Lust habe, nochmal wochenlang auszusetzen. Meine Kunden waren schon sehr geduldig, das rechne ich ihnen hoch an. Es ist nicht einfach, um Verständnis zu bitten, aber sie haben es mir einfach gemacht. Keine Vorwürfe, keine Klagen. Jeder hat einfach so akzeptiert, dass das Training für ein paar Wochen ausfallen muss. Und die Gutscheine, die ich meinen Kunden für meine neuen Fitnessaccessoires gegeben habe, kamen richtig gut an. Alle waren begeistert. Manche wollten sie gar nicht annehmen, meinten, es wäre nicht nötig. So habe ich auf jeden Fall die ersten Kunden. Und ich freue mich wahnsinnig, dass ich jetzt endlich wieder durchstarten kann. Das Studio werde ich so schnell nicht mehr schließen.«

»Ich bin stolz auf dich, dass du das alles so gut durchgestanden hast. Ich wäre gerne für dich da gewesen, das kannst du mir glauben. Ich habe jeden Tag überlegt, ob ich auf dich zugehen soll, aber ich habe mich einfach nicht getraut. Ich dachte, du hättest schon genug Probleme an der Backe, da bräuchtest du mich nicht auch noch. Ich wusste einfach nicht, wie du reagieren würdest.«

»Das kann ich dir gar nicht sagen. Weißt du, Leon, deine Worte haben mir wirklich weh getan. Gerade, weil du mir viel bedeutest. Aber das haben wir schon besprochen. Ich habe dir verziehen, und jetzt konzentrieren uns auf die Zukunft. So, wie es gerade ist, ist es doch gut.«

»Ja, es ist schön. Ich bin sehr froh, dass ich wieder Zeit mit dir verbringen kann, und dass ich mir nicht mehr überlegen muss, ob ich dir helfen darf oder nicht.«

Nicky und Leon waren inzwischen an Nickys Lieblingsplatz im Park angekommen. Hier stand eine gusseiserne Bank. Direkt daneben wuchsen zwei Bäume, deren Zweige sich so zueinander neigten, dass sie fast ein Herz ergaben.

»Komm, hier können wir uns ein bisschen hinsetzen und reden.«

Sie zog Leon mit sich und ließ sich auf die verschnörkelte Bank fallen. Sie kuschelte sich an Leon, zückte das Handy und drückte auf den Auslöser, bevor Leon recht verstand, was Nicky da machte.

»Ein kleines Erinnerungsfoto von uns. Schließlich wollen wir uns doch an die schönen Momente erinnern, richtig?«

»Ja, unbedingt.«

In diesem Moment klingelte Leons Handy. Er blickte genervt auf sein Display. »Oh, das ist einer meiner Kunden, ein schwieriger Typ, da muss ich kurz ran, in Ordnung?«

»Klar, mach das.«

Leon nahm den Anruf an und lief ein paar Schritte weiter. Nicky beobachtete seine Miene. Der Anrufer schien dieses Mal eher freundlicher Stimmung zu sein.

Liebevoll betrachtete sie das Foto von sich und Leon. Sie sah die Liebe in seinem Blick. Kurz überlegte sie, ob er wohl etwas dagegen einzuwenden hätte, aber dann drückte sie auf Teilen und postete das Foto auf ihrem Instagram-Kanal. Vor wem sollte er denn etwas zu verbergen haben? Hier in Engeltal wussten ja sowieso alle, dass sie oft zusammen unterwegs waren. Und das Foto war ihr wirklich gut gelungen.

Wenig später setzte sich Leon wieder zu ihr und Nicky steckte das Handy weg. Er legte seinen Arm um sie, und Nicky kuschelte sich nur zu gerne an ihn. So könnte sie ewig sitzen. Und wer wusste schon, was die Zukunft noch brachte? Nicky war sich auf jeden Fall sicher, dass sich ihre Freundschaft mit Leon weiterentwickeln würde. Sie konnte es kaum erwarten, wenn er endlich so weit wäre, den nächsten Schritt zu gehen.

Kapitel 34

Breathe
Taylor Swift, 2008

Leon pfiff fröhlich vor sich hin. Endlich hatte sein Leben ein bisschen Glanz zurückgewonnen. Er genoss jeden Moment, den er mit Nicky verbringen durfte. Sie war so ein unfassbar lebenslustiger, fröhlicher und starker Mensch. Wie sie die letzten Wochen gemeistert hatte, beeindruckte ihn tief. Anstatt aufzugeben, hatte sie sich einfach nicht unterkriegen lassen. Immer wieder kämpfte sie sich durch Probleme hindurch und fand für alles eine Lösung. Diese Stärke hätte er selbst gerne, und er merkte, wie sie langsam auf ihn übersprang. Die Freundschaft mit Nicky tat ihm gut. Trotzdem fiel es ihm wahnsinnig schwer, sich zurückzuhalten. Wenn er Nicky im Arm hielt oder sie sich an ihn schmiegte, wanderte er in Gedanken immer wieder zurück zu ihrer gemeinsamen Nacht. Dann würde er sie am liebsten sofort in sein Bett ziehen. Er wusste, dass es nicht ging. Keinesfalls durfte er Nicky wieder Hoffnungen auf eine Beziehung machen, die er nicht eingehen wollte oder, besser gesagt, nicht durfte. Er durfte sich keinen Fehler mehr erlauben, sonst würde er Nicky für immer verlieren. Das war ihm klar. Sie hatte all die Dinge, die er gesagt hatte, und für die er sich heute noch schämte, vergeben und vergessen. Zumindest hatte sie ihm das mehrfach beteuert. Auch wenn sich langsam die Wogen glätteten, trug er noch immer sein Geheimnis mit sich herum. Das Problem hatte sich nicht einfach in Luft aufgelöst, wie sollte es auch? Noch immer begleitete ihn dieses Geheimnis, das er mit niemandem teilen durfte. Er dürfte sich Nicky nicht öffnen, und er spürte, dass sie sich nichts sehnlicher wünschte. Irgendwann würde der Moment kommen, da würde er es ihr sagen müssen. Er sehnte diesen Augenblick geradezu herbei, denn es würde auch für ihn eine Erleichterung bedeuten, endlich sein Geheimnis mit jemandem teilen zu können, außer mit Pia. Aber wenn er es Nicky erzählte, würde Pia ausrasten. Da war das nächste Problem schon wieder vorprogrammiert. Und er hatte es seiner Schwester hoch und heilig versprochen. Auch, wenn er in den letzten Monaten mehr Lügen erzählt hatte als in seinem ganzen Leben davor, musste er dieses eine Versprechen einhalten. Sonst würde es ihn seine Beziehung zu seiner Schwester kosten. Und wie Pia nicht müde wurde zu betonen, könnte es auch gefährlich sein, wenn diese Informationen in die falschen Hände geraten würden. Er glaubte zwar nicht, dass Nicky ein Geheimnis ausplaudern würde, wenn man es ihr unter dem Siegel der Verschwiegenheit erzählte, aber vielleicht könnte sie sich verplappern. Natürlich könnte er Nicky vertrauen, aber je mehr Menschen von seinem Geheimnis wussten, desto eher würde es ans Tageslicht kommen.

Leon fuhr sich mit den Händen durch die Haare. Ein untrügliches Zeichen dafür, dass er nicht weiterwusste oder genervt war. Im Moment war er beides. Und unglaublich angespannt dazu. Es brachte jedoch nichts, immer wieder die gleichen Gedanken zu wälzen. Er fühlte sich wie gefangen in einem Kettenkarussell, das sich immer schneller drehte und seine Gedanken durcheinanderwirbelte. Er wusste, irgendwann würde es wieder aufhören, sich zu drehen. An seinem Problem allerdings würde sich nichts ändern. Er musste versuchen, sich auf die positiven Dinge in seinem Leben zu konzentrieren, die Zeit mit Nicky zu genießen. Auch, wenn er weit mehr als eine Freundschaft wollte, musste er sich damit zufriedengeben. Zumindest für den Moment. Wer wusste schon, was die Zukunft brachte? Vielleicht wäre es ihm irgendwann möglich, sich endlich zu öffnen und der ganzen Welt sein Geheimnis zu verraten. Irgendwann würde es kein Geheimnis mehr sein müssen, und dann ... Ja, dann würde alles gut werden.

Kapitel 35

Last Resort
Falling in Reverse, 2023

»Because I'm happy!« Singend und tanzend legte Nicky die letzten Meter zum Studio zurück. Sie war noch schnell einkaufen gewesen, bevor sie das Studio für ihren ersten Kurs heute öffnen wollte. Endlich würde wieder Normalität in ihr Leben einkehren, endlich hatte sie ihren Alltag zurück.

Sie hatte noch ein wenig Zeit, erst in einer halben Stunde würde ihr erster Zumbakurs beginnen. Nicky steckte den Schlüssel ins Schloss, aber er ließ sich nicht drehen, etwas hakte. Das war ungewöhnlich, sonst drehte er sich immer wie geschmiert. Zögerlich drückte Nicky die Klinke herunter. Wie durch Zauberhand öffnete sich die Tür, sie war gar nicht abgeschlossen gewesen.

Das Bild, das sie empfing, hätte schlimmer nicht sein können. Das ganze Studio war auf den Kopf gestellt worden. Im Eingangsbereich sah es aus, als wäre eine Bombe eingeschlagen. Ihr Laptop lag auf dem Boden. Die unterschiedlichsten Teile waren abgesprungen, so, als hätte ihn jemand mit voller Kraft auf den Boden geworfen. Ihr kleiner Bürobereich war komplett verwüstet. Lose Blätter lagen herum, Schubladen waren herausgerissen und ausgeleert worden. Die Stühle, die an der rechten Wand gestanden hatten, um wartenden Personen einen gemütlichen Empfang zu bereiten, waren umgeworfen worden, teilweise waren die Beine abgebrochen, die Polster waren aufgeschlitzt.

Vorsichtig machte Nicky ein paar Schritte in das Studio hinein. Sie lief einmal um die Theke herum, nur um festzustellen, dass nichts mehr an seinem angestammten Platz lag. Wirklich alles, was man hätte zerstören können, war zerstört worden. Planlos auseinandergerissen, ausgeleert oder zerrissen. Wer hier zugange gewesen war, musste voller Wut gewesen sein.

Nicky war wie vor den Kopf geschlagen. Sie hatte außer ihrem Laptop keinerlei Wertsachen in ihrem Studio und schon gar nicht in den Stuhlbezügen versteckt. Sie verstand nicht, was das Ganze sollte. Eine Gänsehaut überzog ihren ganzen Körper. Vorsichtig setzte sie zwei weitere Schritte in den Raum und blickte angsterfüllt in den Kursraum. Auch hier sah es nicht besser aus. Die Matten waren im ganzen Raum verteilt, die Musikanlage zerstört und sogar der große Spiegel, der die ganze Wand eingenommen hatte, war zerschlagen worden. Überall im Raum lagen Scherben. Nicky stieß ein kurzes Schluchzen aus und legte die Hand vor den Mund. Den riesigen Spiegel hatte sie damals eigens anfertigen lassen. Jetzt war alles kaputt. Die Trampoline, die sie für ihre Jumping-Stunden benutzte, lagen wild durcheinander. An manchen waren die Beine abgeschlagen, an anderen war das Netz zerschnitten worden. Der ganze Raum bot ein einziges Bild der Verwüstung. Nicky stützte sich im Türrahmen ab. Das war alles zu viel. Wer tat so etwas und warum?

Sie wandte sich ab, konnte das Elend nicht mehr mit ansehen. In den Umkleide- und Waschräumen erwartete sie das gleiche schreckliche Bild. Dabei gab es hier gar nicht so viel zu zerstören. Die Kleiderhaken waren aus der Wand gerissen, die kleinen Holzbänke, die zum gemütlichen Umziehen dienen sollten, waren auseinandergeschlagen worden. In der Männerdusche hatte jemand das Glas zerschlagen. Mit zitternden Knien ging Nicky zurück zum Eingang des Studios. Sie konnte nicht fassen, was hier passiert war. Konnte nicht glauben, was sie eben gesehen hatte. Wer hatte Interesse daran, ihr Lebenswerk zu zerstören? Wer wollte sie dermaßen verletzen?

Tränen liefen unaufhaltsam über ihre Wangen, sie konnte gar nichts dagegen tun. Ihr Kopf funktionierte nicht richtig, und sie wusste nicht, was sie jetzt machen sollte. Mit zitternden Fingern fischte sie ihr Smartphone aus ihrer Hosentasche.

»Emma?«

»Nicky? Sag mir jetzt nicht, dass schon wieder was passiert ist.«

»Doch, leider. Ich weiß gar nicht ...«

»Nicky? Was ist los? Du hörst dich an, als stündest du unter Schock. Was ist passiert? Soll ich kommen?«

»Ja, nein, ich weiß nicht. Ich weiß im Moment überhaupt nichts. Ich glaube nicht, dass du wirklich helfen kannst, aber ich wusste nicht, wen ich anrufen soll.«

»Warum? Wo bist du? Nicky, ich verstehe nur Bahnhof. Sag mir doch endlich, was passiert ist.«

»Ich bin im Studio. Es wurde eingebrochen. Du kannst dir nicht vorstellen, wie es hier aussieht. Ich erkenne es gar nicht wieder.«

Nickys Stimme brach. Sie konnte Emma nicht erklären, was mit ihrem heiß geliebten Studio passiert war. Sie brachte es nicht übers Herz, und schon gar nicht über die Lippen, zu beschreiben, dass alles zerstört war. Ihr Lebenstraum.

Nicky ließ sich an der Hauswand entlang nach unten sinken und schluchzte in ihr Telefon.

»Was ist passiert? Es wurde eingebrochen? Wurde etwas gestohlen?«

»Nein, hier gab es doch gar nichts von Wert. Aber es wurde alles mutwillig zerstört. Sogar die Stühle wurden aufgeschlitzt, die Trampoline und der große Spiegel ...« wieder konnte Nicky nicht weitersprechen.

»Okay, Nicky, hör zu: Ich komme so schnell wie möglich zu dir. Und du rufst jetzt die Polizei an. Fass nichts mehr an und lass alles so, wie es ist. Und warte, bis die Polizei kommt. Ich bin gleich da, Süße.«

»Okay, danke, Emma.«

Aber Emma hatte bereits aufgelegt. In Nickys Kopf drehte sich alles. Sie konnte nicht denken, sie konnte sich keinen Reim darauf machen, was passiert war. In diesem Moment konnte sie einfach nur heulen. Alles war so schrecklich. Schon wieder zog sich ihre Unglückssträhne weiter durch ihr Leben. Und sie hatte gedacht, sie hätte endlich wieder alles im Griff, nachdem es ihr gesundheitlich besser ging. Aber nein, schon kam der nächste Angriff. Und was für einer, direkt unter die Gürtellinie.

Mit zitternden Fingern wählte sie die Nummer der Polizei.

»Hallo, ich brauche dringend Hilfe. Bitte kommen Sie schnell.« Sie erzählte am Telefon, was sich zugetragen hatte, und versuchte dabei, nicht alles durcheinanderzubringen. Die nette Stimme am anderen Ende der Leitung versprach, in wenigen Minuten bei ihr zu sein.

Kraftlos ließ sie das Telefon sinken und legte den Kopf auf die Knie. Warum nur bestrafte sie das Leben so? Womit hatte sie das verdient? Was hatte sie verbrochen, dass sie nur vom Unglück heimgesucht wurde? Und jedes Mal, wenn sie sich wieder aufgerappelt hatte, kam der nächste Schlag. Ihr Leben fühlte sich an wie ein aussichtsloser Boxkampf, bei dem sie immer nur einstecken musste und ständig kurz vor dem K.O. stand.

Ihr Gegner war das Leben, und jedes Mal, wenn sie Kraft gesammelt hatte und wieder aufstand, wartete es nur darauf, ihr den nächsten Schlag an die Schläfe zu verpassen. Bis sie wieder in die Knie ging. So lange, bis sie keine Kraft mehr dazu hätte, wieder aufzustehen.

Kapitel 36

Blinded by the Light
Manfred Mann's Earth Band, 1976

»Hast du das von Nickys Studio gehört?«
Leon war gerade von der Arbeit nach Hause gekommen, wo Pia ihn schon erwartete. Sie hatte sich den Nachmittag freigenommen, da sie sich nicht besonders gut gefühlt hatte.

»Ja, natürlich habe ich das mitbekommen. Ich glaube, ganz Engeltal weiß schon wieder Bescheid. Und Marc hat es mir auch gesagt. Ich muss so schnell wie möglich zu Nicky. Ich muss ihr helfen. Sie braucht mich.«

»Leon, warte bitte einen Moment.«

Er blickte seine Schwester verwundert an. »Jetzt? Was gibt es denn jetzt zu besprechen? Bist du dir gar nicht darüber im Klaren, was da gerade passiert ist? Ich kann und will Nicky nicht länger warten lassen. Hast du mir nicht zugehört?«

Leon war außer sich. Konnte Pia mit ihren Problemen nicht einmal zurückstecken? Warum musste sie ihn schon wieder nerven, wenn er doch mit den Gedanken bei Nicky war. Sie tat ihm so unendlich leid. Annika war heute Mittag bei Marc gewesen und hatte ihn auf den neuesten Stand gebracht. Natürlich hatte Marc ihn gleich darauf ins Vertrauen gezogen. Er hatte auch einen Anruf in Abwesenheit von Nicky auf seinem Handy. Sicher hatte sie versucht, ihn zu erreichen, wollte ihn bitten, zu kommen und für sie da zu sein. Und er war mal wieder nicht erreichbar gewesen, weil er in einem Meeting mit einem Kunden festgesteckt hatte. Und jetzt würden ihn keine zehn Pferde davon abhalten, zu Nicky zu gehen. Keine zehn Pferde, und schon gar nicht seine Schwester. Endlich durfte er ihr helfen, so, wie er es immer gewollt hatte. Der Gedanke gab ihm Kraft. Kraft, die er Nicky jetzt geben konnte.

»Leon, bitte. Es dauert nur fünf Minuten. Bitte gib mir kurz die Zeit.«

Leon fuhr sich genervt durchs Haar. Sein Kiefer verspannte sich, er biss die Zähne zusammen. »Na gut, dann schieß los! Aber mach schnell.«

»Es geht um Nickys Studio.«

»Was ist damit? Es existiert nicht mehr, was willst du mir sonst noch sagen?«

»Ich habe ein ungutes Gefühl. Vor allem, weil ich den Zeitpunkt höchst beängstigend finde. Ich meine, überleg doch mal: In Engeltal passiert nie etwas. Mord und Totschlag, Einbrüche oder Misshandlungen - so etwas gibt es hier einfach nicht. Und warum bricht ausgerechnet jetzt jemand in Nickys Studio ein und verwüstet es dermaßen, dass man es nicht wiedererkennt? Ausgerechnet jetzt, wo wir hier sind? Siehst du denn die Parallelen nicht? Sie haben uns aufgespürt. Sie sind hier, Leon!«

Pia hatte die Augen weit aufgerissen, und er erkannte den schockierten Ausdruck in ihrem Gesicht. Sie sah fast so aus wie vor ein paar Monaten, als ihr ganzes Leben ins Wanken geraten war.

»Pia, das glaubst du doch selbst nicht. Wenn die hier wären, würden sie sich doch nicht so auffällig verhalten und Nickys Studio zerstören. Wozu das Ganze? Das ergibt doch gar keinen Sinn?«

»Ich glaube, sie wollen mich einschüchtern. Sie wollen zeigen, dass sie hier sind, sie wollen, dass ich vor Angst zitternd auf dem Sofa sitze. Und wenn das ihr Ziel war, dann haben sie es wirklich erreicht. Seit ich von dem

Überfall erfahren habe, tue ich nichts anderes. Leon, ich bin am Durchdrehen. Ich packe das einfach nicht mehr. Was tun wir denn, wenn sie wirklich hier sind?«

Pia sah aus wie ein Häufchen Elend. Das hatte ihm gerade noch gefehlt. Eigentlich hatte er vorgehabt, eine andere Frau zu trösten, die es dringender nötig hatte. Er atmete einmal tief ein. Er musste sich jetzt die Zeit nehmen, um Pia wieder zu beruhigen, sonst könnte er sie nicht guten Gewissens alleine zu Hause lassen. Er drehte sich zu ihr um und legte seine Hände tröstend auf ihre Schultern, dann zog er sie in eine feste Umarmung.

»Pia, du siehst Gespenster. Das eine hat doch mit dem anderen gar nichts zu tun. Nickys Studio wurde ausgeraubt. Die Einbrecher waren mit Sicherheit auf der Suche nach Geld und Wertgegenständen, nichts weiter. Und weil sie nichts gefunden haben, waren sie halt sauer und haben deshalb auch noch andere Dinge zerstört. Du musst keine Angst haben, sie sind nicht hier, sie konnten uns gar nicht finden.«

»Und wenn doch? Leon, ich habe solche Angst.« Pia zitterte in seinen Armen wie Espenlaub. Es tat ihm leid, dass er so grob gewesen war. Anscheinend machte sie sich wirklich große Sorgen um ihre Sicherheit.

»Wie gesagt, das wäre alles viel zu auffällig. Wenn sie uns aufgespürt hätten, würden sie uns aus dem Hinterhalt angreifen und nicht schon vorher warnen. Es ist doch klar, dass wir nach diesem Vorfall erst recht vorsichtig reagieren werden. Wir werden die Augen offenhalten und auf alles achten, was uns komisch erscheint. Du wirst sehen, die Polizei wird den Überfall aufklären, und alles wird sich in Wohlgefallen auflösen. Die Versicherung wird für Nickys Schaden aufkommen, die Polizei wird irgendwelche zweitklassigen Diebe festnehmen, und wir sind davon überhaupt nicht betroffen.«

»Bist du dir wirklich sicher?«

»Klar, und jetzt atme tief durch. Es ist nur verständlich, dass dieser Vorfall dich aufschreckt. Aber du musst nicht bei allem und jedem immer Gespenster sehen, Pia. Du musst versuchen, das alles zu verarbeiten. Vielleicht sollten wir uns auf die Suche nach einem Therapeuten für dich machen? Es ist kein Wunder, dass du nicht abschließen kannst, wenn du die Geschichte noch gar nicht verkraftet hast.«

Pia ließ sich kraftlos auf das Sofa sinken. Ihr Blick war in die Ferne gerichtet. Trotzdem sprach sie mit leisen Worten. Leon hatte Mühe, sie überhaupt zu verstehen.

»Ja, das sollten wir auf jeden Fall tun. Gleich morgen schau ich mal, ob ich in Engeltal fündig werde, oder ob ich woanders suchen muss. Aber so kann ich nicht mehr weiterleben. Mein Leben besteht nur aus Angst und Sorgen, ich kann mich auf gar nichts anderes mehr konzentrieren. Und egal, was passiert, ich nehme es immer gleich als Zeichen dafür, dass das Schlimmste passieren wird. Und du weißt, was das Schlimmste wäre.«

Leon setzte sich neben Pia auf das Sofa und legte den Arm um sie. »Ja, dessen bin ich mir bewusst. Deshalb haben wir unser Geheimnis auch immer für uns behalten. Kein Mensch weiß, dass wir hier sind, außer Steiner, und ihm können wir vertrauen, das weißt du doch.«

»Ja, das weiß ich. Leon, ich möchte dich bitten, dass du mit Nicky nicht noch weitergehst. Ich bin mir immer noch nicht sicher, ob der Überfall mit uns zu tun hat, und wenn ja, dann bringst du nicht nur uns in Gefahr, sondern auch Nicky. Jetzt ist auch sie in unsere Geschichte hineingestolpert. Sie hat keine Ahnung davon, was uns widerfahren ist und warum wir hier sind, richtig?«

»Nein, sie weiß es nicht. Ich habe ihr nichts erzählt, großes Ehrenwort. Du kannst mir vertrauen und musst nicht immer wieder nachhaken. Ich werde schweigen wie ein Grab, versprochen. Aber ich kann mich nicht von ihr fernhalten, versteh das doch. Dafür bedeutet sie mir viel zu viel, und gerade jetzt, wo sie mich braucht, kann und möchte ich sie nicht im Stich lassen. Wie stellst du dir das vor?«

Pia schluckte sichtbar. »Ich weiß, du denkst, du hättest nicht die Kraft, sie auf Distanz zu halten, aber das stimmt nicht. Wir alle haben die Kraft, wenn wir ein entsprechendes „Warum" haben. Eine Motivation, die uns hilft, die uns Kraft verleiht. Dein „Warum" sollte eigentlich sein, mich zu beschützen. Aber wie es aussieht, ist es nicht stark genug.«

»Ach, Pia, sag doch nicht sowas. Du weißt, dass das nicht stimmt. Aber ich werde mich auch um Nicky kümmern.«

Leon hatte jedes seiner letzten Worte betont, um ein für alle Mal klarzustellen, dass er nicht mehr darüber diskutieren würde. Noch einmal wollte er Nicky nicht verlieren. Auch, wenn er im Moment nur ihr guter Freund war, und nichts weiter, wollte er doch für sie da sein. Niemals würde er sie gerade jetzt im Regen stehen lassen, wo sie ihn so dringend brauchte. Wo sie all ihre Freunde dringend brauchte. Und da nahm er sich nicht aus. Er stützte sich auf den Knien ab und erhob sich.

»Okay, war's das? Ich gehe jetzt zu Nicky und schaue nach ihr.«

Pia ließ den Kopf hängen und nickte. »Ja, das habe ich mir gedacht.«

»Du wirst sehen, alles wird sich klären. Du brauchst wirklich keine Angst zu haben.«

»Ja, klar, wenn du das sagst.«

Leon nahm den sarkastischen Unterton in der Stimme seiner Schwester wahr, wollte sich aber nicht auch noch mit ihr streiten. Er ließ sie in ihrer gemeinsamen Wohnung zurück und machte sich auf den Weg zu Nicky. Er konnte es kaum erwarten, sie in seine tröstende

Umarmung zu ziehen und ihr Fels in der Brandung zu sein. Das hatte er sich schon vor Wochen gewünscht, doch nun könnte er es endlich tun. Er konnte für sie da sein, konnte sie stützen, und genau das würde er tun. Egal, was Pia davon hielt.

Kapitel 37

Hold My Hand
Jess Glynne, 2015

»Danke, Mädels, dass ihr so schnell gekommen seid.«
»Na, hör mal, das ist doch selbstverständlich.«
Emma hatte den SOS-Stammtisch einberufen. Diese Zusammenkunft blieb erschütternden Ereignissen vorbehalten. Innerhalb weniger Stunden ließen die Mädels alles stehen und liegen und trafen sich im Café Himmelreich, um sich zu beraten. Natürlich hatten sie schon davon gehört, was passiert war. Die Nachricht hatte sich wie ein Lauffeuer in Engeltal ausgebreitet. Allein der Polizeiwagen, der vor Nickys Studio gestanden hatte, gab genug Anlass zu Spekulationen. Bald waren die Informationen durchgesickert und von einem zum anderen gewandert.
»Nicky, Süße, setz dich doch erst mal. Du bist weiß wie die Wand.«
»Ich fühle mich auch nicht gerade gut.«
»Matteo! Machst du uns bitte eine Runde Cappuccino?«
Erklärend blickte Emma in die Runde der überraschten Gesichter. »Ich glaube, es ist noch zu früh für Sekt. Niemand ist jetzt in Feierlaune, und wir sollten einen klaren Kopf behalten. Wir müssen uns überlegen, wie wir jetzt vorgehen, was wir tun können, warum das Ganze überhaupt passiert ist.«

Nacheinander setzten sich die jungen Frauen an den großen Tisch, den Emma schnell abgeräumt hatte, nachdem die letzten Gäste gegangen waren.

Isabella strich Nicky sanft über die Wange. »Ach, Süße, das tut mir so leid. Was hat die Polizei denn gesagt?«

»Sie haben erst mal alle Fakten aufgenommen, haben Bilder gemacht und nach Spuren gesucht. So, wie ich das verstanden habe, haben die oder der Täter, es ist noch nicht sicher, ob es einer oder mehrere waren, Handschuhe getragen. Und Fußspuren gibt es keine, vermutlich hatten die so Überzieher über den Schuhen, wie es die Handwerker manchmal haben. Um ja keine Spuren zu hinterlassen.«

»Ich glaube, die Polizei von Engeltal ist ein bisschen überfordert mit der ganzen Geschichte. Das ist ja auch kein Wunder, hier passiert nie etwas - und jetzt sowas. Das ist fast, als wäre man mitten in einem Krimi gelandet.«

»Das kann ich mir gut vorstellen. Ich habe mich manchmal schon gefragt, warum wir in Engeltal noch eine eigene Polizeistation haben. Heutzutage wird doch überall alles eingespart. Es ist ja fast ein Wunder, dass zumindest der eine Beamte noch in Engeltal stationiert ist.«

»Es sind sogar zwei. Herr Schneider hat inzwischen einen jungen Kollegen bekommen, aber so gelangweilt, wie der aus der Wäsche schaut, glaube ich nicht, dass wir uns seinen Namen merken müssen.«

»Wer weiß, vielleicht sieht er jetzt ein, dass auch in Engeltal etwas los ist. Dabei würde ich mir wünschen, dass Engeltal der gleiche ruhige und beschauliche Fleck bleibt, der er immer war.«

Annika blickte Nicky kritisch an. »Was genau kann denn der Einbrecher bei dir gesucht haben? Hast du irgendwelche Schätze in deinem Studio versteckt, von denen wir nichts wissen?«

»Nein, gar nicht. Ich besitze doch gar nichts Wertvolles, und Geld habe ich auch keines mehr. Alles, was ich hatte, habe ich in dieses Studio gesteckt. Mein ganzes Erspartes, all meine Zeit und meine Kraft. Das Studio ist mein Lebenswerk, und jetzt ist alles kaputt.«

Bei ihren grausamen Worten traten Tränen in Nickys Augen, und sie konnte es nicht verhindern. Es war einfach zu schlimm, was mit dem Studio passiert war. Und dabei wollte sie stark sein. Sie wusste, dass sie stark sein musste. Ihr ganzes Leben lang hatte sie um alles kämpfen müssen, hatte gelernt, wie wichtig es war, Stärke an den Tag zu legen. Sie durfte nicht schwach sein. Niemals.

»Die Damen, eine Runde Cappuccino.«

Matteo war an ihrem Tisch aufgetaucht. Leise wie eine Katze hatte er sich angeschlichen, das Tablett voller Kaffeetassen. Emma half ihm, den Kaffee zu verteilen. Irritiert blickte sie auf die Tassen.

»Matteo? Was ist denn das?«

»Ach, ich habe nur ein bisschen was ausprobiert. Es tut mir leid, dass es mir nicht besser gelungen ist. Ich übe noch.«

»Na ja, also ich sehe auf den ersten Blick, dass das da ein Schwan ist.«

»Ja?«

»Und ich finde das sehr gut gemacht. Ich bin beeindruckt.«

Matteo verließ mit einem Grinsen den Tisch.

Die Mädels betrachteten ihre Kaffeetassen. Auf jedem Cappuccino prangte ein anderes Motiv. Ein Blatt, ein Schwan, ein Kleeblatt, ja sogar eine richtige Blume hatte Matteo darauf gezaubert.

»Wie macht er das bloß?«

»Es scheint so, als hätte er meinen Kakao entdeckt.« Emma lächelte stolz. »Er ist so ein Goldstück. Marietta, ich werde dir ewig dankbar sein, dass du das eingefädelt hast. Ich kann Matteo inzwischen komplett alleine lassen. Er weiß, wie man alle Maschinen bedient, ist superhöflich zu den Kunden, und jetzt auch noch das. Sieh ihn dir an, er ist der perfekte Praktikant. Eigentlich hätte er gar kein Praktikum nötig gehabt.«

»Das weiß ich, Cara. Und ich glaube, Vincenzo weiß das auch, aber er wollte Matteo einfach noch einmal testen. Die Eisdiele ist ein wichtiges Familiengeschäft, und Matteo ist noch recht jung.«

»Nun ja, er ist nicht viel jünger als wir, oder?«

»Nein, das ist er nicht. Aber um einen Familienbetrieb zu übernehmen, muss man auch eine gewisse Reife an den Tag legen. Und Vincenzo wollte einfach wissen, ob er sich mit den Kunden auseinandersetzen kann, ob er in den wichtigen Situationen ruhig und höflich bleibt. Und dann lag es einfach nahe, ihn vorher zu einem Praktikum zu schicken. So wie du dich anhörst, hat er es bestanden.«

»Auf jeden Fall. Mit Bravour, mit hundert Punkten. Am liebsten würde ich ihn behalten, aber ich weiß ja, dass er irgendwann wieder gehen muss, er wird nicht ewig ein Praktikant bei mir bleiben, wenn er eine eigene Eisdiele zu führen hat.«

»Nein, sicher nicht. Aber ein paar Wochen kann er bestimmt noch bleiben.«

»Au ja, das wäre super. Ich will doch noch ein bisschen mehr Zeit im Kinderlieb verbringen. Es ist einfach so schön, sich in dem Laden mit Kindern zu umgeben.«

Ein Schatten legte sich über Emmas Gesicht, und Nicky fragte sich nicht zum ersten Mal, warum Emma und Tom keine Kinder hatten. Gut, Emma war gerade erst Anfang dreißig, es war noch zu früh, um das Thema abzuschreiben. Aber vielleicht gab es noch andere

Gründe, über die ihre Freundin bisher nicht gesprochen hatte. Zum wiederholten Male fiel Nicky auf, dass Emma sich immer sehr im Hintergrund hielt. Sie war immer für all ihre Freundinnen da und unterstützte sie. Gleichzeitig erzählte sie aber wenig über sich und ihre Probleme. Sie stellte sich immer hintan. Wenn die ganze Sache mit dem Studio einmal durch war, so nahm sich Nicky fest vor, würde sie das ändern. Emma hatte sie in den letzten Jahren so fantastisch unterstützt, jetzt war sie einmal dran, etwas für ihre Freundin zu tun. Sie wusste viel zu wenig von ihr, und das war eine Schande. Ein bisschen schämte sie sich, dass sie die Freundschaft so einseitig ausnutzte, aber wenn sie Emma so ansah, wurde ihr klar, dass diese das ganz anders sah. Emma fühlte sich nicht ausgenutzt, sie half einfach gerne, und die Mädels nahmen das ohne zu zögern an.

»Nicky? Ist alles okay? Brauchst du vielleicht doch einen Schnaps?«

»Nein, danke. Ich war nur gerade in Gedanken.«

»Wie geht es jetzt weiter?«

»Die Polizei wird jetzt weiter ermitteln. Sie werden das Studio noch ein paar Tage absperren. Ich kann noch nicht rein, um alles wieder herzurichten. Sonst könnte ich irgendwelche Spuren verwischen. Na ja, und wenn sie fertig sind, dann werde ich mich ans Aufräumen machen.«

»Du weißt, dass wir immer für dich da sind und dich unterstützen werden, ja?«

Emma war aufgestanden und neben Nicky getreten. Sie nahm ihre Hand und drückte sie fest.

»Das weiß ich, und ich kann euch gar nicht sagen, wie sehr ich euch dafür danke. Ohne euch wäre mein Leben nicht das, was es ist. Ich hätte wahrscheinlich in den letzten Wochen einfach aufgegeben. Aber ihr gebt mir

Kraft, immer wieder aufzustehen, weil ich weiß, dass ihr hinter mir steht.«

Wieder hatte Nicky das Bild eines Boxrings vor sich, doch dieses Mal sah sie in ihrer Ecke ihre Freundinnen stehen. Mit diesem Rückhalt könnte ihr das Leben noch so viele Schläge verpassen, sie würden immer wieder dafür sorgen, dass sie aufstand. Immer und immer wieder.

Kapitel 38

Everytime We Touch
Electric Callboy, 2023

»Na, komm schon, das bekommen wir gemeinsam wieder hin. Schau nicht so traurig. Ich weiß, das ist ein absoluter Schock für dich. Mal wieder ein Schlag in die Magengrube. Aber gemeinsam werden wir das Studio wieder auf Vordermann bringen, das verspreche ich dir. Ich werde dich nicht hängen lassen.«

Nicky blickte Leon aus großen Augen an. Ein schwaches Lächeln legte sich über ihr Gesicht.

»Ich weiß, und ich bin dir wahnsinnig dankbar dafür.«

Leon zog Nicky in seine Arme. Es fühlte sich so gut an, ihr Kraft geben zu können. Wieder einmal spürte er, dass sie genau dorthin gehörte. In seine Arme. Er wollte sie beschützen, wollte ihr Kraft geben, ihr zeigen, dass er immer für sie da war. Zärtlich strich er über ihre Wange und versuchte, ihr etwas Zuversicht zu schenken.

»Wie geht es denn jetzt weiter?«

Sie ließen sich an Nickys Esstisch nieder, und sie schenkte ihm eine große Tasse Kaffee ein.

Nicky senkte den Blick. »Das ist noch nicht ganz raus. Die Polizei sammelt noch Spuren, aber ich gehe davon aus, dass ich in ein oder zwei Tagen zurück ins Studio kann. Das wird auch Zeit, ich hab' schließlich einiges aufzuräumen. Erst dann kann ich schauen, was eigentlich kaputt ist und was ich ersetzen muss. Ein Gutachter der Versicherung kommt auch noch, um sich den Schaden zu besehen. Wenn ich Glück habe, werden sie für den Schaden aufkommen, und ich kann mich neu einrichten.«

»Es gibt keinen Zweifel daran, dass die Versicherung bezahlen muss, oder?«

»Nein, im Prinzip nicht. Ich hatte die Tür ja abgeschlossen, sprich, ich habe nicht fahrlässig gehandelt oder so. Also wüsste ich nicht, was dagegenspricht. Aber du weißt ja, wie das ist. Man zahlt sein Leben lang in eine Versicherung ein, und wenn man sie dann einmal braucht, hat man die Scherereien.«

Nicky hatte den Kopf in die Hände gestützt. Leon sah ihr an, dass ihr die letzten Tage und Wochen einiges an Kraft geraubt hatten. Dunkle Ringe hatten sich unter ihre wunderschönen Augen gegraben, und sie war schmal geworden. Nicky war schon immer zierlich gewesen, aber im Moment sah sie extrem schwach aus. Er wusste, das täuschte, denn in Nicky loderte ein Feuer, das sie immer wieder zu Höchstleistungen antrieb.

Behutsam strich er ihr eine Strähne aus dem Gesicht und beugte sich dazu tief über den Tisch. Sie schloss die Augen und schmiegte sich in seine Hand. Wie von selbst wanderte sein Daumen zu ihren vollen Lippen. Was würde er nicht alles geben, um sie jetzt küssen zu dürfen. Nicky drehte den Kopf und küsste seine Hand. Küsste jeden Finger. Es gab keinen Zweifel, auch sie wollte mehr. Freundschaft war gut und schön, aber sie wussten beide, dass es nicht reichen würde. Er wollte nicht Nickys Freund sein. Er wollte ihr Partner sein, ihr Liebhaber, ihr Mann fürs Leben. Wenn er sich vorstellte, dass er als Freund an ihrer Seite dabei zuschauen müsste, wenn sie einen anderen Partner fand, der sie berührte und mit ihr das Bett teilen dürfte - niemals könnte er das ertragen.

Fast gleichzeitig standen sie auf und gingen diesen einen Schritt aufeinander zu, der sie noch voneinander getrennt hatte. Leon nahm sie in seine Arme und drückte sie fest an sich. Er ließ den Kopf sinken und legte seine Lippen sanft auf ihre. Obwohl die Berührung federleicht war, durchzuckte sie ihn wie ein Blitz. So lange hatte er darauf gewartet, hatte versucht, sich zurückzuhalten, aber er war kläglich gescheitert. Diese Frau brachte ihn um den Verstand, und er musste sie haben. Er intensivierte den Kuss, und Nicky öffnete die Lippen. Ihre Zungen verschmolzen in einem leidenschaftlichen Tanz. Er ließ seine Hände über Nickys perfekten Körper gleiten. Wie von selbst erforschten sie jeden Zentimeter ihres Körpers. Von ihren Schultern über ihre Arme, über ihren Rücken hinunter bis zu ihrem durchtrainierten Hintern. Er drückte sie an sich und genoss das Gefühl, sie zu spüren.

Plötzlich löste sich Nicky von ihm und blickte ihm tief in die Augen. Nein, warum zog sie sich zurück? Sie gehörte genau dorthin, wo sie gerade eben noch gewesen war. Es fühlte sich kalt an ohne sie. Einfach nicht richtig.

Sie versuchte, in seinem Gesicht zu lesen. Versuchte abzuschätzen, ob sie das Richtige taten. Dann lächelte sie und gab ihm zu verstehen, dass sie mit diesem Schritt einverstanden war. Wie um ihre Entscheidung zu bekräftigen, legte er wieder seinen Mund auf ihren. Doch Nicky wich ihm geschickt aus. Sie lächelte Leon verführerisch an und zog ihn an beiden Händen in Richtung Schlafzimmer. Sie hatte sich nicht von ihm abgewandt, sondern führte ihn in ein neues Leben.

Nickys Kopf lag auf seiner Brust. Er hielt sie in seinen Armen, seine Finger machten kreisende Bewegungen auf ihrem Rücken. Sie hatte ein Bein über ihn gelegt und schmiegte sich an ihn. Er küsste sie sanft auf die Stirn. Ja, er war bewusst diesen Schritt gegangen, auch, wenn ihm klar war, dass es gefährlich sein könnte. Er hatte schon viel zu lange nachgedacht und viel zu oft gezögert, obwohl doch eigentlich von Anfang an klar gewesen war, dass er ohne Nicky nicht leben konnte. Sie war das fehlende Stück in seinem Puzzle, der Deckel zu seinem Topf, die fehlende Hälfte seines Herzens.

Sie ließ ihre Finger sanft über seine Brust wandern und kuschelte sich noch etwas näher an ihn heran. Nicky blickte ihn aus halb geschlossenen Augen an und stahl sich einen kleinen Kuss. Nie wieder würde er sie loslassen. Egal, was auch passieren würde, er würde zu ihr stehen, er würde ihr Partner sein und sie seine Partnerin. Gemeinsam würden sie alles durchstehen, und irgendwann würde er ihr sein Geheimnis verraten. Ein paar Wochen musste er es noch für sich behalten, aber er war sich sicher, dass Pia irgendwann damit einverstanden wäre, dass er Nicky einweihte. Mit dieser Frau würde er ein neues Leben beginnen. Er würde sich abwenden von dem, was war, und nur noch in die Zukunft schauen. Eine rosarote Zukunft mit seiner neuen Freundin. Sein Herz ging bei diesem Gedanken auf. Ja, er würde Nicky zukünftig als seine Freundin betrachten, als nichts anderes. Seine Partnerin, mit der er seinen Lebensweg gehen wollte. Er würde ihr helfen, das Studio wieder aufzubauen. Noch größer, noch besser, damit Nicky voller Stolz wieder ihre Kurse abhalten konnte. Er würde für sie da sein, würde sie nie wieder im Regen stehen lassen. Im Gegenteil, er wollte ihr Regenschirm an nassen Tagen sein, ihre wärmende Decke in der Kälte. Wenn sie ihn so sehr liebte wie er sie, dann würde auch gar nichts dagegensprechen. Ganz egal, was die anderen davon halten würden, er würde mit Nicky glücklich sein.

Leon drückte sie noch ein wenig enger an sich. So, als könnte er dadurch dafür sorgen, dass sie sich nie wieder von ihm löste. Am liebsten würde er für immer hier mit ihr in diesem Bett liegen, alleine mit ihr. Ohne die anderen, ohne all die Einflüsse, das Gerede, die Bedenken.

Nicky strich ihm eine Strähne aus der Stirn. »Ich glaube, du denkst schon wieder zu viel, kann das sein?«

Er lächelte. »Ja, das kann sein, aber im Gegensatz zu sonst sind es positive Gedanken.«

»Gedanken, gleich welcher Art sind jetzt nicht wichtig. Wichtig sind nur wir, du und ich. Sonst nichts.«

Die Berührung ihrer Lippen, die zugleich samtweich und doch fest waren, ließ ihn zurück auf Wolke sieben schweben, ach was, auf Wolke siebenundsiebzig. Er fühlte sich, als könnte er fliegen, als könnte er all das von sich abschütteln, was ihn in den letzten Monaten so bedrückt hatte. Er fühlte sich leicht und frei, und all dies nur wegen eines einzelnen Kusses. Es war verrückt. Verrückt, aber wunderschön.

»Dieses Mal wirst du nicht wieder gehen, oder?«

Nicky hatte den Kopf gehoben, blickte ihn fragend an und biss sich auf die Lippe. Er sah in ihren Augen, wie verschiedene Gefühle gegeneinander kämpften. Das Bedürfnis, ihn an ihrer Seite zu wissen, die Angst, dass er sie wieder verlassen würde, und gleichzeitig die Hoffnung, dass es dieses Mal anders wäre.

»Keine Sorge, dieses Mal bleibe ich. So lange, bis du mich rausschmeißt.«

Nicky lachte auf und warf ihren Kopf in den Nacken. »Ich glaube, das sollte nicht so schnell passieren.«

»Ich weiß. Und ich danke dir, dass du mir noch mal eine Chance gegeben hast.«

»Weißt du, das war nicht ganz uneigennützig, wenn ich ehrlich sein soll. Ich konnte einfach nicht anders. Egal, wie oft ich mir eingeredet habe, dass ich mich von dir fernhalten sollte, mein Herz wollte es einfach nicht einsehen. Und wieder einmal zeigt sich, dass es recht hatte. Wir sollten nicht so oft auf unseren Kopf hören.

Er gaukelt einem Dinge vor, die gar nicht wahr sind. Gedanken, die negative Gefühle erzeugen, möchte ich nicht haben. Eigentlich möchte ich im Moment gar keine Gedanken haben.«

Nicky schwang sich rittlings auf ihn und kreiste sanft die Hüften. »Wenn ich ehrlich bin, schwebt mir gerade etwas ganz anderes vor.«

Er strich sanft über ihren Rücken und zog sie zu sich heran. »Ihr Wunsch sei mir Befehl, Prinzessin.«

Kapitel 39

Love Story
Taylor Swift, 2021

»Ich bin so froh, dass ich hier endlich aufräumen kann. Der Gutachter hat heute früh alles besichtigt und aufgenommen. Und er hat mir das Okay gegeben. Ich weiß gar nicht so genau, wo ich anfangen soll. Alles ist kaputt und durcheinander.«

»Keine Sorge, wir machen einfach eines nach dem anderen. Ich helfe dir. Ich habe schon mit Marc gesprochen, dass ich die nächsten zwei Tage Urlaub nehmen möchte. Dann räumen wir zusammen alles aus. Ben hat versprochen, dass er mit seinem Transporter vorbeikommt. Also natürlich erst, wenn er alle Pakete verteilt hat. Dann können wir die kaputten Sachen einladen und gleich zum Wertstoffhof fahren. Am besten, wir entsorgen alles, was nicht mehr funktionstüchtig ist. Dann haben wir richtig Platz und können uns einen Überblick darüber verschaffen, was du brauchst. Einverstanden?«

Nicky stellte sich vor Leon auf die Zehenspitzen und stahl sich einen kurzen Kuss. »Natürlich, das hört sich großartig an. Ich weiß gar nicht, was ich ohne dich machen würde. Die Mädels haben mir natürlich auch ihre Hilfe angeboten, aber sie haben schon so viel getan, und ich möchte nicht, dass sie sich extra freinehmen müssen. Das hätte ich von dir übrigens auch nicht verlangt.«

»Das weiß ich, und ich habe den Urlaub auch nicht eingereicht, weil du irgendetwas verlangst, sondern weil ich es gerne möchte. Ich weiß, dass ich in den letzten

Wochen nicht an deiner Seite war, und das bereue ich zutiefst. Ich habe dir versprochen, dass ich ab sofort immer für dich da sein werde, dass ich dich unterstütze, dass ich ein richtiger Partner sein werde. Wenn du mich lässt.«

Nicky zögerte. Sie erkannte Leon kaum wieder. Bereits seit zwei Tagen trug er sie auf Händen, erklärte ihr immer wieder, dass er sie nicht im Stich lassen würde. Die Angst, ihn zu verlieren, wurde mit jedem Tag geringer. Ein anderes Gefühl nahm ihren Platz ein: die Sicherheit, dass sie ihm vertrauen konnte. Dass sie sich auf ihn verlassen konnte, dass er derjenige war, den sie von Anfang an in ihm gesehen hatte. Der Leon, der sie mit bösen Worten abserviert hatte, war nicht der Echte gewesen. Auch wenn sie kurz gezweifelt hatte, hatte sie nie geglaubt, dass Leon tief in seinem Innersten ein schlechter Mensch war. Sie hatte immer gewusst, dass sie sich auf ihre Intuition verlassen konnte. Und die hatte ihr sehr deutlich gezeigt, dass Leon ein wundervoller Mann war, den sie unbedingt in ihrem Leben haben wollte. Und nun schien es so, als hätten gerade die Schicksalsschläge sie vereint. Als hätte all dieses Chaos im Außen eine Ruhe in ihrem Inneren geschaffen. Leon war ihr Fels in der Brandung, eine Wand, an die sie sich lehnen konnte, und sie musste keine Angst mehr haben, dass er sie fallen ließ. Der Gedanke zauberte ein Lächeln in Nickys Gesicht. Sie bemerkte, wie ihr Tränen der Rührung in die Augen schossen.

»Nicky, was ist denn los? Warum weinst du?«

»Ach, es ist nichts. Ich verstehe mich selbst nicht. Ich stehe hier inmitten der Trümmer meines größten Traumes und habe Freudentränen in den Augen. Das ist verrückt, oder?«

Leon streichelte ihr sanft über die Wange. Nicky kuschelte sich hinein. Sie liebte es, wenn er das tat. Voller Zärtlichkeit und Liebe.

»Es ist nicht verrückt. Ich bin sogar sehr erleichtert, dass es Freudentränen sind. Du hast so viel Zeit, Geld und vor allem Herzblut in dieses Studio gesteckt, und nun ist fast nichts mehr davon übrig, das ist schon zum Heulen.«

»Am Anfang war ich wirklich fertig deswegen. Da ich aber jetzt weiß, dass die Versicherung den Schaden übernehmen wird, versuche ich, es positiv zu sehen. Ich kann das Studio auf meine neuen Bedürfnisse hin einrichten. Als ich angefangen hatte, gab es ja das Personal Training noch nicht. Damals habe ich nur an die Kurse gedacht und das Studio dementsprechend ausgestattet. Vielleicht ergibt sich jetzt die Möglichkeit, es auf die neuen Anforderungen hin umzugestalten.«

»Du und deine positiven Gedanken. Manchmal wünschte ich, ich könnte mir davon ein Stück abschneiden. In meinem Kopf herrscht manchmal eine solche Düsternis, dass ich so gerne ein Licht einschalten würde.«

»Lass mich dein Licht sein. Lass mich die Düsternis verscheuchen und für den hellen Tag sorgen. Lass mich die Finsternis aus deinem Kopf und aus deinem Herzen vertreiben, Leon.«

»Das tust du doch schon, seit ich dich kenne.«

Weitere Tränen stiegen in Nickys Augen. Aus Leons Worten sprach so viel Zärtlichkeit, Liebe und Vertrauen. Sie stellte sich dicht vor ihn und zog seinen Kopf zu sich heran. Sie musste ihn jetzt unbedingt küssen. Es war ein Impuls, den sie nicht beiseiteschieben konnte. Leon schien es nichts auszumachen. Ganz im Gegenteil. Sanft zog er Nicky in seine Arme und streichelte ihren Rücken.

»Ich liebe es, wenn du das tust. Und ich würde dich auch gerne noch an anderen Stellen streicheln. Aber ich fürchte, in zwei Stunden steht Ben das erste Mal mit dem

Transporter vor der Tür und möchte ein paar Dinge einladen.«

»Du hast recht. Lass uns anfangen.«

Nicky drehte sich um und begann mit großem Elan, ihr Studio unter die Lupe zu nehmen.

»Also, ich kann auf jeden Fall diese ganzen Stühle mit rausnehmen, zumindest das, was davon übriggeblieben ist.«

Nicky drehte sich zu Leon um. »Alle wurden zertreten, oder was weiß ich, was sie damit gemacht haben. Siehst du, hier fehlen Füße, alles ist zersplittert. Ich habe keine Ahnung, wie jemand so viel Wut in sich haben kann, um so auszurasten. Und die Polster sind auch noch aufgeschnitten. So, als würde ich wichtige Informationen oder große Geldbeträge in einem Stuhl verstecken. Ich weiß überhaupt nicht, was das alles soll. Ich bin ein durch und durch ehrlicher Mensch, ich habe keine Geheimnisse. Wer macht denn sowas? Wenn die Polizei jemals den oder die Täter erwischt, dann möchte ich unbedingt wissen, was die Motivation dahinter war. Ich meine, was denken die sich eigentlich? Dass ich wichtige Geheimdokumente auf einem USB-Stick in die Polster meiner Stühle einnähe? Oder was? Wir sind doch nicht in einem Agentenfilm.«

Nicky bemerkte, wie die Wut auf den oder die Täter in ihr kochte. Nicht nur, dass sie ihr Studio zerstört hatten. Für sie sah es auch so aus, als hätten die Täter irgendetwas gesucht, von dem sie gar nicht wusste, was es war. Was konnte sie denn nur in ihrem Fitnessstudio haben, das irgendwelche Verbrecher anzog? Was dachten die denn, wer sie war?

Leon war auf sie zugetreten und streichelte tröstend ihren Arm. »Beruhige dich. Ich bin sicher, die Polizei wird die Täter finden, und dann werden wir erfahren, was sie eigentlich wollten. Du hast absolut recht, für mich sieht es auch so aus, als hätten sie etwas gesucht. Irgendwelche Unterlagen oder Hinweise. Vielleicht waren sie auch nur auf Geld aus, wer weiß? Es ist schwer, sich in einen Einbrecher hineinzuversetzen.«

Nicky fröstelte allein bei dem Gedanken. »Ja, und ich bin ehrlich gesagt froh, dass ich nicht so ein krankes Hirn habe, dass ich nachvollziehen kann, was sie motiviert hat. Trotzdem möchte ich irgendwann eine Erklärung haben. Ich glaube, das wäre wichtig für mich, um das ganze Kapitel abschließen zu können. Weißt du, damals, als Annika von ihrem Exmann überfallen worden ist, hat er auch ihre ganze Wohnung in Schutt und Asche gelegt. Aber da kannten wir wenigstens das Motiv. Er war sauer, weil er sie für sich haben wollte und Annika sich geweigert hat. Da mussten wir hinterher auch die ganze Wohnung ausräumen. Aber wir wussten, was passiert war. Das macht es nicht besser, versteh mich nicht falsch. Annikas Ex ist ein Scheißkerl, der hoffentlich den Rest seines Lebens im Knast verbringt. Aber was hier los war? Keine Ahnung.«

Nicky ließ die Arme kraftlos an den Seiten herunterfallen, mit denen sie bei ihrem Vortrag in der Luft herumgefuchtelt hatte. »Vielleicht hätte ich doch eine Überwachungskamera installieren sollen. Mein Versicherungsmakler hat es mir immer wieder empfohlen. Aber ich wollte es nicht, weil ich dachte, es wäre nicht nötig. Ich muss zugeben, ich habe den technischen Aufwand gescheut, wollte aber auch meinen Kunden nicht zu nahe treten. Ich weiß nicht, wie sie es finden würden, wenn sie wüssten, dass sie gefilmt werden, wenn sie das Studio betreten. Ich glaube zwar nicht, dass jemand ein Geheimnis daraus macht, dass er bei mir trainiert, aber …«

»Ein Geheimnis? In Engeltal? Vergiss es, das funktioniert nicht. Du hast gesehen, wie schnell sich die

Sache mit uns herumgesprochen hat. Das ganze Dorf hat besser gewusst, ob wir nun zusammen sind oder nicht, als wir selbst.«

»Das stimmt. Geheimnisse kann man in Engeltal keine haben, und das ist auch gut so. Ich bin lieber über alles informiert, was hier los ist, als dass Dinge hinter meinem Rücken passieren, die mich vielleicht betreffen.«

»Okay, aber jetzt fangen wir an. Ben kommt bald.«

Leon zog sie noch einmal in seine Arme und küsste sie. Nicky seufzte. Wenn das so weiterging, würden sie in den nächsten zwei Stunden garantiert nichts erreichen können. Aber sie wollte sich nicht von Leon entfernen müssen, wollte am liebsten wieder mit ihm zurück ins Bett, wo sie vor wenigen Stunden gemeinsam aufgewacht waren. Er hatte sein Versprechen gehalten und war die Nacht über bei ihr geblieben. Heute Morgen war er kurz in der Agentur gewesen, bevor er gleich wieder zurück zu ihr geeilt war. Wie es aussah, würde er so schnell nicht mehr gehen.

»Habe ich es geschafft, mit meinem Kuss ein Lächeln in dein Gesicht zu zaubern, oder freust du dich über etwas anderes?«

»Ich freue mich einfach, dass du hier bist. Bei mir, in meinem zerschmetterten Traum von Studio. Und ich freue mich, dass du jetzt anfängst und diese Stühle schon mal vor die Tür stellst. Würdest du das tun?«

Leon grinste. »Natürlich, alles, was du möchtest, mein Schatz.« Leon griff sich zwei der Stuhl-Überbleibsel und trug sie nach draußen.

Nicky sah ihm glücklich hinterher. „Mein Schatz" hatte er gesagt. Zu ihr. Wieder staunte sie, was so wenige Worte in ihrem Körper auslösten. Ihr Herz galoppierte, die Schmetterlinge überschlugen sich und beruhigten sich überhaupt nicht mehr. Das Lächeln erreichte nicht mehr nur ihre Lippen, sondern auch ihre

Augen. Sie spürte, dass sie nach außen hin strahlte. Leon war ihr Traummann. Der Mann, auf den sie so lange gewartet hatte. Und sie war froh, dass sie nicht aufgegeben hatte. Nicht ihren Traum und auch nicht Leon.

Sie bückte sich, sammelte ein paar Stuhlbeine zusammen und brachte sie ebenfalls nach draußen. Das würde ein ganzes Stück Arbeit werden, aber es fühlte sich gut an, nicht mehr untätig herumzusitzen, sondern endlich anpacken zu können. Wenn sie das Studio einmal leergeräumt hatten, dann hatte sie auch wieder Platz für neue Ideen, neue Visionen. Und darauf freute sie sich schon. Jetzt aber galt es erst einmal, Hand anzulegen, und all das hinauszubefördern, was von ihrem Traum übriggeblieben war. Sich von all den Dingen zu trennen, die für sie wichtig gewesen waren und ohne die sie nun zurechtkommen musste.

All diese Gegenstände konnte man ersetzen. Wichtig war nur, dass niemandem etwas zugestoßen war. Dass die Einbrecher in der Nacht gekommen waren, als keiner im Studio gewesen war. Sie bekam eine Gänsehaut, als sie daran dachte, dass diese Verbrecher auch sie hätten überfallen können. Nicky war an diesem Abend noch lange im Studio gewesen, hatte sich mit ihrer Buchhaltung beschäftigt. Ein Thema, das sie immer so weit von sich schob, wie es ging. Nur, um dann in regelmäßigen Abständen davon eingeholt zu werden. Sie hatte an diesem Abend erst spät beschlossen, ihre müden Augen lieber auszuruhen und am nächsten Tag weiterzumachen. Die Unterlagen waren auf ihrem Rechner gewesen, der nun ebenfalls zerstört in der Ecke lag.

Sie schluckte. Sie würde das hinkriegen. Auch jetzt würde sie sich nicht entmutigen lassen. Sie hatte so viele Menschen um sich, die ihr halfen und sie aufrichteten. In wenigen Wochen würde sie sich nur noch dunkel an diese

Beklemmung erinnern, die all die wunderbar leichten Gefühle zu verdrängen versuchte, die Leon in ihr auslöste. Empfindungen wie Wut, Angst und Schmerz. Sie wollte nicht in eine negative Gefühlsspirale geraten. Vor allem nicht jetzt, da sie eigentlich der glücklichste Mensch auf der ganzen Welt war.

Leon trat hinter sie und küsste sie in den Nacken. »Es ist okay, wenn du nicht immer nur die starke Nicky bist, die allen zeigt, dass sie nichts umwerfen kann. Du weißt, dass du auch mal schwach sein darfst, oder? Ich bin für dich da, du kannst dich an mich lehnen.«

Und genau das tat sie. Sie ließ sich in Leons Umarmung sinken und genoss es, einmal in ihrem Leben schwach zu sein, sich aufbauen zu lassen, alles loszulassen. Und es tat so unfassbar gut. In diesem Moment begriff Nicky, dass sie sich für Leon nicht verstellen musste. Sie musste keine Stärke beweisen, musste keinen Optimismus vortäuschen, wo keiner war. In seinen Armen durfte sie einfach sein, wer sie war. Sie gab Leon einen sanften Kuss. »Danke.«

»Du musst dich nicht bedanken. Ich liebe dich so, wie du bist. Die wahre Nicky - ohne Maske.«

Sie standen noch fast eine halbe Stunde in ihrer Umarmung mitten in Nickys zerstörtem Studio. Sie genoss Leons Wärme, seine Liebe und seinen Halt. Dann endlich fühlte sie sich stark genug, um weiterzumachen. »Gut, legen wir los.«

Leon nickte, nahm sich zwei Stühle und trug sie hinaus.

Noch einmal ließ Nicky ihren Blick durch das verwüstete Studio schweifen. Sie würde nicht zulassen, dass jemand nicht nur das Studio, sondern auch sie selbst zerstörte. Sie weigerte sich, die Angst in ihr Leben zu lassen. Natürlich wusste sie nicht, was die Einbrecher gesucht hatten. Es lag im Bereich des Möglichen, dass sie zurückkamen. Wenn sie nicht das gefunden hatten, was sie gesucht hatten - und davon ging sie aus - dann war sie nicht sicher. Und doch würde sie sich niemals aus ihrem eigenen Studio vertreiben lassen. Nein, das kam überhaupt nicht infrage. Es war ihr Studio. Wenn die Einbrecher meinten, sie müssten alles zerstören, bitteschön. Dann sollten sie. Aber sie würden ihr keine Angst einjagen.

Beherzt griff Nicky nach dem Laptop und machte sich auf den Weg nach draußen. Mal sehen, ob man von der Festplatte noch etwas retten konnte. Sonst müsste sie die Buchhaltungsaktion ziemlich bald wiederholen.

Kapitel 40

Down with the Sickness
Disturbed, 2000

Leon ließ das warme Wasser auf seine Haut prasseln. Langsam lockerten sich die Muskeln, die Verspannungen lösten sich. In den letzten beiden Tagen hatten sie Nickys Studio leergeräumt. Es war anstrengend gewesen und hatte vor allem Nicky immer wieder herausgefordert. Nicht nur körperlich, sondern hauptsächlich psychisch. Die Scherben ihres Studios, ihres großen Traumes, zusammensammeln zu müssen, tat ihr nicht gut. Auch, wenn sie immer wieder ein Lächeln aufgesetzt und ihn verliebt angeblickt hatte, war ihm doch nicht entgangen, dass sie beunruhigt war, und dass diese ganze Aktion ihr sehr zusetzte.

Er stellte das Wasser aus und trocknete sich ab. Ben hatte den ganzen Müll weggefahren, das Studio war leer. Ohne all die Einrichtungsgegenstände wirkte es fast seelenlos, es war kaum wiederzuerkennen. Leon blickte sich nachdenklich im Spiegel an. Je länger sie aufgeräumt hatten, desto größer wurde sein Verdacht, dass Nicky recht hatte und dass die Einbrecher etwas Bestimmtes gesucht hatten. Nur was, das konnte er sich nicht erklären. Auch Pias Worte kreisten unaufhörlich in seinem Kopf, ihre Warnung, dass die Verwüstung des Studios etwas mit ihnen zu tun haben könnte. Mit ihrer Flucht und ihrem Untertauchen in Engeltal. Immer wieder sah er Pias vor Angst aufgerissene Augen. Er hatte mit Nicky besprochen, dass er sich heute einmal um Pia kümmern würde. In den letzten Tagen waren sie unzertrennlich gewesen, und er hatte keine Minute ohne Nicky sein wollen. Aber er wusste auch, dass er seiner Schwester gegenüber eine Verpflichtung hatte. Er musste dafür sorgen, dass es Pia gut ging, so gut wie eben möglich, er musste sie beschützen und für sie da sein. In den letzten Tagen hatte er sie sträflich vernachlässigt, und das tat ihm leid. Pia hatte sich kein einziges Mal bei ihm gemeldet. Sicherlich wusste sie, wo er war, und wollte ihn nicht stören. Vielleicht war sie aber auch enttäuscht von ihm, traurig, dass er sie, so mir nichts dir nichts, aufs Abstellgleis gestellt hatte.

Leon fuhr sich durch das nasse Haar. Ja, das war nicht in Ordnung gewesen, das wusste er selbst. Aber er war so in seiner Liebe zu Nicky aufgegangen, dass ihn allein der Gedanke körperlich geschmerzt hatte, sie auch nur für ein paar Stunden verlassen zu müssen.

Es war Freitagabend, und er hatte mit Nicky besprochen, dass sie sich mit ihren Freundinnen treffen und er nach Pia schauen würde. Am späteren Abend würde er auf jeden Fall wieder zu ihr zurückkommen. Morgen früh würden sie wieder gemeinsam aufwachen. Er hatte nicht gewusst, wie magisch es war, mit einem geliebten Menschen in den Tag zu starten. Es machte einen enormen Unterschied, ob man nur mit ihm einschlief oder gemeinsam wieder erwachte. Er wollte unbedingt mit Nicky glücklich sein, das war im Moment das Einzige, was für ihn zählte. Sie ließ ihn, zumindest zeitweise, seine Probleme vergessen. Und seine Schwester? Pia war genau das Gegenteil. Sie würde ihm zwar nie absichtlich wehtun, aber im Moment machte sie ihm das Leben schwer. Ihre ewigen Sorgen zogen ihn immer runter. Und er fürchtete, so würde es auch heute Abend sein.

»Pia? Ich bin da.«

Pia stand in der Küche und war dabei, Salat zu waschen. Sie warf Leon einen flüchtigen Blick zu. »Ja, du bist da.«

Leon musste gar nicht fragen, er spürte, dass seine Schwester sauer auf ihn war. Auch ohne Worte gab sie ihm deutlich zu verstehen, dass er sich falsch verhalten hatte.

»Hör zu, Pia, es tut mir leid, dass ich mich in den letzten Tagen nicht gemeldet habe. Ich habe es dir ja schon in meiner Nachricht geschrieben, das war nicht richtig, und ich freue mich, dass wir heute zusammen Abendessen.«

»Das ist schön.«

Noch immer antwortete Pia nur einsilbig und ließ ihn mit jedem Wort hören, dass sie ihm so schnell nicht verzeihen würde.

Leon seufzte. Warum musste seine Schwester nur immer so schwierig sein? Nein, er verbesserte sich in Gedanken: Warum nur musste sie in letzter Zeit so schwierig sein? Früher hatte sie das Leben leicht genommen. Sie hatte sich wenig Sorgen gemacht und war wie ein Schmetterling durchs Leben geflogen. Bis zu diesem einen Tag. Seither war alles anders.

»Du kannst dich hinsetzen, das Essen ist fertig.«

»Das riecht lecker. Was gibt es denn?«

»Tagliatelle mit Lachs und dazu Salat.«

»Super, das ist eines meiner Lieblingsessen.«

»Ich weiß.«

Pia stellte den gefüllten Teller vor Leon auf den Tisch und setzte sich ihm gegenüber. Ohne ein weiteres Wort begann sie, lustlos auf ihrem Teller herumzustochern.

»Hör zu, Pia, es tut mir wirklich leid.«

Er griff über den Tisch hinüber nach ihrer Hand. Sie zog sie nicht weg, aber sie verharrte in der Position, ohne eine Gefühlsregung zu zeigen. Ihr Blick war noch immer auf ihren Teller gerichtet, so, als schaffe sie es nicht, Leon in die Augen zu blicken.

»Ich weiß, ich habe dich in den letzten beiden Tagen allein gelassen und habe mich nicht gemeldet. Es tut mir leid, verstehst du?«

»Nein, ich kann es nicht verstehen.« Pia zog ihre Hand weg, und er sah in ihren Augen Wut und Enttäuschung aufblitzen.

»Weißt du, noch vor wenigen Tagen warst du ein Häufchen Elend, und ich habe versucht, für dich da zu sein. Jetzt scheint es so, als wärst du mit Nicky zusammen. Zumindest habe ich das so gehört. Von Leuten, die ich überhaupt nicht kenne. Als wäre es zu viel verlangt, dass mein eigener Bruder mir sagt, wenn er eine neue Freundin hat.«

»Ich hätte es dir so gerne gesagt, Pia. Am liebsten hätte ich dich gleich angerufen, aber ich wusste nicht, wie du darauf reagierst.«

»Meine Meinung zu dem Thema hat sich nicht geändert. Ich sehe, dass es dir besser geht, und das freut mich. Ich sehe aber auch immer noch die Gefahr. Noch immer verdrängst du, dass die Verwüstung des Studios mit uns zusammenhängen könnte. Du schließt es kategorisch aus. Du schiebst alle Konsequenzen, das ganze Risiko einfach beiseite und denkst nur an dich. Und noch dazu überlässt du mich hier einfach dem Schicksal, so, als würde es dich überhaupt nicht interessieren, was mit mir passiert. Was wäre denn gewesen, wenn in den letzten beiden Tagen einer von denen hier aufgetaucht wäre und mich überfallen hätte? Du hättest es gar nicht mitbekommen, und es wäre dir sowas von egal gewesen.«

»Nein, Pia, so ist das doch nicht.«

»Doch, genau so ist das. In den letzten Monaten war ich einfach nur ein lästiges Anhängsel für dich, gib es doch zu.«

Leon schüttelte vehement den Kopf. Glaubte sie das wirklich, was sie ihm da an den Kopf warf? Konnte Pia tatsächlich denken, dass sie ihm nichts bedeutete? Er war kurz davor auszurasten. Das Blut rauschte in seinen Ohren, sein rechtes Auge zuckte.

»Pia, wirklich, ich glaube nicht, dass du dich darüber beschweren kannst, dass ich in den letzten Monaten nicht alles für dich getan hätte. Ich bin mit dir hierhergezogen, um bei dir zu sein, um auf dich achtgeben zu können.«

»Ja, um auf mich achtgeben zu können. Und wo bist du jetzt, wo es gefährlich wird? Bei Nicky im Bett. Keinen Gedanken hast du darauf verschwendet, was das für mich bedeutet. Du siehst nur dein Liebesglück und ja, Leon, ich gönne es dir von Herzen. Aber nicht jetzt. Seit wir in Engeltal angekommen sind, bitte ich dich, dein persönliches Glück noch ein wenig hintanzustellen. Ich habe dich darum gebeten, Abstand zu Nicky zu halten, weil es zu gefährlich war. Aber nein, du hast alle Warnungen in den Wind geschossen. Und nun schau, wo uns das hingeführt hat. Sie sind hier, ich spüre es. Und sie haben auch Nickys Studio verwüstet.«

Leon schnaubte. Langsam wurde ihm Pias Verfolgungswahn zu bunt. »Was sollten sie denn in Nickys Studio suchen? Und woher sollten Sie überhaupt wissen, dass wir hier sind? In Engeltal? Das findest du noch nicht mal auf der Landkarte.«

»Trotzdem. Dein Verhalten hat mich mehr als enttäuscht, und ich weiß auch gar nicht, was dieses Abendessen jetzt daran ändern soll. Du hast dich für Nicky entschieden und damit in Kauf genommen, dass du mein Leben riskierst. Das zeigt mir deine Prioritäten, und es zeigt mir auch, wem deine Liebe gehört.«

»Pia.«

»Nein, lass es einfach! Ich glaube, am besten gehst du wieder zu Nicky. Das hier führt zu nichts. Die Enttäuschung sitzt so tief, dass ich dir im Augenblick auch nicht verzeihen kann. Also geh jetzt, Leon. Bitte.«

Leon schob den unangetasteten Teller von sich. So kannte er seine Schwester gar nicht. Ob sie allen Ernstes solche Angst hatte? Was genau ging in seiner Schwester vor? Er konnte es einfach nicht einschätzen, und doch hallten ihre Worte und ihre Befürchtungen in ihm wider. Natürlich war der Zeitpunkt seltsam. In Engeltal passierte nie etwas, und gerade jetzt, wo sie hier waren, wurde in Nickys Studio eingebrochen. Und doch weigerte er sich vehement, darin einen Zusammenhang zu sehen.

»Okay, wenn du meinst, dass dir das lieber ist, dann gehe ich wieder. Aber beklag dich nachher bitte nicht, dass ich nicht nach dir sehen würde. Ich hatte mich auf einen schönen Abend unter Geschwistern gefreut, aber wenn du so von deiner Eifersucht zerfressen bist, dann ist es vielleicht besser, wenn wir den gemeinsamen Abend verschieben.«

»Eifersucht? Du glaubst ernsthaft, dass das etwas mit Eifersucht zu tun hat?«

»Ja, Pia, das befürchte ich. Du bist eifersüchtig, weil ich jemanden gefunden habe, der sein Leben mit mir verbringen will. Und du sitzt hier Abend für Abend alleine, lässt niemanden an dich heran und lässt nicht zu, dass irgendjemand in Engeltal dich näher kennenlernt. Du weist alle von dir. Du bist so anders geworden in den letzten Monaten, dass ich kaum glauben kann, dass du noch immer meine Schwester bist. Geh mal in dich und frag dich, ob das wirklich das Leben ist, das du führen willst.«

Pias Augen blitzten vor Wut, und Leon konnte im letzten Moment den Kopf einziehen, als sie einen Teller nach ihm warf.

»Du bist das Letzte. Lass mich einfach in Ruhe! Werde glücklich mit deiner Nicky und schau, wohin das Ganze führt. Und komm ja nicht irgendwann an und sag mir, dass ich recht hatte. Hau einfach ab!«

Leon schnappte sich seine Jacke und verließ ohne ein weiteres Wort die Wohnung. Wütend knallte er die Tür hinter sich zu. So hatte er sich den Abend garantiert nicht vorgestellt. Er trampelte die Treppe hinunter und trat hinaus in die kühle Abendluft. Pia hatte doch nicht mehr alle Tassen im Schrank. Überall sah sie Gefahr. Sie hatte einen richtigen Verfolgungswahn entwickelt. Aber da würde er nicht mitspielen. Er war gerade dabei, sein neues Leben aufzubauen, und wenn sie das nicht konnte, weil sie sich hinter ihren Ängsten und Befürchtungen verbarg, dann konnte er ihr auch nicht helfen. Vor allem, wenn sie sich nicht helfen lassen wollte.

Er kickte einen Stein aus dem Weg, der vor seinen Füßen gelegen hatte. Mit einem leisen Geräusch knallte er an die Hauswand und blieb direkt davor liegen.

Leon sog tief die Luft ein.

Er würde Pia ein paar Tage Zeit geben müssen, um sich daran zu gewöhnen, dass er nicht mehr rund um die Uhr zur Verfügung stand, sondern dass sie ihn mit Nicky teilen musste. Vielleicht würde sie ihre Eifersucht irgendwann in den Griff bekommen und sich mit ihm an seinem Glück erfreuen. Das wünschte er sich sehr, denn es tat ihm weh, sich mit seiner Schwester zu entzweien. Sie waren durch dick und dünn gegangen und in den letzten Monaten noch mehr zusammengewachsen. Er wollte nicht mit ihr streiten, und er wollte sich auch nicht zwischen ihr und Nicky entscheiden müssen. Er wollte doch nur, dass sie sich mit ihm freute und Teil seines Glücks wurde. War das wirklich zu viel verlangt?

Kapitel 41

Best Day of My Life
American Authors, 2014

»Emma, was machst du denn hier?«
Nicky rieb sich müde die Augen, nachdem sie sich aus dem Bett gequält hatte, um ihrer Freundin die Wohnungstür zu öffnen. Es war Samstagmorgen, acht Uhr, und Emma hatte sie aus einem unruhigen Schlaf geweckt. Lange hatte sie mit Leon wach gelegen. Sie hatten ausführlich geredet, und sie hatte versucht, ihn zu trösten. Das Abendessen bei seiner Schwester war nicht so gelaufen, wie er sich das gewünscht hatte. Nicky konnte Pia verstehen. Da Leon plötzlich aus ihrem Leben verschwunden war, war es nicht verwunderlich, dass sie eifersüchtig reagierte.

»Entschuldige bitte, aber ich wollte dich wecken.«

»Aha. Na, das ist dir gelungen. Aber warum bitteschön möchtest du mich an einem Samstagmorgen um acht Uhr aus den Federn werfen? Was habe ich dir denn getan?«

Nicky unterdrückte ein Gähnen. Sie hätte gut und gerne noch zwei Stunden im Bett verbringen können, um dann gemeinsam mit Leon den Tag zu beginnen. Allein beim Gedanken daran spürte sie, wie ihre Wangen warm wurden und sich ein vorfreudiges Kribbeln in ihrem Bauch breitmachte. Die Gedanken an Leons Verführungskünste musste sie aber erst einmal verschieben.

»Also, hör zu, es ist so: Ich habe eine kleine Überraschung für dich geplant. Dazu solltest du aber um neun Uhr angezogen und gerichtet im Studio auftauchen. Schaffst du das?«

Emmas Augen strahlten vor Freude. Die Überraschung, die sie sich ausgedacht hatte, musste etwas ganz besonders Tolles sein. Aufgeregt trat sie von einem Fuß auf den anderen und strahlte Nicky schon so früh am Morgen unverschämt ausgeruht an.

»Klar schaffe ich das. Seit wann brauche ich morgens eine ganze Stunde, um im Studio aufzutauchen? Muss ich mich in Schale werfen, oder darf ich einfach ganz normal auftauchen?«

»Am besten machst du dich nicht allzu schick. Mehr verrate ich aber nicht. Wir sehen uns in einer Stunde im Studio. Mach's gut.«

Emma machte auf dem Absatz kehrt und hüpfte die Treppen hinunter.

Nicky schloss überrascht die Tür hinter ihr. Was sich Emma wohl ausgedacht hatte? Sie schlich zurück ins Schlafzimmer, um sich noch einmal an Leon zu kuscheln. Doch der war in der Zwischenzeit aufgestanden und zog sich an.

»Guten Morgen Sonnenschein, war das Emma gerade?« Leon zog sie in eine schützende Umarmung und gab ihr einen leidenschaftlichen Kuss.

»Du bist ja schon angezogen«, schmollte Nicky. »Ich dachte, wenn uns Emma schon zu so einer unchristlichen Zeit aus dem Bett wirft, könnten wir die Zeit noch ein bisschen für uns nutzen.«

Leon strich ihr über die Wange und grinste. »Das könnten wir tun, aber wenn ich Emma richtig verstanden habe, solltest du in nicht mal einer Stunde unten im Studio erscheinen. Ich schlage daher vor, dass wir bis dahin richtig ausgiebig frühstücken.«

»Weißt du, welche Überraschung Emma geplant hat?« Nicky war hellhörig geworden, denn normalerweise gab

Leon nicht besonders viel auf ein ausgedehntes Frühstück.

»Sagen wir es so: Es wäre im Bereich des Möglichen, dass Emma mich ins Vertrauen gezogen hat, weil die Überraschung ein paar vorbereitender Schritte bedurfte. Reicht dir diese Auskunft?«

Nicky schlug ihm spielerisch auf den Arm. »So, so, ein paar Vorbereitungen also. Und du bist der Ansicht, dass ich mich vorher gut stärken muss?«

»Auf jeden Fall, und deine Energie solltest du dir für die Überraschung aufheben. Was heute Abend noch davon übrig ist, nehme ich dann gerne für mich in Anspruch.«

Er zog sich ein T-Shirt über und verbarg damit zu Nickys Leidwesen seinen trainierten Oberkörper. Kurz ließ sie ihre Hände unter das Shirt wandern und streichelte seinen festen Bauch. Dann schob sie schmollend ihre Unterlippe vor. »Gut, wenn du darauf bestehst.«

Leon gab ihr einen leidenschaftlichen Kuss, und Nickys Knie wurden weich.

»Das war schon mal ein kleiner Vorgeschmack, worauf du dich heute Abend freuen darfst. Und jetzt mache ich Frühstück.«

Er verließ das Schlafzimmer, und Nicky blickte ihm sehnsüchtig seufzend hinterher. Sie könnte den ganzen Tag mit Leon im Bett verbringen. Er entfachte eine Leidenschaft in ihr, die sie bislang nicht gekannt hatte.

Leise vor sich hin grummelnd, zog sie sich eine Leggins und ein weites Shirt über. Ein bequemer Look, damit wäre sie für alle Eventualitäten gewappnet.

Um Punkt neun Uhr betrat Emma das Studio. Nicky war bereits ein paar Minuten früher unten gewesen. Jetzt war sie doch etwas aufgeregt, welche Überraschung Emma und Leon geplant hatten.

»So, meine Liebe. Ich entschuldige mich nochmals dafür, dass ich dich heute Morgen aus den Federn geworfen habe. Aber es ist wichtig, denn heute ist der erste Tag deines neuen Lebens.«

»Meines neuen Lebens? Was hast du denn bloß vor?« Nicky kaute auf ihrer Unterlippe herum.

»Ich glaube, das wird dir gleich klar, und vielleicht ist es besser, wenn wir die Tatsachen für sich sprechen lassen. Öffne mal die Tür!«

Mit einem komischen Gefühl im Bauch ging Nicky zu Tür und blickte hinaus. Draußen standen etwa zwanzig Menschen, die sie freundlich anblicken. Natürlich waren alle Mädels mit ihren Männern am Start, aber auch der Weinhändler mit seiner Frau und ein paar ihrer Kursteilnehmerinnen entdeckte sie unter den Anwesenden.

»Was macht ihr denn hier?«

»Das ist ja eine tolle Begrüßung.« Sandra war auf Nicky zugegangen und umarmte sie fest. »Wir renovieren heute dein Studio, was denkst du denn? Meinst du vielleicht, ich laufe freiwillig in diesen alten, abgeranzten Klamotten herum?«

Nicky ließ ihren Blick über Sandra schweifen, und tatsächlich sah ihre Freundin heute anders aus als sonst. Die blonde Mähne hatte sie zu einem Pferdeschwanz zusammengebunden, ihre alte Jeans war über und über mit Farbflecken bespritzt und musste noch von der Renovierung des Hotels übriggeblieben sein.

Die wunderbaren Menschen, die vor ihr standen, waren mit allerlei Werkzeug, Farbe und Malutensilien bewaffnet.

»Gut, dann kommt mal rein. Ich bin gerade etwas überrascht, ich hatte eigentlich mit einem unspektakulären Samstag gerechnet. Ich freue mich natürlich, dass ihr alle da seid, und ich weiß gar nicht, wie ich euch danken kann.«

Tränen der Rührung sammelten sich in Nickys Augen. Sie blinzelte sie schnell weg und ging dann einen Schritt zur Seite, um alle einzulassen.

Ein fröhliches Geplapper erfüllte kurz darauf das Studio. Die Helfer hatten sich in kleine Grüppchen aufgeteilt und sich im Kursraum, in den Umkleidekabinen und im Anmeldebereich verteilt. Während im Kursraum schon das Malervlies ausgelegt wurde, wurden in den Umkleideräumen die ersten Bretter für die Bänke ausgemessen.

Emma trat neben Nicky. »Du wirst sehen, heute Abend wirst du dein Studio nicht wiedererkennen. In wenigen Tagen kannst du schon wieder öffnen. Wir haben so viele helfende Hände, ich bin jedes Mal überrascht davon, wie hilfsbereit man in Engeltal ist.«

Nicky nahm Emma dankbar in den Arm. »Du bist einfach die Beste, weißt du das? In so kurzer Zeit hast du so viel auf die Beine gestellt. Ich weiß gar nicht, was ich dazu sagen soll und wie ich dir danken kann.«

»Du musst mir überhaupt nicht danken. Ich bin sicher, du hättest für mich und für jede andere von uns genau dasselbe getan. Du hattest schwere Wochen, wir möchten dir gerne helfen, wieder optimistisch nach vorne zu schauen und neu zu starten.«

Emma nickte zu Leon hinüber, der mit Chris und Marc begonnen hatte, das Holz für die Bänke in den Umkleideräumen auszumessen und zuzuschneiden.

»Und wie ich sehe, läuft es in anderen Bereichen deines Lebens schon ganz gut.«

»Ja, das stimmt.«

»Und, wie ist es so?«

Ein Lächeln breitete sich auf Nickys Gesicht aus, ohne dass sie etwas dagegen tun konnte. Selbst wenn sie es gewollt hätte, hätte sie ihr Glück nicht verbergen können.

»Es ist so wunderschön mit Leon. Ich habe ja die ganze Zeit gewusst, dass er der Richtige ist, und keiner hat mir geglaubt. Irgendwann habe ich selbst angefangen, daran zu zweifeln. Aber zum Glück nur für eine kurze Zeit. Emma, ich schwebe praktisch dauerhaft auf Wolke sieben mit ihm. Er ist so zärtlich, liebevoll, bemüht. Er trägt mich auf Händen und zeigt mir, dass er der Leon ist, den ich von Anfang an in ihm gesehen hatte. Und er liebt mich so, wie ich bin.«

»Dann hast du ihm also wirklich verziehen?«

»Ja, das habe ich. Er weiß selbst, dass er einen Fehler begangen hat, und warum sollte ich dann unnötig lange darauf herumreiten? Wir sind einfach glücklich miteinander. Es passt. Es ist doch auch zu meinem Besten, und ich bin sehr froh, dass ich ihn gefunden habe.«

»Und hat er dir auch erklärt, was für ein Problem er hatte?«

Nicky spürte, dass Emma sich zwar von ganzem Herzen für sie freute, aber nicht überzeugt davon war, dass Leon wirklich der war, der er zu sein vorgab.

»Nein, noch nicht. Ich glaube immer noch, dass er irgendein Geheimnis mit sich herumträgt, aber er weigert sich, darüber zu sprechen. Und ich respektiere seinen Wunsch. Ich dränge ihn nicht, weil ich denke, wenn er es mir erzählen wollte, hätte er es schon getan. Aber dieser Zeitpunkt wird sicherlich kommen. Und bis dahin lasse ich ihn einfach in Ruhe und genieße die Zeit mit ihm. Und den unglaublichen Sex.«

Wieder spürte Nicky, wie ihre Wangen heiß wurden.

»Süße, ich freue mich so für dich. Ich möchte dir das auch gar nicht madig machen, ganz bestimmt nicht. Ich möchte nur, dass du auf dich aufpasst. Dass du vor lauter Glück nicht aus den Augen verlierst, dass da noch irgendetwas sein könnte, was dich vielleicht auch etwas angeht. Ich weiß, wenn man frisch verliebt ist, ist die Welt rosarot und man sieht alles mit anderen Augen. Manchmal verliert man aber auch ein kleines bisschen den Bezug zur Realität, und Dinge, die man nicht sehen möchte, fallen einem nicht auf.«

Emma legte den Arm um Nicky. »Ich möchte dich wirklich nicht beunruhigen. Ich sehe ja, welche Blicke er dir zuwirft. Ich glaube, er liebt dich wirklich.«

»Das Gefühl habe ich auch. Ach, Emma, es ist so schön, endlich einen Partner zu haben, der an meiner Seite ist. Mit dem ich so eine wundervolle Zeit genießen darf. So lange habe ich darauf gewartet. Jetzt ist der Moment endlich da, und ich möchte ihn einfach nur festhalten. Die Zeit rast an uns vorbei, und eigentlich möchte ich gar nicht, dass sie so schnell vergeht. Am liebsten würde ich jede Sekunde mit Leon verbringen.«

Emma lachte. »Also, ich glaube, um dich ist es wirklich geschehen.«

»Ja, oder? Ich höre mich schon an wie ein verliebter Teenager. Ich hatte noch nie eine solche Beziehung. Noch nie hatte ich das Gefühl, den Partner fürs Leben gefunden zu haben. Aber bei Leon bin ich mir sicher. Ich weiß, dass er immer für mich da sein wird.«

»Das ist schön. Aber wenn ich mich so umschaue, glaube ich, du bist nicht die Einzige, die gerade auf Wolke sieben schwebt. Schau mal, da drüben, Marietta und Vincenzo.«

Nicky ließ den Blick durch den Raum schweifen. Von ihrem Standort im Foyer aus hatte sie eine gute Aussicht in den Kursraum. Marietta und Vincenzo hatten angefangen, die Wand im Großraum mit einem Ton in zartem Altrosa zu streichen. Es sah fantastisch aus, und der Raum würde in ganz neuem Glanz erstrahlen. Aber die Farbe war nicht das, was Nickys Blick anzog. Sie beobachtete die zwei Italiener und konnte sich ein Grinsen nicht verkneifen.

Marietta hatte einen Ganzkörperoverall aus durchsichtigem Plastik angezogen, um sich und ihre Kleidung zu schützen. Darunter trug sie eine weite Seidenhose mit Rautenmuster und eine Kurzarmbluse mit grünen Streifen. Ein sehr gewagtes Outfit, das Nicky niemals so kombiniert hätte. Aber sie waren es ja gewohnt, dass Marietta einen etwas extravaganten Stil pflegte. Die beiden standen nebeneinander, und es blieb keinem Beobachter verborgen, dass Marietta noch nie in ihrem Leben eine Wand gestrichen hatte. Vincenzo dagegen schien ein Meister darin zu sein. Er tauchte die Farbrolle in die Farbe, streifte sie ab und gab sie dann seiner Angebeteten in die Hand. Jedes Mal, wenn er das tat, bekam er als Belohnung ein kleines Küsschen von Marietta. Wenn Marietta dann die Farbe auftrug, zeigte ihr Vincenzo genau, wie sie das tun musste. Er legte eine Hand auf ihre und bewegte damit die Farbrolle. Die andere Hand ließ er geschickt zu ihrem Hintern gleiten. Das lustige Funkeln in Mariettas Augen zeugte davon, wie sehr sie diese Berührung genoss.

Nicky lächelte.

Marietta hatte immer daran gezweifelt, noch einmal einen Mann zu finden, mit dem sie ihren Lebensabend verbringen konnte. Also jemanden, mit dem sie es auch wollte. Denn Mariettas Ansprüche waren nicht gerade niedrig. Ihr Credo war immer gewesen: „Bevor ich mir einen alten Mann ans Bein binde, bleibe ich lieber alleine." Vincenzo war etwa zehn Jahre jünger als Marietta und damit eigentlich kein junger Hüpfer mehr. Aber er schien der perfekte Partner für sie zu sein, und darauf kam es schließlich an.

Nicky wurde durch ein Kichern aus ihren Gedanken gerissen. Marietta war es gelungen, beim Streichen der Wand ihren Umhang von oben bis unten vollzukleckern. Auch Vincenzo hatte ein bisschen was abbekommen. Zärtlich strich Marietta ihm die Farbe von der Wange und drehte sich dazu in seinen Armen um. Vincenzo ließ die Farbrolle fallen, nahm seine Marietta stürmisch in den Arm und küsste sie, als ob es kein Morgen gäbe.

»Hey, ihr da! Ihr sollt arbeiten, nicht rumknutschen wie zwei Teenies.« Mariettas Großnichte Isabella war neben die beiden getreten und scheuchte sie auseinander.

»So werden wir nie fertig. Könnt ihr euch das nicht für heute Abend aufheben? Also, wenn ihr dann noch genug Energie habt.« Isabella grinste.

Marietta stemmte empört die Hände in die Hüften und blickte ihre Großnichte streng an. »Nun hör mal, du junges Gör, wie sprichst du denn mit mir? Warum unterstellst du uns, nicht mehr genug Energie zu haben? Nur, weil wir ein paar Jährchen älter sind als du? Also, wenn ich mich daran erinnere, wer von uns beiden beim Zumbatraining regelmäßig aus der Puste kommt, würde ich eher denken, dass du heute Abend zu schwach für andere Aktivitäten bist. Oder was meinst du, Cara?«

Isabella nahm die kleine Spitze mit Humor und lachte. »Da könntest du vielleicht recht haben, Tantchen.«

Nicky lächelte. All die Menschen um sie herum waren so großartig. Jeder war uneigennützig hier aufgetaucht, um ihr zu helfen. Sie sah sich um und bewunderte die ersten Veränderungen.

»Nicky, kannst du mal kurz schauen, ob dir das so gefällt?« Marc war auf sie zugetreten und zog sie in den Umkleideraum der Frauen. Dort hatten die Männer schon Großartiges geleistet. Sie hatten die Wand, aus der die Kleiderhaken herausgerissen worden waren, wieder verspachtelt. Ein neuer Anstrich würde demnächst folgen.

»Schau mal, wir haben gedacht, wir könnten diese Bänke hier hinstellen. Findest du das gut? Dann hättest du ein bisschen mehr Platz, weil du beide Wände nutzen kannst. Bisher hattest du ja die Bank nur an dieser langen Seite hier, oder irre ich mich da?«

»Nein, du hast absolut recht. Bisher war da nur eine Bank, und es wäre natürlich großartig, wenn ihr mir zwei Bänke machen könntet, das entzerrt das Ganze ein bisschen. Das ist so cool! Ich bin wirklich so froh, dass ihr mir helft, und es gefällt mir supergut.«

»Sehr schön, dann werden wir noch die Wände streichen und schau mal hier: Wir haben schon was vorbereitet für die Kleiderhaken. Wir würden sie nicht mehr direkt in die Wand reindrehen, sondern hier dieses Brett noch entsprechend streichen und dann die Haken reindrehen. Dann hättest du den Vorteil, dass du das ganze Brett auch mal abnehmen kannst, zum Beispiel wenn dir die Farbe nicht mehr gefällt, wenn du andere Haken möchtest, was auch immer. Dann bist du viel flexibler. Was meinst du dazu?«

»Das hört sich einfach nur fantastisch an. Danke, Jungs, ihr seid die besten!«

Leon legte ihr von hinten die Arme um die Taille. »So, so, die Jungs sind die besten? Und was ist mit mir?«

»Das kommt ganz darauf an, ob du dich jetzt auch mal nützlich machst.«

»Was soll das denn heißen? Ich habe die Bretter für die Bänke gesägt.«

Nicky drehte sich in seinem Arm um und legte ihre Hände sanft an seine Wangen. Dann zog sie seinen Kopf langsam zu sich heran und legte ihre Lippen federleicht auf seine.

»Danke dafür. Und natürlich bist du der Beste.«

Und der Einzige für mich, ergänzte Nicky in Gedanken.

»So, macht Platz, hier kommt Stärkung.« Matteo war hinter Leon aufgetaucht. Er trug vier Taschen mit kleinen Leckereien aus dem Café in den Händen. Tom hatte in der Zwischenzeit Vesper für die Arbeitenden zubereitet.

»Super, du kommst wie gerufen, Matteo. Hast du alles mitgebracht, was ich aufgeschrieben hatte?«

Emma nahm ihm die Tüten ab und warf einen prüfenden Blick hinein.

»Ich denke schon, war gar nicht so schwer.«

Emma lächelte ihn dankbar an. »Du bist einfach fantastisch, weißt du das eigentlich? Ich bin wirklich froh, dass du uns so großartig unterstützt.«

»Und ich bin froh, dass ihr mir den Praktikumsplatz gegeben habt. Vincenzo wäre ja sonst nie zufrieden mit mir und meiner Arbeit. So kannst du ihn vielleicht davon überzeugen, dass ich inzwischen reif genug bin, um das Eiscafé zu übernehmen.«

Emma tätschelte Matteos Schulter und nickte ihm aufmunternd zu. »Darauf kannst du dich verlassen, das werde ich Vincenzo schon noch beibringen. Keine Sorge.«

Emma drehte sich um und rief alle zusammen. »Leute! Legt mal eine Pause ein. Hier ist frischer Kaffee für alle und noch ein paar belegte Brote. Stärkt euch gut, wir haben noch einen langen Tag vor uns.«

Die Helfer drängten sich in dem kleinen Vorraum zusammen. Alle griffen herzhaft zu, und Nicky ließ den Blick durch die Runde schweifen. Einmal mehr wurde sie von einer riesigen Dankbarkeit erfüllt. Dankbarkeit für all diese wunderbaren Menschen in ihrem Leben, ihr neues Liebesglück und ihre Zukunft, die mit Sicherheit wieder rosarot werden würde.

Kapitel 42

Sorry

Justin Bieber, 2015

»Ist es wirklich in Ordnung, wenn ich nochmal nach Pia schaue?«
»Ja, natürlich, mach das. Ich sehe dir doch an, dass du wegen eures gestrigen Streits ein schlechtes Gewissen hast. Geh noch mal hin und sprich mit ihr. Wenn du ihr erklärst, dass du einfach nicht anders kannst, vielleicht kann sie dann Verständnis für unsere Beziehung aufbringen.«

Leon ließ die Schultern hängen. »Das glaube ich jetzt eher nicht, aber ich möchte trotzdem noch mal mit ihr reden. Ich habe ihr wirklich böse Dinge an den Kopf geworfen, weil ich so wütend war. Manchmal finde ich es erschreckend, wie düster sie geworden ist. Immer sieht sie überall nur Probleme und kann sich gar nicht freuen, dass ich mit dir glücklich bin. Und das tut mir weh. Und trotzdem war es nicht in Ordnung, dass ich sie so angefahren habe. Wir haben uns in unserem Leben noch nie gestritten. Zumindest nicht so. Wenn, dann waren es eher kleine Kabbeleien, die nach einer Stunde schon wieder vergeben und vergessen waren. Aber das gestern war wirklich ein großer Streit. Das tut mir leid, und ich möchte mich so gerne bei ihr entschuldigen.«

»Natürlich, das ist doch verständlich. Und wenn es dir danach besser geht, ist das doch super für alle.«

Leon blickte in Nickys Augen und sah darin Verständnis und Liebe. Er war so ein Glückspilz, dass diese Frau ihn unbedingt haben wollte. Dass sie ihn liebte und ihm noch einmal eine Chance gegeben hatte. Und auf eine solche zweite Chance hoffte er jetzt auch bei Pia. Hoffentlich würde sie nicht wieder auf Durchzug schalten und gleich komplett abblocken. Er wusste, er hatte einen Fehler gemacht. Er hätte sie nicht anschreien dürfen. Er wusste ja, dass sie sich ihr Schicksal nicht ausgesucht hatte, und dass sie selbst nicht glücklich mit der Situation war. Wie sollte sie es auch sein? Aus dem offenen jungen Mädchen von früher war eine in sich gekehrte, abweisende Frau geworden. Wie sollte Pia damit glücklich sein? Sicherlich würde sie sich wünschen, wieder feiern zu können, sich jedem uneingeschränkt öffnen zu können und Vertrauen zuzulassen. Leider sah es im Moment nicht danach aus, als würde sie sich in diese Richtung entwickeln. Aber vielleicht könnte er ihr dabei helfen. Es war seine Aufgabe, sie zu beschützen und ihr ihre Angst zu nehmen. Wenn er ihr zeigte, wie wundervoll Engeltal und seine Bewohner waren, wie wertvoll die Verbindung mit den Mädels für sie sein könnte, vielleicht tat sie dann den ersten Schritt. Und Leon wusste aus Erfahrung, dass der erste Schritt immer der schwerste war.

»Nimm noch den Schlüssel mit. Dann brauchst du nicht auf die Uhr zu schauen. Ich muss ehrlich sagen, ich bin ganz schön geschafft nach dem Tag heute. Du hattest recht, meine Energie habe ich heute komplett aufgebraucht.«

Leon nahm Nicky in den Arm. »Dann gönn dir doch jetzt ein schönes heißes Bad und mach es dir gemütlich. Ich hoffe, dass ich nicht ganz so schnell wieder da sein werde wie beim letzten Mal. Vielleicht gibt mir Pia ja endlich eine Chance, ihren Panzer zu knacken.«

»Ich wünsche dir dabei viel Erfolg. Sei behutsam und überfordere sie nicht. Und wenn du merkst, dass du wütend wirst, dann brich das Gespräch lieber ab, bevor du wieder Worte sagst, die du hinterher bereust. Du solltest lernen, etwas ruhiger zu werden und einzusehen, dass du andere Menschen nur bedingt ändern kannst. Es ist Pias Entscheidung, wie sie mit ihrem Leben umgehen möchte. Du musst ein wenig geduldiger und sanfter mit ihr umgehen. Dann wird das bestimmt.«

»Du und dein Optimismus. Davon sollte ich mir dringend mal eine Scheibe abschneiden.«

»Ich habe genug für uns beide, also wenn du magst, gebe ich dir gerne was davon ab. Und nun geh, das Gespräch wird nicht einfacher werden, wenn du es hinausziehst. Ich weiß, dass du dich vor der Aussprache fürchtest, aber du musst das jetzt hinter dich bringen. Ich drücke dir fest die Daumen.«

»Danke, ich fürchte, das kann ich gut gebrauchen.«

»Pia? Pia, wo bist du? Ich muss mit dir reden. Ich weiß, du bist sauer auf mich und du hast jedes Recht dazu. Ich war ungerecht, und ich möchte mich gerne entschuldigen. Können wir reden?«
Leon erhielt keine Antwort. In der Wohnung war es still. Ungewohnt still. Er hörte nur das Radio leise spielen. Ein Hit aus den Neunzigern, an dem er sich schon vor einigen Jahren sattgehört hatte, dudelte im Hintergrund.

»Pia?«

Mit großen Schritten lief Leon einmal durch das Wohn- und Esszimmer. Pia war weder auf ihrem angestammten Platz auf der Couch, noch in der Küche zu finden. Leon blieb vor dem Badezimmer stehen und klopfte leise an die Tür.

»Pia? Bist du da drin? Bitte sprich mit mir. Ich weiß, ich bin ein Idiot, und ich hab's richtig versaut. Aber wir sollten nicht im Streit leben. Wir sind Geschwister, und wir halten immer zusammen. Weißt du das noch?«

Keine Reaktion. Leon atmete tief ein. Er war über seinen Schatten gesprungen und hatte sich dem Gespräch gestellt, nun wollte er es auch hinter sich bringen. Hauptsächlich, um sich wieder besser zu fühlen. Er wusste, dass er in den letzten Monaten zu viel unbedacht in die Welt hinausposaunt hatte. Er hatte Nicky verletzt, er hatte Pia verletzt. Er hatte Lügengeschichten erzählt und zu viel gesagt, ohne vorher darüber nachzudenken. Und er hatte seiner Wut zu viel Raum gegeben. Das würde sich jetzt ändern. Mit diesem Gespräch würde er den letzten Streit aus dem Weg räumen, und dann, ja, was dann? Dann würde er nie wieder unbedacht irgendetwas sagen? Das war Quatsch, das wusste er selbst. Aber Nicky würde ihm dabei helfen, zu einem besseren Menschen zu werden. Sie würde ihn darin unterstützen, mehr Verständnis für seine Mitmenschen aufzubringen und mehr Liebe zu geben. Er war sich sicher, dass Nicky dazu die Kraft hatte. Wenn es jemand schaffen konnte, dann sie. Er öffnete die Badezimmertür.

»Pia, ich komm jetzt rein, okay?«

Er gab der Tür einen kleinen Schubs, und sie öffnete sich langsam. Pia war nicht im Badezimmer. Leon tigerte weiter zu ihrem Schlafzimmer. Noch einmal klopfte er an, diesmal ersparte er sich den Vortrag und riss die Tür mit einem Ruck auf. Doch auch das Schlafzimmer war leer. Pia war nicht in der Wohnung.

Leons Herz schlug schneller, Schweiß sammelte sich auf seiner Stirn, ein unangenehmes Grummeln breitete sich in seinem Bauch aus. Wo konnte sie nur sein? Es war Samstag, und die Agentur hatte geschlossen. Pia hatte noch nie am Wochenende gearbeitet, und sie hatte die Wohnung bisher nur selten außerhalb ihrer Arbeitszeit verlassen. Sie hatte immer auf diesem einen Platz auf dem Sofa gesessen, hatte gelesen oder ferngesehen, ja sie hatte sogar angefangen zu häkeln. Sie hatte sich in den Kopf gesetzt, sich eine Mütze zu häkeln, bevor es zu warm wurde, um sie zu tragen.

Leon zog sein Handy aus der Tasche und wählte Pias Nummer. Er hatte sie unter Favoriten abgespeichert, genau unter Nickys Nummer. Es tutete kurz, dann erschallte der Klingelton von Pias Handy direkt neben Leon. Er zuckte zusammen, denn der Ton war in der Stille der Wohnung so laut wie ein Megaphon direkt neben seinem Ohr.

Pia war aus der Wohnung gegangen ohne Handy? Sie hatten sich geschworen, dass sie das niemals tun würden. Denn nur so könnten sie sich im Notfall erreichen. Ihre Handys waren ihre Lebensversicherung gewesen. Sie hatten sich extra neue Geräte angeschafft, mit einer neuen Nummer für ihr neues Leben. Und nun lag das Handy hier?

In Leon Kopf explodierten die Gedanken. Pia war nicht da. Sie hatte ihr Handy hier gelassen. Und das, obwohl sie sich in letzter Zeit solche Sorgen gemacht hatte. Keiner wusste, wo sie war, oder? Sein Herz galoppierte nun so schnell, als hätte er einen Hundert-Meter-Sprint hinter sich gebracht. Waren Pias Bedenken doch berechtigt gewesen, war ihr etwas zugestoßen?

Leon ließ sich auf das Sofa sinken. Er musste jetzt einen kühlen Kopf bewahren, musste nachdenken. Er musste sich darüber klar werden, was er jetzt tun sollte. Wen sollte er anrufen, wem Bescheid geben? Oder sollte er einfach durch Engeltal laufen und seine Schwester suchen? Was war, wenn sie den Ort verlassen hatte? Wenn sie ein Leben ohne ihn beginnen wollte? Hatte sie ihren Streit so schrecklich aufgefasst, dass sie jetzt alles in Zweifel zog?

Leon sprang auf und lief noch einmal in Pias Schlafzimmer zurück. Er öffnete den Kleiderschrank. Nein, all ihre Klamotten waren da. Er schaute im Bad nach, auch von ihren Pflegeutensilien fehlte nichts, soweit er das überblicken konnte.

Nein, Pia hatte Engeltal definitiv nicht verlassen. Zumindest nicht freiwillig.

Kapitel 43

Lean on Me
Bill Withers, 1972

Nicky hatte sich, wie von Leon vorgeschlagen, ein heißes Bad eingelassen und genoss den entspannenden Duft nach Patschuli und Vanille. Es tat ihr gut, einfach mal wieder ein paar Minuten nur für sich zu haben, so sehr sie die Zeit mit Leon auch genoss. Sie ließ die Gedanken ein wenig schweifen und war gerade dabei, einzunicken, als sie der Klingelton ihres Handys jäh aus ihren Träumen riss.

Mit schaumigen Fingern griff sie danach. Es war Leon. Er war doch erst vor ein paar Minuten gegangen. Dann schien das Gespräch wohl nicht besonders gut gelaufen zu sein. Hoffentlich war es nicht wieder eskaliert. Nicky seufzte.

»Hallo? Leon? Ist etwas passiert?«

»Nicky, ja, vielleicht. Ich bin mir nicht ganz sicher.«

»Was ist denn los? Du hörst dich an, als wärst du einem Gespenst begegnet.«

»Nicky, hör zu: Es gab gar kein Gespräch. Pia ist nicht in der Wohnung, ihr Handy liegt auch hier, und ich weiß nicht, wo sie ist. Kannst du mir helfen, sie zu finden? Ich weiß nicht, wen ich sonst anrufen soll. Ich mache mir große Sorgen. Pia verlässt die Wohnung sonst nie alleine und vor allem nicht ohne ihr Handy.«

»Leon, ganz ruhig. Hast du schon mal darüber nachgedacht, dass Pia sich deine Ansage zu Herzen genommen haben könnte und nun in Engeltal unterwegs ist, um andere Menschen kennenzulernen? Ist das so abwegig? Nur, weil eine erwachsene Frau am Samstagabend nicht auf dem Sofa sitzt, ist das doch kein Grund durchzudrehen.«

»Nein, du verstehst das nicht. Pia würde nie alleine abends irgendwo hingehen. Dazu hat sie viel zu viel Angst. Und sie würde auch nie ihr Handy zurücklassen.«

»Auch nicht, wenn sie keinen Bock darauf hat, dass du sie anrufst? Vielleicht trägt sie dir das Gespräch ja doch noch sehr nach und braucht einfach Abstand von dir? Das wäre zwar schade, aber eigentlich nicht unverständlich. Ich kann natürlich kommen und dir helfen, aber ich verstehe nicht, was das Problem ist.«

»Das kann ich dir im Moment auch nicht sagen. Kommst du? Wir treffen uns bei der Wohnung.«

Sie nahm das Smartphone vom Ohr und blickte das Display erstaunt an. Leon hatte einfach aufgelegt. Seufzend öffnete sie den Stöpsel der Badewanne und ließ das heiße Wasser ablaufen. Vorbei war es mit ihrer Entspannung. Sie konnte gar nicht verstehen, warum Leon so ein Drama daraus machte. Pia hatte ja nicht gewusst, dass er sie besuchen wollte. Warum sollte sie dann an einem Samstagabend auf dem Sofa sitzen und auf ihn warten?

Nickys Gedanken wirbelten in ihren Kopf herum. Da war es wieder, Leons Geheimnis. Sie hatte sich in den letzten Tagen immer wieder gepredigt, dass es keinen Unterschied machte, ob er es ihr erzählte oder nicht. Sie hatte sich eingeredet, dass sie es nicht wissen musste, dass es ganz egal war, welche Bürde er mit sich herumtrug. Sie hatte sich gesagt, dass es für die Zukunft keine Rolle spielte, was in seiner Vergangenheit gewesen war. Sie hatte verdrängt, dass er ihr nicht genug vertraute, um mit ihr dieses Geheimnis zu teilen.

Nicky wusch den restlichen Schaum von ihrem Körper und trocknete sich ab. Natürlich würde sie jetzt zu Leon gehen. Er hatte sie angerufen und darum gebeten. Aber trotzdem ging ihr nicht in den Kopf, warum er seiner Schwester das bisschen Zerstreuung übelnahm. Sie war sich sicher, dass Pia entweder ins Kino gegangen war, oder ins Numero Uno, einer kleinen spanischen Bar, die vor ein paar Monaten geöffnet hatte. Allzu lange würde die Suche nicht dauern. Aber vielleicht würde es schneller gehen, wenn sie die anderen um Hilfe bat. Wenn Leon so ein großes Fass aufmachte, könnte das doch nützlich sein. Während sie sich das Oberteil über den Kopf zog, rief sie noch einmal bei Leon an.

»Ja? Kommst du?«

»Ja, ich zieh mir nur schnell noch was an. Ich war schließlich in der Badewanne, so wie du es vorgeschlagen hast.«

»Gut, beeile dich bitte.«

»Leon, soll ich die anderen auch mitbringen? Soll ich einen Rundruf starten? Wenn du dir solche Sorgen machst, dann könnten wir mit zehn Personen Engeltal wahrscheinlich schneller durchkämmen als zu zweit.«

»Nein, sag bitte niemandem etwas und komm einfach.«

»Aber ...«

»Nichts aber. Wir brauchen die anderen nicht.«

Wieder hatte Leon aufgelegt, doch zuvor waren allerlei Emotionen aus seiner Stimme hervorgebrochen. Sie hatte Aufregung, Besorgnis und Ungeduld herausgehört. Schnell schlüpfte Nicky in ihre Sneaker, warf sich eine Jacke über und machte sich auf den Weg.

Vor seiner Wohnung wartete Leon schon sehnsüchtig auf sie. Sie versuchte, ihn beruhigend in den Arm zu nehmen, aber er wandte sich von ihr ab.

»Danke, dass du gekommen bist. Können wir los?«

»Natürlich.«

»Dann lass uns gleich starten. Du kennst dich in Engeltal besser aus. Wo könnte sie sein?«

»Als Erstes fallen mir das Kino und das Numero Uno ein, dann bliebe da noch die Bowlingbahn, oder sie macht einen Spaziergang durch den Stadtpark. Wobei ich das bei der Dunkelheit nicht ganz so realistisch finde, aber es wäre eine Möglichkeit. Der Goldene Adler ist wahrscheinlich nicht ganz ihr Geschmack, aber auch hier könnten wir noch vorbeischauen. Sonst hat in Engeltal um diese Zeit nicht mehr viel geöffnet. Also, die Kletterhalle noch, aber die liegt ja ein bisschen außerhalb.«

»Nein, das können wir eigentlich ausschließen. Was sollte Pia in der Kletterhalle tun? Sie klettert ja nicht und hat es auch nie ausprobiert. Ich kann mir nicht vorstellen, dass ihr gerade jetzt danach ist. Außerdem ist sie definitiv zu Fuß unterwegs. Das Auto steht noch da, wo ich es vorgestern geparkt hatte.«

»Gut, dann fangen wir an, oder?«

Er nickte und nahm ihre Hand. Während sie Engeltal durchkämmten, schweiften Nickys Gedanken immer wieder zu der Frage zurück, was Leon ihr verschwieg. Was hatte seine Schwester so Besonderes an sich, dass sie nicht alleine ins Kino gehen oder eine Bar besuchen durfte? Er hatte sie doch dazu ermutigt, sich zu öffnen und ihr Leben anzunehmen. Zumindest hatte er das erzählt. Warum also wunderte es ihn, dass seine Schwester seine Anregungen in die Tat umsetzte?

»Leon, meinst du nicht, du solltest mir mal erklären, was eigentlich los ist? Ich meine, ich suche natürlich gerne mit dir nach Pia, und ich helfe dir auch gerne, aber ich verstehe nicht, warum wir das tun.«

»Nicky.« Leon war stehen geblieben und hatte sich zu ihr umgedreht. Er legte seine Hände auf ihre Schultern und sah sie ernst an. Auf seiner Stirn hatten sich tiefe Falten eingegraben.

»Du verstehst das nicht und du kannst es auch nicht verstehen. Es gibt Dinge in meinem Leben, über die kann ich nicht reden. Nicht mit dir und auch mit niemandem sonst. Nur mit Pia. Und ihr geht es genauso. Während ich es also vorgezogen habe, trotzdem Anschluss zu finden und dieses Thema auszuklammern, hat sie sich zu Hause versteckt, um ja nicht von irgendjemandem nach ihrer Vergangenheit gefragt zu werden.«

»Was sind das für Dinge? Leon, du machst mir Angst.«

»Du musst keine Angst haben, aber ich kann es dir nicht sagen. Es ist ein Geheimnis, das ich seit Monaten mit mir herumtrage, und ich würde nichts lieber tun, als es mit dir zu teilen, Nicky. Das kannst du mir glauben. Aber es geht nicht, und jetzt hör bitte endlich auf nachzufragen. Ich kann es dir nicht sagen. Wenn du damit ein Problem hast, muss ich die Suche alleine fortsetzen. Fakt ist, dass Pia seit Monaten schreckliche Angst hat und niemals alleine irgendwo hingeht. Ich weiß, dass du das nicht verstehen kannst, aber wenn ich es dir sage, dann glaube es doch bitte und hinterfrage es nicht die ganze Zeit. Ich werde jetzt ins Kino reingehen und herausfinden, wer in diesem Film sitzt. Wenn du möchtest, freue ich mich, wenn du mich begleitest. Wenn du darauf jetzt keine Lust mehr hast, kann ich es verstehen. Es tut mir leid, dass ich dich enttäuschen muss. Mal wieder. Aber es geht nicht anders. Vertraust du mir?«

Nicky atmete einmal tief durch. Leons Rede hatte sie verletzt. Sie hatte ihm so viel Freiraum gegeben und nicht weiter nachgebohrt. Auch, wenn sie unbedingt wissen wollte, was es war, so hatte sie ihn doch niemals gedrängt. Dass er ihr jetzt vorhielt, dass sie genau das getan hätte, fand sie alles andere als fair. Und dass er ihr so ins Gesicht sagte, dass er sein Geheimnis nicht mit ihr teilen wollte, enttäuschte sie.

»Ich soll dir vertrauen? Aber du vertraust mir doch auch nicht. Sonst könntest du mir doch dein Geheimnis erzählen.«

»Wie gesagt, es geht nicht. Vielleicht wird es irgendwann anders sein. Ich hoffe es bei Gott, denn ich habe es so satt. Du hast keine Ahnung davon, wie es ist, wenn man so einen riesigen Rucksack mit sich herumträgt. Und ja, ich bitte dich, mir zu vertrauen. Trotz allem.«

Leon hielt Nicky seine Hand entgegen. Sie zögerte kurz, doch dann legte sie ihre hinein.

»In Ordnung, ich vertraue darauf, dass du weißt, was das Richtige ist. Und trotzdem macht es mich betroffen, dass dieses Vertrauen nicht auf Gegenseitigkeit beruht.«

»Danke.«

Leon nickte kurz, dann verschloss sich seine Miene. Seine Kieferknochen traten hervor, so fest biss er die Zähne zusammen. Dann zog er sie hinein ins Kino, um die junge Frau neben der Popcornmaschine nach den Leuten zu befragen, die im großen Saal saßen. Pia war nicht dabei. Er durfte sogar einen kurzen Blick in den Saal werfen, nur um selbst festzustellen, dass sie wirklich nicht da war.

»Okay, dann weiter. In die Bar, ja?«

Zwei Stunden lang hatten Nicky und Leon ganz Engeltal auf den Kopf gestellt. Doch Pia war nirgends gewesen. Mit jedem Etablissement, das sie hinter sich gebracht hatten, wurde auch das Bauchgrummeln bei Nicky intensiver. Wenn Pia nicht in Engeltal war, wo könnte sie dann sein?

»Vielleicht sollten wir wieder zurück zur Wohnung gehen. Möglicherweise ist Pia schon wieder da, und wir haben sie einfach verpasst? Das wäre doch möglich.«

Leon stand inzwischen vor ihr wie ein Häufchen Elend. Sie sah ihm an, dass er sich große Sorgen und Vorwürfe machte. So gerne wollte sie ihm helfen, aber sie hatte keine Ahnung, wie.

Kapitel 44

Photograph
Ed Sheeran, 2014

»Pia? Bist du da?«
Leon stürmte in die gemeinsame Wohnung, aber noch immer empfing ihn nur eine kalte Stille. Pia war nicht da.

Leon strich seine Haare nach hinten. Pia war nirgends aufzufinden. Ob sie das absichtlich tat, um ihm zu zeigen, dass er sich nicht so in Sicherheit wiegen durfte? Zutrauen würde er es ihr nach ihrem Streit. Aber da sie nicht wissen konnte, dass er sie heute noch einmal besuchen wollte, wäre dieser Plan zum Scheitern verurteilt gewesen.

Er ließ sich auf das Sofa sinken und legte den Kopf in die Hände. »Mein Gott, was soll ich bloß tun?«

Nicky setzte sich neben ihn und strich ihm beruhigend über den Rücken. Ihre Anwesenheit tat ihm gut, sie gab ihm etwas Kraft. Aber nicht genug, um nicht durchzudrehen. Er stand wieder auf und lief durch das kleine Wohnzimmer.

»Wo kann sie nur sein?«

»Ich weiß es nicht, Leon. Da sie heute auch nicht beim Renovieren dabei gewesen ist, könnte sie schon den ganzen Tag weg sein.«

»Du hast recht, daran habe ich gar nicht gedacht. Vielleicht hat sie auch einen Ausflug gemacht. Wenn Sie den ganzen Tag Zeit hatte, hätte sie sogar mit dem Zug nach Stuttgart fahren können. Aber was rede ich denn da? Das würde Pia niemals tun. Sie versteckt sich hier in diesem kleinen Ort, da würde sie bestimmt nicht freiwillig in die Großstadt fahren.«

»Setz dich zu mir. Im Moment können wir sowieso nichts anderes tun, als zu warten. Komm, ich lenke dich ein bisschen ab. Lass mich dir ein paar Fotos von meiner Kollektion zeigen, von den Entwürfen, die ich in den letzten Wochen gemacht habe. Vielleicht muntert es dich ein wenig auf.«

Leon blickte Nicky kritisch an und seufzte tief. Fotos anschauen, war das Letzte, was er im Moment wollte, aber vielleicht hatte sie recht, und es würde ihn auf andere Gedanken bringen. Im Moment konnte er sowieso nichts tun, und genau das machte ihn wahnsinnig. Sollte er die Polizei einschalten? Aber was sollte er ihnen sagen? Er wusste ja noch nicht mal, wann Pia verschwunden war und ob sie nicht doch freiwillig die Wohnung verlassen hatte. Er konnte hier nicht die ganze Stadt ins Chaos stürzen, nur, weil er nicht wusste, wo seine Schwester war. Also ließ er sich neben Nicky auf das Sofa sinken und legte seine Hand auf ihr Knie. Sie kuschelte sich an ihn und gab ihm einen sanften Kuss auf die Wange.

»Du wirst sehen, alles wird gut.«

Leon nickte, aber überzeugt war er davon nicht. Aber es brachte auch nichts, wenn er Nicky noch mehr beunruhigte. Er wusste, er hatte viele Fragen aufgeworfen und keine davon beantwortet. Dass Nicky trotzdem hier neben ihm saß und ihn nicht schon lange zum Teufel geschickt hatte, lag allein an ihrer wundervollen Art zu vergeben. Wenn es sie glücklich machte, würde er ihre Fotos anschauen.

»Schau mal, Alina in ihrem Hochzeitskleid. Sie sah so wunderschön aus, findest du nicht?«

»Ja, es war wirklich ein schönes Fest. Das Beste daran war, dass du mir verziehen und mir eine zweite Chance gegeben hast.«

Sie schenkte ihm ein strahlendes Lächeln. »Ja, was für ein Glück, dass ich über meinen Schatten gesprungen bin und mich getraut habe, dich anzusprechen.«

Sie blätterte weiter durch die Bilder, und Leon nahm nur am Rande wahr, wie die Hochzeit noch einmal an ihm vorbeirauschte.

»Und das hier sind wir bei unserem Spaziergang im Park damals. Als wir uns eingeredet hatten, dass wir nur Freunde sein wollen. Wir waren irgendwie so blöd.«

Leon nahm Nicky das Handy aus der Hand. »Das habe ich gar nicht mitbekommen, wann hast du das denn gemacht?«

Sie sah ihn überrascht an. Seine Frage war hart gewesen, mit einem lauernden Unterton. Er hatte es selbst gehört, aber er konnte nichts dagegen tun.

»An diesem Tag, als wir im Stadtpark spazieren waren. Du hast dann einen Anruf von einem Kunden bekommen. In der Zwischenzeit habe ich das Bild auf Instagram gepostet. Es ist wirklich schön geworden, findest du nicht?«

»Du hast was?« Leons Stimme war scharf wie ein Schwert und schnitt durch die kalte Stille der Wohnung.

»Ich habe das Bild auf Insta gepostet? Was ist daran schlimm?«

»Zeig mir schnell deinen Account, los.«

»Okay, klar, wenn du möchtest.«

Nicky öffnete das Programm mit zitternden Fingern. Leon besah sich den Post. Sein Gesicht war auf diesem Bild deutlich zu erkennen. Wenn die falschen Personen diesen Beitrag gesehen hatten, würde das alles erklären. Es würde erklären, warum sie wussten, dass er in Engeltal war. Sie waren ja nicht blöd, sie konnten eins und eins zusammenzählen und sich darauf verlassen, dass sie auch Pia hier finden konnten. Nicky hatte angegeben, dass sie sich in Engeltal befanden. Ein ungutes Gefühl stieg in ihm auf, sein Magen krampfte sich zusammen, Magensäure stieg in seiner Kehle auf. Das könnte alles erklären. Auch den Verdacht, dass sie im Studio etwas gesucht hatten, würde es untermauern. Sie waren auf der Suche nach Informationen über Pias Aufenthaltsort gewesen. Auf der Suche nach irgendetwas, was sie zu ihr führen würde. Und das würde gleichzeitig bedeuten, dass sie schon seit einigen Tagen in Engeltal waren.

Wie von der Tarantel gestochen sprang Leon auf. Das durfte nicht wahr sein. Und er hatte seiner Schwester immer Paranoia vorgeworfen.

So viele Emotionen überfluteten Leon in diesem Moment. Angst um Pia und davor, dass ihr etwas zugestoßen sein könnte, Wut auf Nicky, die dieses Foto gepostet hatte, ohne ihn um Erlaubnis zu fragen. Und er hatte ein unglaublich schlechtes Gewissen. Er hatte genau gewusst, dass seine Beziehung mit Nicky ihn und seine Schwester in Gefahr bringen könnte. Er hatte alles in Kauf genommen, um mit Nicky zusammen zu sein. Wie oft hatte Pia ihn gebeten, einfach noch ein wenig zu warten, bis sie wirklich in Sicherheit wären. Aber er konnte ja nicht warten, musste seinen Kopf durchsetzen, musste unbedingt seinem Herzen folgen. Und nun?

»Warum hast du mir nicht gesagt, dass du dieses Bild veröffentlicht hast?«

Leons Stimme hatte einen kalten Klang angenommen, und er sah in Nickys Augen, dass er ihr Angst machte.

»Ich, ich ... Ich wusste doch nicht, dass das für dich ein Problem ist. Leon, was ist denn los?«

»Was los ist? Mit diesem beschissenen Foto hast du Pias Leben in Gefahr gebracht!«

Nickys Unterlippe zitterte. Tränen waren in ihre Augen getreten, sie blickte ihn an, als wäre er ein komplett Fremder für sie. Und genauso musste er in diesem

Moment auf sie wirken. Er wusste, seine harten Worte würden ihm später leidtun, aber er konnte nicht aus seiner Haut. Vor lauter Angst um seine Schwester entluden sich all seine Emotionen über Nicky.

»Du hast alles verdorben. Du hast Pia in Gefahr gebracht, du hast mich in Gefahr gebracht und dich noch dazu. Mit dieser undurchdachten Aktion hast du unser neues Leben gefährdet. Nicky, verstehst du denn nicht? Ich kann nicht mehr hierbleiben. Und jetzt ist es noch wichtiger, dass ich Pia finde. Dieses verdammte Foto ist schuld daran, wenn ihr irgendetwas zustößt.«

»Aber ...«

»Nichts aber. Du alleine trägst die Schuld daran, und jetzt geh! Ich will dich nicht mehr sehen!«

»Aber, Leon, wie hätte ich das denn wissen sollen? Ich hab' das doch nicht mit Absicht getan.«

»Das tut nichts zur Sache. Lass mich und meine Schwester einfach in Ruhe. Es war der größte Fehler meines Lebens, mich mit dir einzulassen. Wenn ihr irgendetwas passiert, Nicky, werde ich dir das niemals verzeihen können. Und du hoffentlich auch nicht.«

Nicky griff schluchzend nach ihrer Tasche und rannte aus der Wohnung. Sie schlug die Tür laut hinter sich zu.

Leon nahm den nächstbesten Gegenstand, den er greifen konnte, und warf ihn an die Wand. Es war die kleine Stehlampe, die auf dem Tischchen neben dem Sofa gestanden hatte. Mit einem lauten Knall zersprang der gläserne Lampenschirm in tausend Scherben. So, wie sein Leben in diesem Moment zersprungen war.

Er wusste, dass Nicky keine Schuld traf. Er allein war schuld. Er hatte Nicky niemals gesagt, warum er nach Engeltal gekommen, was in seiner Vergangenheit vorgefallen war. Sie konnte gar nicht wissen, dass sie das Foto nicht hätte posten dürfen. Und trotzdem machte es ihn wahnsinnig, dass sie es getan hatte, ohne nach seinem

Einverständnis zu fragen. Hätte sie das getan, hätte er alles aufhalten können. Dann wäre Pia jetzt hier, Nickys Studio wäre nicht auseinandergenommen worden, und er könnte glücklich in ihren Armen liegen. So hatte er nichts von alledem.

Seine Schwester war vermutlich entführt worden, aber er wusste es nicht sicher. Er konnte sich noch immer nicht erklären, was genau passiert war. Das Foto gab ihm vielleicht einen wichtigen Hinweis darauf, also loggte er sich bei Instagram ein. Er suchte Nickys Profil und versuchte herauszufinden, wer das Bild gesehen haben könnte. Er durchsuchte die Likes. Es waren zweihundertachtundvierzig Stück, eine beachtliche Leistung. Doch all die Namen, all die Gesichter, die er hier sah, brachten ihn nicht weiter. Die Bilder verschwammen vor seinen Augen.

Aller Hoffnungen beraubt, warf er das Handy neben sich auf das Sofa. Er fuhr sich durch die Haare und überlegte, was er zu tun hatte. Er wusste, dass er ungerecht gewesen war. Er allein hatte diese Situation verschuldet. Und er hatte Pia als paranoid bezeichnet. Es tat ihm so leid. All seine Worte, sein Unglaube, seine Verurteilung. Alles, was er seiner Schwester an den Kopf geworfen hatte, bereute er in diesem Moment, und die Erkenntnis traf ihn wie ein Blitz.

Pia war nicht zu vorsichtig gewesen, sondern er zu leichtsinnig. Er hatte all ihre Warnungen in den Wind geschlagen, hatte ihr keinen Glauben schenken wollen. Und warum? Weil er lieber in seiner kleinen, eigenen rosaroten Liebeswelt mit Nicky geschwelgt hatte. Weil er gedacht hatte, es wäre endlich an der Zeit, dass er sein Glück fand. Weil er beschlossen hatte, dass er nun an der Reihe wäre. Er war so egoistisch gewesen, hatte sein persönliches Glück über alles gestellt. Und seine Ungeduld und seine Unvorsichtigkeit hatten ihn in diese

Situation manövriert. Und wofür das alles? Mit seinem Auftritt eben hatte er mit Sicherheit auch Nicky verloren. Er hatte sie wieder einmal aus seinen Armen getrieben, hatte ohne zu überlegen Dinge zu ihr gesagt, die sie verletzt hatten. Sie hatte sogar Angst vor ihm. Ausgerechnet vor ihm. Obwohl er keiner Fliege etwas zuleide tun könnte. Ausgerechnet vor ihm, wo er doch für sie da sein wollte, ihr Fels in der Brandung.

Seine Hände hatten sich zu Fäusten geschlossen, die Zähne hat er fest aufeinandergebissen. Er hasste sich in diesem Moment so sehr, wie er sich noch niemals gehasst hatte. Er hatte das Leben seiner Schwester aufs Spiel gesetzt, um eine Beziehung einzugehen, die er nun ebenfalls zum Scheitern verurteilt hatte.

»Super gemacht, Leon. Ganz toll.«

So sehr er es verdient hatte, er durfte sich jetzt nicht in Selbstmitleid suhlen, durfte sich nicht selbst verurteilen und damit wertvolle Zeit ins Land ziehen lassen. Er musste jetzt etwas tun, musste seiner Schwester helfen. Wenigstens jetzt hatte er für sie da zu sein. Es musste ihm gelingen, seinen Fokus komplett auf Pia zu legen und zu überlegen, wie er ihr helfen könnte.

Und da fiel ihm nur einer ein: Steiner.

Kapitel 45

Hey, Soul Sister
Train, 2009

»Emma?«

Nicky klingelte und klopfte so lange an Emmas Tür, bis ihre Freundin endlich öffnete. Nicky kam es so vor, als stünde sie seit Stunden vor der Tür. In Wirklichkeit waren es sicher nicht mehr als ein oder zwei Minuten gewesen.

Emma öffnete mit einem erstaunten Ausdruck auf ihrem Gesicht die Tür. Sie trug einen Bademantel, so, als hätte Nicky sie ebenfalls aus der Badewanne geholt.

»Nicky, Süße. Was ist denn passiert?«

»Emma, ich mache immer alles falsch.« Nicky schluchzte.

»Jetzt komm erst mal rein, und dann erzählst du mir alles.«

Emma führte ihre Freundin in ihr kleines Wohnzimmer. Tom saß vor dem Fernseher und sah sich ein Fußballspiel an.

»Oh, hi Nicky. Ich glaube, ich zieh mal um. Ich geh ins Bett, bin schon ganz schön müde. Gute Nacht.«

Tom schaltete den Fernseher aus und verzog sich schnell ins Schlafzimmer. Weinende Frauen waren ihm wohl ein Graus. Aber Nicky war dankbar dafür, dass er sich freiwillig zurückzog. So würde es ihr leichter fallen, über all die schrecklichen Geschehnisse der letzten Stunden zu sprechen.

»Jetzt setz dich erst mal. Ich ziehe mir nur schnell etwas an und dann mach ich uns einen Tee. Oder brauchst du eher einen Schnaps?«

Nicky schüttelte den Kopf. Tränen rannen über ihre Wangen, sie konnte Leons Worte nicht vergessen. Und seinen Gesichtsausdruck. Wie er sie angestarrt hatte, diese ganze Wut in seinen Augen, er war wie von Sinnen gewesen und hatte ihr regelrecht Angst gemacht. Eine Gänsehaut lief ihr über den ganzen Körper, wenn sie nur daran dachte. Sie hatte irgendetwas falsch gemacht, aber sie wusste gar nicht, was. Vielleicht würde es ihr helfen, mit Emma darüber zu reden, und möglicherweise fand die Freundin ja eine Erklärung für Leons Verhalten.

Wenige Minuten später war Emma im Jogginganzug und mit zwei Tassen Tee zurückgekehrt. Sie ließ sich neben Nicky auf dem Sofa nieder und legte den Arm um sie. Beruhigend streichelte sie ihr über den Rücken und gab ihr einen Kuss auf die Stirn.

»Süße, was ist denn passiert? Als wir vorhin das Studio verlassen haben, war doch noch alles in Ordnung. Du warst so glücklich mit dem Ergebnis und wolltest dir einen schönen Abend machen. Was ist passiert? Seitdem sind gerade mal vier Stunden vergangen.«

Nicky schluchzte. Sie versuchte, ihre Gedanken in Worte zu fassen, und schluckte schwer gegen den großen Kloß an, der sich in ihrem Hals gebildet hatte.

»Ja, das war ich auch. Ehrlich gesagt, weiß ich auch nicht genau, was eigentlich passiert ist. Leon wollte sich mit Pia treffen, aber sie war nicht da. Er war total panisch und hat einen Riesenaufstand gemacht, dass sie nicht alleine unterwegs sein darf, und überhaupt …«

»Wie, Pia darf nicht alleine unterwegs sein? Sie ist eine erwachsene Frau, und wir sind hier immerhin in Engeltal. Da laufen die Verbrecher ja nicht gerade auf der Straße rum. Na ja, abgesehen von den Einbrechern, die es auf dein Studio abgesehen hatten. Aber die werden ja kaum was von Pia wollen.«

»Das sehe ich genauso. Auf jeden Fall haben wir zwei Stunden lang ganz Engeltal durchkämmt. Wir waren wirklich überall. Im Kino, in der Bar, auf der Bowlingbahn, sogar im Goldenen Adler. Überall haben wir Pia gesucht, aber sie war einfach nicht zu finden. Als wir zurück in der Wohnung waren, war sie noch immer nicht wieder aufgetaucht.«

»Warum hast du mich denn nicht angerufen? Wir hätten doch beim Suchen helfen können.«

»Das habe ich Leon auch vorgeschlagen, aber er hat sich total verweigert. Er wollte nicht, dass ihr etwas darüber erfahrt. Emma, ich habe keine Ahnung, was los ist, aber etwas geht da nicht mit rechten Dingen zu.«

Nicky nahm einen Schluck von ihrem Tee. Das heiße Getränk rann wohltuend durch ihre Kehle und wärmte sie von innen heraus. Sie hatte gar nicht gemerkt, dass ihr eiskalt war.

»Okay, das ist wirklich seltsam, aber es erklärt noch nicht, warum du so aufgelöst vor meiner Tür gestanden hast. Das war sicherlich nicht der Grund, richtig?«

»Nein, natürlich nicht. Das war nur der Anfang. Ich dachte, ich könnte Leon ein bisschen ablenken und habe ihm Fotos gezeigt. Von der Hochzeit, von meinen neuen Kleidern und von unserem Spaziergang im Park. Als er das Foto von uns gesehen hat, ist er total ausgerastet, weil ich es auf Instagram veröffentlicht hatte. Er wurde so wütend.«

Ein Schauer durchfuhr Nicky allein bei der Erinnerung. Wieder füllten sich ihre Augen mit Tränen, und ein kurzes Schluchzen verließ ihre Kehle.

»Emma, du kannst dir nicht vorstellen, wie er da vor mir stand. Ich hatte richtig Angst vor ihm. Er hat mich angeschrien und gemeint, ich wäre schuld daran, wenn

Pia etwas zustößt, und er müsste wegen mir umziehen, solche Dinge. Es war ganz schrecklich, ich habe Leon überhaupt nicht wiedererkannt.«

Nickys Hände zitterten unkontrolliert. Schnell stellte sie die Tasse mit dem Tee wieder auf den Tisch, bevor sie etwas verschüttete.

»Was? Nicky, das verstehe ich nicht. Da komme ich nicht mit.«

»Ich doch auch nicht, das ist ja das Problem. Ich habe ein Foto gepostet, auf dem Leon und ich zu sehen sind. Ich habe mir nichts dabei gedacht. Es war ein schöner Tag, wir haben das Foto gemacht, er hat telefoniert, und in der Zwischenzeit wollte ich einfach nur der Welt zeigen, wie glücklich ich bin, also in diesem Moment war.«

Nickys Stimme war immer leiser geworden. Sie kam sich vor wie der schrecklichste Mensch auf Erden, und dabei wusste sie gar nicht, was eigentlich ihr Verbrechen gewesen war.

»Okay, lass mich mal zusammenfassen, was ich jetzt verstanden habe. Du hast ein Foto von dir und Leon gemacht, dann hast du es auf Instagram gepostet, und Leon hat es nicht gewusst. Soweit richtig?«

»Ja, genau.«

»Also darin sehe ich bis jetzt auch noch kein Verbrechen. Leon hat vorhin gesehen, dass du das Foto veröffentlicht hast, und dann ist er ausgerastet?«

»Ganz genau. Bevor er das Foto gesehen hat, war er einfach nur beunruhigt und hat sich Sorgen um Pia gemacht, aber in dem Moment, als ich ihm von dem Foto erzählt habe, ist er total ausgerastet. Er stand vor mir und hat mich angeschrien, und ich wusste einfach nicht, was ich tun sollte, Emma. Deshalb bin ich zu dir gekommen. Ich weiß, in letzter Zeit tue ich das sehr oft. Irgendwann drehen wir den Spieß um, du darfst jederzeit zu mir kommen. Es tut mir so leid, dass ich dich ständig ausnutze.«

»Ach, Süße, mach dir doch darüber keine Gedanken. Ich fühle mich nicht ausgenutzt, im Gegenteil. Ich bin gerne für dich da, aber jetzt lass uns weiter überlegen. Durch das Foto sollst du Pias Leben gefährdet haben, richtig?«

»So hat er es gesagt. Pias Leben und sein Leben und meines gleich mit dazu, und seine Zukunft in Engeltal.«

»Es tut mir leid, Süße, ich kann mir tatsächlich auch keinen Reim darauf machen. Es klingt, als ob in Leons Vergangenheit irgendetwas oder irgendjemand war, der ihm nach dem Leben trachtet. Aber ganz ehrlich, das hört sich für mich dann doch eine Spur zu dramatisch an. Vielleicht war Leon vor lauter Sorge um seine Schwester so angespannt, dass er einfach übertrieben hat. Manchmal passiert sowas ja, wenn die Emotionen mit einem durchgehen.«

Emma tippte nachdenklich mit ihrem Zeigefinger an ihr Kinn. »Nicky, ich glaube nicht, dass du dir Vorwürfe machen musst. Ich bin mir sicher, er macht sich Sorgen um Pia, da ist es ganz normal, dass man Dinge sagt, die man in dem Moment eigentlich gar nicht so meint. Vielleicht solltest du einfach noch mal mit ihm reden. Bleib gerne noch ein bisschen hier, trink deinen Tee in Ruhe und beruhige dich. Und dann gehst du nochmal zu Leon und suchst das Gespräch mit ihm. Bestimmt hast du irgendwas falsch verstanden.«

»Meinst du? Ich weiß nicht, ich hab' ein ganz schlechtes Gefühl dabei.«

Emma lächelte nachsichtig. »Das kann ich mir vorstellen, aber du solltest jetzt nicht zu viel Zeit ins Land ziehen lassen. Fronten verhärten sich, je länger ein Konflikt andauert. Ihr müsst sofort miteinander reden, dieses Missverständnis aus der Welt schaffen. Du musst ihm erklären, wie du dich fühlst. Wie ungerecht seine Anschuldigungen waren, und frag ihn nochmal ganz direkt, was er damit gemeint hat. Er muss dir jetzt endlich erklären, was es mit seinem mysteriösen Geheimnis auf sich hat. Er muss sich dir öffnen, wie sollt ihr denn sonst eine normale Beziehung führen? Auf Grundlage von Geheimnissen bestimmt nicht.«

Nicky nickte gedankenverloren. »Ja, da könntest du Recht haben.«

»Soll ich dich begleiten? Wäre es dir lieber, wenn du nicht alleine zu Leon gehen müsstest? Hast du noch Angst vor ihm?«

Nicky schüttelte den Kopf. »Nein, das war nur in diesem einen Moment, weil er so wütend war. Ich weiß, dass er mir nichts tun würde. Ich spüre auch, dass seine Vorwürfe mal wieder unüberlegt waren. Er war einfach so angespannt, dass seine Emotionen übergekocht sind. Und da ich die Einzige war, die in diesem Moment in seiner Nähe war, habe ich alles ungefiltert abgekriegt. Ja, du hast bestimmt recht, Emma. Ich danke dir für deine Worte und deinen Zuspruch. Du bist einfach die Beste, und ich bin wahnsinnig froh, dass ich dich habe.«

»Immer gerne, Nicky, das weißt du hoffentlich. Ich werde auf jeden Fall die ganze Nacht mein Handy eingeschaltet lassen und lege es auch neben mein Bett. Wenn du mich brauchst, ruf mich gerne an. Ich komme dann auch zu dir, oder du kommst noch mal hierher, oder was auch immer du brauchst. Ich bin für dich da. Immer.«

Nicky warf sich in Emmas Arme, und ein weiteres Mal schluchzte sie laut. Sie konnte sich nicht erklären, was in Leon gefahren war. Sie wusste nicht, was sie falsch gemacht hatte, und ihr Inneres sträubte sich dagegen, sich irgendeine Schuld einzugestehen, derer sie sich nicht bewusst gewesen war. Leon hatte ihr einiges zu erklären, und sie würde nicht nach Hause gehen, bis sie von ihm gehört hatte, was genau es mit Pias Verschwinden und dem ominösen Foto auf sich hatte. Sie würde nicht aufgeben, weder Leon, noch ihre Beziehung. Auch, wenn er sich wieder einmal total danebenbenommen hatte, war sie noch immer der Überzeugung, dass Leon der Mann ihres Lebens war. Und auch diesen Glauben würde sie nicht kampflos aufgeben.

Kapitel 46

Waiting for the End
Linkin Park, 2010

»Steiner?«

»Hallo Matthias, hier spricht Leon.«

Leon kam zunächst nichts als ein leises Hintergrundrauschen aus dem Telefonhörer entgegen.

»Leon? Was willst du? Gibt es ein Problem?«

Leon hörte Steiners Schritte, der wohl den Raum verließ, in dem er sich aufgehalten hatte. Die Stimmen im Hintergrund wurden leiser.

»Pia ist verschwunden.«

»Was? Wie kann das sein? Erzähl mir sofort, was passiert ist.«

Leon versuchte, in möglichst wenigen Worten zu erklären, was sich zugetragen hatte. Dass er sich auf eine Beziehung eingelassen hatte, und dass Pia verschwunden war.

»Du hast was? Wie kannst du nur so dumm sein? Damit hast du den ganzen Plan gefährdet. Du hast dich und deine Schwester in große Gefahr gebracht, ist dir das klar?«

Leon ließ den Kopf sinken. Wie viele Menschen wollten ihm eigentlich noch Vorwürfe machen? Er geißelte sich seit Stunden selbst. Seit er festgestellt hatte, dass seine Schwester wie vom Erdboden verschwunden war.

»Ja, das weiß ich. Jetzt.«

»Und vorher ist dir das nicht in den Sinn gekommen? Dir muss doch klar gewesen sein, dass du dich in Gefahr begibst, wenn du zu enge Bande knüpfst, oder nicht? Oder hast du um das Risiko gewusst und es womöglich ignoriert?«

Steiners Stimme war leiser geworden. Er hatte den Nagel auf den Kopf getroffen, aber das würde Leon nicht zugeben. Denn dann würde sein Gegenüber vollständig ausrasten.

»Ja, okay, ich habe einen Fehler gemacht. Das weiß ich selbst, aber es ist geschehen, und ich kann es nicht rückgängig machen.« Und ich möchte es auch nicht, setzte er im Stillen hinzu. Ihm war klar, dass seine Beziehung zu Nicky alles verdorben hatte, was sie sich in den letzten Monaten aufgebaut hatten. Dass er vielleicht nicht hierbleiben konnte, dass er Engeltal möglicherweise würde verlassen müssen. Aber nach seinem Ausbruch vorhin würde sie ihn sicher sowieso nicht wiedersehen wollen. Deshalb war es egal, es spielte alles keine Rolle. Wichtig war nur, dass sie Pia fanden.

Er hatte eine Weile überlegt, ob er Steiner anrufen sollte, aber ihm blieb keine andere Wahl. Er wusste, dass der Polizist nicht begeistert wäre, wenn er ihn um Hilfe bat. Aber was sollte er sonst tun? Die Polizei von Engeltal war schon mit dem Einbruch in Nickys Studio mehr als überfordert, die brauchte er nicht zu Hilfe zu rufen.

»Du hast ja recht, es bringt nichts, dir die Schuld in die Schuhe zu schieben. Was passiert ist, ist passiert. Das Einzige, was zählt, ist jetzt, dass wir deine Schwester retten. Ich stelle ein Team zusammen und komme so schnell wie möglich zu dir.«

Steiner legte auf. Das Gespräch war kurz, aber intensiv gewesen. Leon starrte auf seine zitternden Hände. Er atmete tief ein und versuchte, sich zu beruhigen. Aber das war einfacher gesagt als getan. Ihm war bewusst, dass er einige Zeit warten musste, bis Steiner eintraf. Also setzte er sich wieder auf das Sofa. Doch dort hielt es ihn nicht lange. Er konnte nicht stillsitzen, also ging er zurück in die Küche und machte sich einen Kaffee. Die Nacht würde lang werden, da konnte es nicht schaden, ein bisschen Energie zu tanken. An Schlaf war nicht zu denken, und er war auch viel zu unruhig dafür, um abzuschalten. Immer wieder sah er abwechselnd Nickys entsetztes Gesicht und Pias vorwurfsvollen Blick vor sich. Er hatte so viele Dinge falsch gemacht. Er hätte Nicky schon viel früher einweihen sollen. Bestimmt hätte sie sein Geheimnis nicht weitererzählt, und durch ihre Unwissenheit waren sie jetzt erst recht in eine schwierige Lage geraten. Hätte er ihr alles gesagt, wäre sie nicht auf die Idee gekommen, dieses Foto zu posten. Dann wären ihnen diese Verbrecher niemals auf die Spur gekommen. Eigentlich war das der Fehler gewesen. Nicht seine Beziehung oder seine Gefühle zu Nicky, sondern, dass er ihr nicht genug Vertrauen entgegengebracht hatte, um sie einzuweihen. Und daran wiederum war Pia nicht unschuldig. Sie hatte ihm immer wieder eingeschärft, er dürfe sein Geheimnis nicht verraten. Sie war überzeugt, sie dürften mit niemandem darüber reden, müssten alles mit sich selbst ausmachen und dieses Päckchen alleine tragen. Doch das war absoluter Blödsinn gewesen. Das wusste er jetzt.

Leons Leben war ein einziges Desaster. Immer wieder stolperte er von einem Problem zum nächsten. Sollte das jetzt immer so weitergehen? Und was würde er tun, wenn sie Pia nicht rechtzeitig fanden? Könnte er es verkraften, wenn er dafür die Verantwortung zu tragen hätte? Wenn Pia etwas passierte, würde er sich das niemals verzeihen. Selbst, dass sie entführt worden war, machte ihn schon fertig. Er durfte gar nicht daran denken, wie es ihm gehen würde, wenn …

Stunden später klingelte es an der Tür. Leon zuckte zusammen. Das musste Steiner sein. Er blickte durch das kleine Loch in der Tür, wie es ihm schon in den letzten Monaten zur Gewohnheit geworden war. Einfach frei heraus die Tür zu öffnen, weil der Paketbote vor der Tür stehen könnte, diese Angewohnheit hatte er in Köln gelassen. Er riss die Tür auf.

»Endlich.«

»Hey, hey, wir sind so schnell gekommen, wie es ging. Aber ich musste schließlich auch mein Team informieren.«

Leon ließ die Polizisten herein. Steiner hatte ein Team von acht Männern mitgebracht. Alle in schwarzen SEK-Uniformen, bewaffnet bis an die Zähne. Alle trugen große Laptoptaschen in der Hand. Die Männer verteilten sich im Wohn- und Esszimmer, und Leon kam sich vor, als wäre er in einem Sonntagabend-Krimi gelandet. Mit so viel Unterstützung hatte er nicht gerechnet.

»Ist das wirklich nötig?«

»Hast du gedacht, ich komme alleine? Wenn es wirklich so ist, wie es aussieht, brauchen wir jeden Mann.«

Leon nickte. »Du hast recht, was machen wir denn jetzt?«

»Wir versuchen, deine Schwester zu finden, was denn sonst? Du machst nichts. Du hast schon genug angerichtet, also halte dich jetzt raus und lass die Profis machen. Und eines sage ich dir: Wenn wir die Sache aufgelöst haben, dann werden wir beide noch mal ein ernstes Wörtchen miteinander sprechen, hast du mich verstanden? Ich habe doch nicht so viel Mühe und Zeit investiert, nur damit du alles wegen einer kleinen Liebelei aufs Spiel setzt.«

»Das war keine Liebelei, Nicky ist …«

»Es interessiert mich einen Scheiß, wer oder was deine kleine Freundin ist. Das tut nichts zur Sache. Also lass uns jetzt mal loslegen. Du machst am besten nichts. Ach doch, warte, du machst Kaffee für alle. Da kannst du nichts falsch machen.«

Leon atmete tief ein. Dass Steiner so hart mit ihm ins Gericht ging, hatte er befürchtet. Und er hatte es verdient. Trotzdem wäre es ihm lieber gewesen, wenn er nicht ständig auf seinen Fehler hingewiesen worden wäre.

Acht Laptops wurden aufgeklappt, Männer tippen wild darauf herum.

»Was genau macht ihr denn jetzt?«

»Das musst du gar nicht wissen. Für dich reicht es aus, dass wir Spuren unserer Verdächtigen aufnehmen und analysieren. Wenn alles gut läuft, haben wir deine Schwester heute Nacht noch zurück. Wenn nicht, dann gnade dir Gott.«

Leon schwieg lieber. Er wollte Steiner nicht noch zorniger machen, als er schon war. Er hatte den Polizeibeamten vor ein paar Monaten kennengelernt, und er wusste, dass er es nur ihm zu verdanken hatte, dass er und Pia ein neues Leben beginnen konnten. Dass sie beide noch am Leben waren, und dass es ihnen gut ging. Zumindest gegangen war.

Steiner war ein unauffälliger Typ, der nicht viele Worte verlor und sich am liebsten in dumpfes Schweigen hüllte. Er war etwa einen Meter siebzig groß, Anfang dreißig. Sein Kopf war rasiert, und die hellblauen Augen hatten einen stechenden Blick. Er wollte sich wirklich nicht mit Steiner anlegen, da würde er jederzeit den Kürzeren ziehen. Denn Steiner war ein knallharter Typ. Der kannte nur seine Ziele und sonst nichts. Dass er nicht verstehen konnte, dass man wegen einer Frau ein Risiko einging, war Leon klar gewesen. Er fragte sich, ob Steiner überhaupt Gefühle zulassen konnte. Er kannte ihn nicht besonders gut, und er wusste nicht, ob irgendjemand auf diesem Planeten das von sich behaupten konnte. Er hatte ihn immer als direkt und streng kennengelernt. Aber das tat nichts zur Sache, denn Steiner musste nicht sein bester Freund sein. Er musste nur Pias Spur aufnehmen und sie ihm zurückbringen. Nur, wenn das so einfach wäre, dann hätte er es selbst geschafft. Aber er setzte sein ganzes Vertrauen in diesen Polizisten. Er wusste, dass ihm daran gelegen war, Pia zu retten, und dass er alles in seiner Macht Stehende dafür tun würde, um genau das zu erreichen.

Kapitel 47

Apologize
OneRepublic, 2007

Nicky verlangsamte ihren Schritt und blickte zur Wohnung von Leon und Pia hinauf. Sie atmete tief durch. Ihre Beine fühlten sich an wie Wackelpudding, ihr Atem ging stoßweise, und ihr Herz galoppierte, als wäre sie die paar Meter von Emmas Wohnung hierher gerannt. Dabei war sie langsam gelaufen, bei jedem Schritt hatte sie sich Worte zurechtgelegt, mit denen sie Leon begegnen wollte. Immer wieder überlegte sie, welches die richtige Strategie wäre. Sollte sie ihn direkt konfrontieren und ihm Vorwürfe machen? Oder sollte sie ihn lieber erst einmal reden lassen? Vielleicht hatte er sich inzwischen beruhigt und würde sich bei ihr entschuldigen. Dann wäre es am sinnvollsten, sie würde abwarten.

Nicky schüttelte den Kopf. All diese Gedanken machten es ihr schwer, richtig nachzudenken. Ihre Emotionen hatte sie noch immer nicht im Griff. Wahrscheinlich war es am besten, sie würde die Situation erst einmal auf sich zukommen lassen und dann entscheiden, wie sie vorgehen würde. Wenn Sie sich jetzt alles zurechtlegte und Leon komplett anders reagierte, als sie es erwartete, dann würde er sie erst recht aus dem Konzept bringen. Sie wusste nicht genau, was sie sich von dieser Aussprache erhoffte. Aber ihr war klar, sie könnte jetzt nicht einfach nach Hause gehen und sich ins Bett legen. Sie würde keine Sekunde Schlaf finden, die ganze Nacht grübeln und sich hin und her wälzen. In ihrem leeren Bett, in dem sie sich schon so an Leons Anwesenheit gewöhnt hatte.

Die Luft war abends immer noch kühl, und Nicky zog ihre Jacke eng um sich. Sie hatte Angst. So einfach war das. Sie hatte Angst, Leon zu verlieren, ihn vor den Kopf zu stoßen, aber sie hatte auch Angst, wieder diesen wütenden Leon von vorhin zu sehen. Diesen unbeherrschten Menschen, der nichts mit dem sensiblen und zärtlichen Traummann zu tun hatte, von dem sie sich vor wenigen Stunden erst verabschiedet hatte. Immer wieder sah sie sein wutverzerrtes Gesicht vor sich und diesen kalten Blick. Selbst wenn sie sich jetzt mit Leon versöhnen sollte, war ihr nicht klar, ob sie das jemals vergessen könnte. Ob sie ihm diesen Ausbruch irgendwann verzeihen könnte. Sie hatte Leon noch einmal eine Chance gegeben, und sie wusste, ihre Freundinnen waren skeptisch gewesen. Erst heute Vormittag hatte Emma es auf den Punkt gebracht, hatte sie darauf hingewiesen, dass es nicht in Ordnung war, dass Leon Geheimnisse vor ihr hatte. Doch Nicky hatte nicht hören wollen. Sie hatte alle Warnungen weggewischt, hatte nur auf ihr Gefühl gehört, auf ihr dummes Herz, das sie in Leons Arme getrieben hatte. Sie hatte behauptet, die Vergangenheit habe mit der Zukunft nichts zu tun, doch wie falsch hatte sie damit gelegen? Die Vergangenheit prägte die Menschen. Deshalb würde die Geschichte immer eine Rolle spielen. In ihrem Leben und in Leons. Weder sie noch er könnten ändern oder komplett ausblenden, was geschehen war. Es wurde Zeit, dass Leon ihr seine Geschichte erzählte. Dass er erklärte, was in seiner Vergangenheit passiert war, das ihn zu dem Menschen gemacht hatte, den sie heute gesehen hatte. Es war, als wäre Leon Doktor Jekyll und Mister Hyde in einer Person, als hätte er zwei Gesichter. Doch spätestens seit heute Abend wusste sie, dass sie dieses zweite

Konterfei nicht noch einmal sehen wollte. Sollte er wieder mit Vorwürfen reagieren, würde sie auf der Stelle die Wohnung verlassen, und dann wäre das Thema für sie endgültig erledigt.

Vielleicht war es nicht angemessen, Leon hinterherzurennen. Er hatte ihr deutlich zu verstehen gegeben, dass er sie nicht mehr sehen wollte. Und doch stand sie hier auf der Straße direkt vor seinem Haus. Sie blickte um sich und nahm wahr, dass auf dem Gehweg mehrere fremde Autos parkten, aber sie dachte sich nichts weiter dabei. Es war nicht ungewöhnlich, dass die Engeltaler ihre Geburtstage im großen Rahmen feierten. Vielleicht war in der Nachbarschaft eine Feier im Gange, wer wusste das schon. Und es war Nicky auch absolut egal. Sie hatte ihre eigenen Sorgen, und eine davon saß nur ein paar Meter entfernt vermutlich auf dem Sofa und brütete vor sich hin.

Vielleicht aber war Pia inzwischen aufgetaucht, und das ganze Drama würde sich in Wohlgefallen auflösen. Vielleicht war sie doch mit dem Zug nach Stuttgart gefahren oder hatte sich mit irgendjemanden getroffen. Möglicherweise hatte sie Freunde in Köln besucht, weil ihr in Engeltal nach ihrem Streit mit Leon die Decke auf den Kopf gefallen war. Klar war es komisch, dass sie ihr Handy nicht mitgenommen hatte, aber vielleicht hatte sie es schlichtweg vergessen. Nicky stellte sich vor, wie Pia freudestrahlend ihre Handtasche an sich nahm und sich auf den Weg zum Bahnhof machte. Das Handy blieb dabei unbeachtet auf dem Küchentisch liegen. So etwas konnte passieren. Es war nicht unrealistisch.

»Ach komm, was willst du dir hier eigentlich einreden?«

Die kleine Stimme in ihrem Kopf war ein zuverlässiger Begleiter und ermahnte sie immer wieder, nicht zu blauäugig durchs Leben zu laufen. Meistens hatte sie sie ganz gut unter Kontrolle, aber in Ausnahmesituationen - und so eine war das heute auf jeden Fall - meldete sie sich gern zu Wort.

»Okay, jetzt oder nie.« Nicky straffte die Schultern, hob das Kinn und streckte die Brust raus. Warum machte sie sich Gedanken? Leon war derjenige, der sich Vorwürfe machen sollte, und eigentlich war auch er derjenige, der sich bei ihr entschuldigen sollte. Vielleicht würde er ja die Chance gleich nutzen, und wenn nicht, dann musste sie ihrem unvernünftigen Herzen wohl ein für alle Mal erklären, dass es ihn so schnell wie möglich vergessen musste.

Nicky streifte die roten Haare hinter die Ohren und nahm die Treppe in Angriff. Die Haustür war offen gewesen, und sie schlich sich die Stufen hinauf. Alles war still. Wenigstens so weit hatte sie es schon einmal geschafft. Sie nahm all ihren Mut zusammen und klopfte an die Wohnungstür.

»Leon? Bist du da? Ich bin's, Nicky. Ich glaube, wir sollten dringend miteinander reden.«

Nicky vernahm ein Murmeln aus der Wohnung, bevor sich die Tür einen Spalt weit öffnete.

»Nicky. Jetzt ist gerade kein guter Zeitpunkt, um zu reden.«

»Was? Du willst du mich jetzt echt schon wieder wegschicken? Ich glaube das einfach nicht.«

Die Tür öffnete sich weiter, und ein anderer Mann stand vor ihr. Er maß sie von oben bis unten und blickte sie aus kalten, blauen Augen an.

»Na, wen haben wir denn da?«

Nicky schluckte. Der Mann jagte ihr einen kalten Schauer über den Rücken. »Hallo, ich bin Nicky. Leons Freundin. Glaube ich zumindest.«

Nicky warf Leon einen hilflosen Blick zu. Durfte sie sich überhaupt noch so bezeichnen?

»Ach ja, ich habe schon viel von Ihnen gehört. Kommen Sie doch rein, Nicky, ich bin Matthias Steiner.«

Steiner nahm Nickys Hand und zog sie ohne weitere Erklärungen in die Wohnung. Nicky traute ihren Augen kaum. Der ganze Raum war voll mit bewaffneten Männern. Ihr Herz schlug ihr bis zum Hals, sie atmete flach, ihre Hände begannen unkontrolliert zu zittern. Was war hier los?

»Leon? Was ist das hier alles?«

»Das muss Sie gar nicht interessieren, Nicky, setzen Sie sich doch. Ich habe noch ein paar Fragen an Sie.«

Nicky wandte ihren Blick von Leon ab und fixierte den anderen Mann. »Und wer sind Sie genau?«

»Das habe ich doch schon gesagt. Mein Name ist Matthias Steiner. Ich bin von der Polizei, Sie können mir vertrauen.«

Nicky schluckte. Wem konnte sie hier wirklich vertrauen? In was war sie da nur reingeraten? Was hatte das alles zu bedeuten? Statt einer Antwort nickte sie nur kurz.

»Leon hat mir von diesem Foto erzählt, das Sie veröffentlicht haben. Erzählen Sie mir bitte noch einmal, wie es dazu kam.«

Steiner hatte sich einen kleinen Notizblock geschnappt, der Stift kreiste darüber und er blickte Nicky erwartungsvoll an. Mit zitternder Stimme und stockenden Worten erzählte sie, was sich zugetragen hatte. Sie beteuerte noch einmal, dass sie es nicht böse gemeint und aus einer Laune heraus gehandelt hatte. Steiner nickte immer wieder, und Nicky fragte sich zum wiederholten Male, was hier eigentlich für eine Geschichte lief. Warum war Leons Wohnzimmer voll mit Polizeibeamten? Was sollte das? Was verdammt noch mal war in Leons Vergangenheit passiert, was diesen Auflauf an Polizisten hier rechtfertigte? Es sah nicht aus, als wären sie da, um

Leon zu verhaften. Bei einer solchen Übermacht wäre das schon längst passiert. Es machte eher den Eindruck, als wären Steiner und seine Leute da, um Leon und Pia zu helfen. Aber warum hatte Leon Kontakt zur Polizei? Das ergab alles keinen Sinn, und je mehr Nicky darüber nachdachte, desto aufgeregter wurde sie.

»In Ordnung, danke für Ihre Aussage. Das war's erstmal.«

Steiner zog sich wieder zu einem seiner Leute zurück, der wild auf seiner Laptoptastatur herumhackte. Er beugte sich über den Bildschirm, zog die Augenbrauen zusammen und flüsterte mit seinem Kollegen.

Leon setzte sich zu Nicky.

»Leon, vielleicht könntest du recht haben mit der nicht ganz passenden Situation. Vielleicht sollte ich besser wieder gehen?«

»Nicky, hör zu, ich möchte mich bei dir entschuldigen. Ich bin total ausgerastet, mir ist eine Sicherung durchgebrannt, dabei weiß ich doch, dass dich keine Schuld trifft. Ich habe in den letzten Stunden viel nachgedacht. Es war total falsch, dich so anzuschreien. Du kannst überhaupt nichts dafür, wenn überhaupt, muss ich die Schuld bei mir suchen, denn ich hätte dir vertrauen sollen. Ich hätte dir längst alles erzählen sollen. Aber ich konnte es einfach nicht. Und wenn du dich umsiehst, wird dir vielleicht auch klar, warum.«

»Ganz ehrlich, Leon, so richtig ist der Groschen bei mir noch nicht gefallen, aber ich hoffe, dass sich das bald ändern wird. Leon, du musst endlich anfangen, dich zu öffnen und mir zu vertrauen. Ich habe all mein Vertrauen in dich gesetzt, und wie mir scheint, war das vielleicht nicht die richtige Entscheidung. Nun bitte ich dich von ganzem Herzen, sag mir endlich, was los ist. Was ist in deiner Vergangenheit passiert? Warum bist du hier, welches Geheimnis trägst du mit dir herum, das dich so belastet? Du kannst es mir sagen, wirklich.«

»Nicky, ich ...«

»Wir haben eine Spur!« Steiner war aufgesprungen und zeigte wild auf den Bildschirm des Laptops. »Gut gemacht, Walter, jetzt haben wir die Schweine. Auf geht's, Jungs!«

Leon erhob sich von seinem Stuhl, aber Steiner kam auf ihn zu und drückte ihn wieder zurück.

»Du bleibst schön hier sitzen. Du hast schon genug getan.«

»Aber ich will helfen. Sie ist doch meine Schwester.«

»Und genau deshalb bleibst du hier. Wir sind genug Leute, und es könnte sein, dass es gefährlich wird. Dann muss ich wissen, dass ich mich auf meine Leute verlassen kann. Sieh es ein, du würdest uns nur im Weg stehen, und ich müsste mir auch noch Sorgen um dich machen. Darauf kann ich verzichten. Du bleibst hier bei deiner kleinen Freundin. Pass auf sie auf, vielleicht bekommst du das ja besser hin.«

Steiner drehte sich auf dem Absatz um und verließ mit seinen Männern unter lautem Gepolter die Wohnung. Die Tür fiel hinter ihnen zu und zurück blieb eine unheimliche Stille.

Kapitel 48

I Will Follow You Into the Dark
Death Cab for Cutie, 2005

Leon spürte Nickys fragenden Blick. Noch immer starrte er die Wohnungstür an, durch die Steiner und sein Team verschwunden waren. Um Pia zu retten. Ohne ihn. Er wusste, der Zeitpunkt war gekommen, Nicky in sein Geheimnis einzuweihen.

»Leon, meinst du nicht, du solltest mir jetzt endlich erklären, was los ist?«

Er drehte sich zu Nicky um und studierte ihr Gesicht. Die Augen hatte sie ungläubig aufgerissen, der Schock stand ihr ins Gesicht geschrieben. Sie biss sich auf die Lippe und atmete schnell. Sicherlich hatte sie mit allem gerechnet, nur nicht damit, in eine Wohnung voller Polizisten zu stolpern. Was musste nur in ihrem hübschen Köpfchen vorgehen?

»Vermutlich sollte ich das, oder?«

»Also, ich weiß ja nicht, wer dieser Steiner ist, aber besonders sympathisch ist er mir ehrlich gesagt nicht.«

Leon lächelte. »Nein, ich glaube nicht, dass es besonders viele Menschen auf diesem Planeten gibt, die Steiner als sympathisch bezeichnen würden. Aber das ist zweitrangig. Er ist ein sehr guter Polizist. Pia und ich haben ihm alles zu verdanken. Unser Leben und unseren Neuanfang.«

Nicky legte ihre Hand auf Leons Knie und streichelte sanft darüber. »Du weißt, dass du mir alles sagen kannst.«

»Ehrlich gesagt wollte ich dir schon viel früher alles erzählen. Es hätte vieles einfacher gemacht, und wahrscheinlich wären wir gar nicht in dieser Situation, wenn ich den Mut aufgebracht hätte, mich dir zu öffnen. Ich war so oft kurz davor und habe es dann doch nicht durchgezogen. Pia hat mich immer wieder gewarnt, sie hat gesagt, es wäre zu gefährlich. Für uns und für dich. Ich glaube, ihr ging es in erster Linie darum, dich aus der Schusslinie herauszuhalten.«

»Na ja, das hat ja nicht besonders gut geklappt, oder? Ich denke, ich bin schon mittendrin, also erzähl mir jetzt endlich, was los ist.«

Leon nickte. Ja, er würde Nicky sein Herz ausschütten, würde sich endlich öffnen. Wie lange hatte er diesen Moment herbeigesehnt, und doch hatte er gehofft, dieses Geständnis ablegen zu können, bevor etwas passiert war. Er nahm Nickys Hand in seine und drückte sie fest.

»Dafür muss ich ein bisschen in der Zeit zurückspringen. Und zwar in den letzten Herbst.«

»Kein Problem, wir haben mehr als genug Zeit. Ich lasse dich jetzt nicht alleine, solange du darauf wartest, dass Steiner mit einer guten Nachricht zurückkommt.«

»Danke. Dann erzähle ich einfach alles so, wie es mir in den Sinn kommt.«

»Ich bin mir sicher, dass ich es verstehen werde.«

»Gut. Du denkst ja, dass Pia und ich in einer großen Marketingagentur in Köln gearbeitet haben. Und das ist nicht ganz richtig.«

»Wie bitte? Wie meinst du das?«

»Unser Lebenslauf ist ein bisschen frisiert, das wirst du gleich verstehen. Aber Pia und ich haben tatsächlich in einer großen Marketingagentur arbeitet. Wenn auch nicht in Köln, sondern in Mainz.«

»Und warum habt ihr dann Köln angegeben? Ich dachte immer, ihr kommt von dort.«

»Ja, das stimmt auch. Wir wurden in Köln geboren, sind dann aber nach Mainz umgezogen. Auf jeden Fall haben wir dort ein großes Event vorbereitet. Es sollte in einer alten Lagerhalle stattfinden. Eine richtig coole Location. Eine alte Autowerkstatt war daran angeschlossen. Alles war richtig toll eingerichtet. An den Wänden konnte man die Stahlträger sehen, die Wände selbst waren voll mit Ruß, und es hat sogar noch richtig nach Autowerkstatt gerochen. Eine sehr coole Event-Location, ziemlich exklusiv.«

»Echt jetzt? Leute geben Geld aus, um in einer alten, heruntergekommenen Autowerkstatt ihre Events zu feiern?«

»Und ob. Die Location war regelmäßig ausgebucht, aber wir hatten Glück und konnten sie für unsere Veranstaltung buchen. Am Abend vor diesem Event war Pia noch dort, um ein paar Dinge vorzubereiten. Ich war schon nach Hause vorausgegangen, aber Pia wollte unbedingt noch dort bleiben und an der Dekoration arbeiten. Sie war schon immer eine Perfektionistin. Sie hat befürchtet, dass wir am nächsten Tag nicht genug Zeit dafür hätten. Also wollte sie den Abend noch nutzen, um am nächsten Tag stressfrei in das Event starten zu können.«

Leon atmete tief durch. Er hatte sich so lange gewünscht, Nicky in sein Geheimnis einzuweihen, aber jetzt, wo er alles erzählte, fiel es ihm schwer. Seine Emotionen kochten hoch, er zeichnete das Bild so genau wie möglich, um Nicky nichts mehr zu verschweigen. Doch die detaillierte Schilderung brachte Bilder zurück in seinen Kopf, die er verdrängt hatte. Er kannte sie ja selbst nur aus Pias Erzählungen, aber sie fühlten sich so lebendig an, als wäre er selbst dabei gewesen.

»Und was ist dann passiert?«

»Pia war gerade in einem der Büroräume, um eine weitere Kiste mit Girlanden zu holen, als sie ein Geräusch hörte. Unser Auftraggeber war gekommen. Sie wollte gerade auf ihn zugehen, ihn begrüßen und fragen, was er denn so spät am Abend noch wollte und ob sie ihm helfen könne, da nahm sie eine Bewegung aus dem Augenwinkel wahr. Drei Männer hatten den Raum betreten. Unser Auftraggeber hatte sich wohl mit ihnen verabredet und nicht damit gerechnet, dass von uns noch irgendjemand da sein könnte. Es ging um irgendwelche mafiösen Geldtransfers. Pia war schockiert, dass unser Auftraggeber in krumme Geschäfte verwickelt war, aber was danach folgte, veränderte ihr Leben.«

Leon schloss die Augen. Er sah das Bild so genau vor sich, spürte regelrecht die Angst seiner Schwester, das Adrenalin, das durch ihre Adern schoss. Sie waren schon immer eng verbunden gewesen und hatten gemeinsam viele Situationen durchlitten. Nicky sagte gar nichts. Sie hatte die Augen aufgerissen, ihr Atem war deutlich zu hören.

Leon atmete noch einmal tief ein, bevor er weitersprechen konnte. Das hier kostete ihn all seine Kraft.

»Der Streit geriet außer Kontrolle. Es musste um große Geldmengen gegangen sein, die verschwunden waren. Plötzlich zog einer der Männer die Waffe und erschoss unseren Auftraggeber. Einfach so, mitten in die Stirn. Pia musste sich zusammenreißen, um nicht laut aufzuschreien. Sie versuchte, kein Geräusch zu machen, und versteckte sich hinter der Zwischenwand, von wo aus sie alles gesehen hatte. Die Männer verließen den Raum, und Pia verkroch sich auf der Toilette. Zwei Stunden harrte sie dort aus, bevor sie sich traute, wieder herauszukommen. Die Leiche unseres Auftraggebers lag mitten in der festlichen Dekoration, die sie noch wenige Minuten vor seinem Tod liebevoll drapiert hatte.«

Nicky hatte die Hand vor ihren Mund gelegt. »Mein Gott, ich kann mir gar nicht vorstellen, wie Pia sich gefühlt haben muss. Das ist einfach schrecklich.«

»So geht es mir auch. Pia rief mich schließlich an, und ich fuhr natürlich sofort rüber. Wir alarmierten die Polizei, und Pia machte ihre Aussage. Steiner war damals der ermittelnde Kommissar. Wie sich herausgestellt hatte, war er den dreien schon lange auf der Spur, beziehungsweise ihrem Chef. Die drei Bastarde waren nur Handlanger, die nicht gut denken, aber dafür umso besser mit Waffen umgehen konnten. Steiner wollte unbedingt an den Hintermann herankommen.«

Leon stand auf, es hielt ihn nicht mehr auf seinem Stuhl. Die ganze Geschichte zu erzählen, wühlte ihn auf. All die Gefühle, die er verdrängt hatte, waren mit einem Mal nach oben gespült worden.

»Na ja, es kam, wie es kommen musste. Pia hat die Verbrecher wiedererkannt, es gab einen Prozess, und sie sagte als Kronzeugin aus. Dieser Moment hat unser komplettes Leben verändert. Der achtzehnte September um dreiundzwanzig Uhr acht. Das war genau die Minute, die unseren Auftraggeber sein Leben kostete und uns unsere Existenz.«

Leon spürte, dass er bei der Erinnerung am ganzen Körper zitterte. Eine Gänsehaut überzog seinen Körper, ihm war kalt. Auch Nicky musste es bemerkt haben, denn sie ging zum Sofa hinüber und nahm eine Decke. Sie kam zurück und legte sie ihm um die Schultern. So, als könnte Wärme von außen die Kälte von innen in irgendeiner Weise vertreiben.

»Mein Gott, Leon, ich hatte keine Ahnung. Auf so ein dramatisches Ereignis wäre ich im Leben nicht gekommen. Aber deine Geschichte ist noch nicht zu Ende, richtig?«

»Richtig. Pia war wichtig für Steiner. Er wusste, dass er durch ihre Aussage an den Hintermann kommen könnte. Er spürte, dass eine Lösung seines Falles so nah war wie noch nie. Pia war wertvoll für ihn, und deshalb war es ihm wichtig, sie zu schützen. Steiner ging es nie um Pia und mich. Menschen bedeuten ihm nichts, ihm ging es immer darum, seinen Fall abzuschließen, den großen Unbekannten zu verhaften. Nach Pias Aussage hatte er Angst, dass ihr etwas zustoßen könnte. Er setzte alles daran, uns zu verstecken. Steiner fälschte unsere Lebensläufe und schickte die Bewerbungen an Marc. Marc hat uns eingestellt, und wir mussten eine glaubwürdige Geschichte drumherum erfinden. Warum wir unbedingt aus Köln wegwollten, was uns nach Engeltal trieb, was unsere Motivation war, all das war gelogen. Alles an den Haaren herbeigezogen, eine schöne Geschichte, erfunden von Steiner. Er hat unser Leben neu geschrieben, so, als wären wir leere Bücher, deren Seiten er gefüllt hat. Er verschaffte uns ein neues Heim, und so war es, als wären wir vor einem halben Jahr neu geboren worden. Mit neuen Identitäten, neuen Lebensläufen und sogar neuen Namen.«

»Nichts davon war wahr?«

Nicky sah aus, als ratterte es unaufhörlich in ihrem Kopf. Sicher versuchte sie, alle Einzelteile zusammenzufügen und sich einen Reim darauf zu machen, wer er in Wirklichkeit war. Welche Lügen er erzählt hatte.

»Vieles davon war gelogen. Und es fiel mir extrem schwer, dieses Lügengebilde in den letzten Monaten aufrechtzuerhalten. Nicky, du hast mein Herz berührt, und das hat dazu geführt, dass ich alles infrage gestellt habe. Mein Leben, Steiner, und die Möglichkeit, weiterhin als Geschwisterpaar zusammenzubleiben. Andernfalls hätte er Pia verstecken müssen, und ich hätte sie nie wiedergesehen. Diese Möglichkeit war die einzige, die wir hatten. Engeltal war perfekt und so klein, dass uns hier keiner aufspüren sollte. Ich weiß, das hört sich alles an wie in einem schlechten Actionfilm, aber das ist mein Leben.«

Leon fuhr sich mit der Hand durchs Haar. Er sah Nicky prüfend an. Noch immer war sie so blass, als hätte sie ein Gespenst gesehen.

»Das ist das Geheimnis, von dem du seit Monaten wissen möchtest. Ein Geheimnis, das ich dir einfach nicht verraten konnte, ohne Pia in Gefahr zu bringen. Und vielleicht wird dir jetzt auch klar, warum Pia so zurückgezogen gelebt hat. Warum sie niemals alleine abends durch den Stadtpark gelaufen wäre und warum mir so daran gelegen war, sie zu beschützen. In den letzten Monaten gab es keinen Tag, an dem ich keine Angst um meine Schwester gehabt hätte. Vor allem in der Anfangszeit, bis geklärt war, dass wir hier anfangen können, hatte sich die Angst so tief in mir eingenistet, dass ich nachts kein Auge zutun konnte. Steiner hat uns in einem Hotel versteckt, das gut bewacht wurde. Das war kein Leben, wir waren eingesperrt in diesem Zimmer, konnten nicht raus, nicht mal, um etwas zu essen. Niemals durften wir dieses Zimmer verlassen.«

»Ihr wart in einem Doppelzimmer eingesperrt?«

»Ja. Gut, es war ein Apartment mit zwei getrennten Schlafzimmern. Aber wir waren eingesperrt, obwohl wir nur rein zufällig in diese Geschichte hineingestolpert waren. Fünf lange Wochen war das unser Leben. Dann kam endlich die erlösende Nachricht von Marc. Steiner brachte uns damals für das Vorstellungsgespräch hierher und danach gleich wieder zurück zum Hotel. Es musste alles ganz unauffällig ablaufen. Aber die Karawane, die uns damals von unserem Hotel in Würzburg hierhergebracht hat, umfasste fünf gepanzerte Fahrzeuge. Scharfschützen hatten sich rund um die Agentur versteckt und ließen uns keinen Schritt aus dem Blick.«

»Und Marc wusste auch nichts von alledem?«

»Nein, keiner weiß davon, außer dir. Es war so krass, ich kann die Gefühle kaum beschreiben. Du musst dir vorstellen, dass sich unser Leben von heute auf morgen komplett gewandelt hat. Pia war früher ein extrem lebenslustiger Mensch. Sie hat nicht nur gerne Events veranstaltet, nein, sie war eine richtige Partymaus. Offen und freundlich zu allen, das genaue Gegenteil von dem, wie sie jetzt geworden ist. Heute lebt Pia immer in der Angst, dass ihre Tarnung auffliegen könnte. Und trotzdem hat sie keine Sekunde überlegt, ob sie gegen die Gangster aussagen wollte. Steiner hatte sie davor gewarnt, was passieren würde, aber sie wollte es trotzdem tun. Sie wollte ihm helfen, und sie wollte vor allem die Welt ein kleines bisschen besser machen. Weißt du, Nicky, du erinnerst mich manchmal an Pia, wie sie früher war. Optimistisch und mit diesem Hang zum Weltverbessern.«

Leon lächelte bei der Erinnerung. »Und im Gegenzug hat Steiner eben versprochen, dass uns nichts passieren würde. Er hat mich ermahnt, dafür zu sorgen, dass Pia in Sicherheit ist. Leider habe ich es nicht geschafft. Ich habe auf der ganzen Linie versagt.«

Nicky war aufgestanden und nahm Leon in den Arm. Er legte seinen Kopf an ihre Brust und atmete ihren ganz eigenen Duft ein. Sie gab ihm Kraft und ein bisschen Ruhe. Er fühlte sich wie ausgebrannt. Nachdem er die Geschichte wiederholt hatte, merkte er, wie viel Energie ihn die letzten Monate gekostet hatten.

»Du hast nicht versagt. Du hast dein Bestes gegeben. Ich bin schuld. Jetzt verstehe ich auch, warum du so reagiert hast, als ich dir erzählt habe, dass ich das Foto veröffentlicht habe. Meinst du, ich habe sie auf Pias Spur geführt?«

»Ich weiß es nicht. Möglich wär's, aber du darfst dir keine Vorwürfe machen, Nicky. Ich weiß, ich war vorhin furchtbar ungerecht. Du konntest es nicht wissen, weil ich nicht genug Vertrauen hatte, um mich dir zu öffnen. Du hast nichts Böses getan, und es war auch nicht falsch. In deinen Augen war es ganz normal, dass man die Welt an seinem Leben teilhaben lässt. Aber an meinem Leben durfte die Welt seit diesem achtzehnten September eben nicht mehr teilnehmen.«

Nicky strich sanft über seinen Kopf, versuchte, ihn zu beruhigen. Wie schaffte diese Frau es nur, ihm immer wieder zu verzeihen?

»Warum bist du gekommen?«

»Ich wusste, dass wir so nicht auseinandergehen dürfen. Der Streit vorhin war schrecklich. Du hast mir furchtbare Angst gemacht.«

Tränen liefen inzwischen über Nickys Gesicht, und sie musste sich kurz räuspern, bevor sie weitersprach. »Du warst gar nicht mehr du selbst, und ich konnte die Situation einfach nicht einschätzen. Ich war bei Emma, und sie hat mich darin bestärkt, noch einmal zu dir zurückzukehren, um das Gespräch zu suchen. Mir war klar, dass irgendetwas Schreckliches passiert sein musste, und ich musste wissen, was es war. Mit dieser Geschichte hätte ich allerdings nicht gerechnet. Mein Gott, Leon, es tut mir so leid.«

»Mir tut es leid. Jetzt müssen wir abwarten, ob Steiner wirklich eine Spur gefunden hat. Es macht mich wahnsinnig, einfach hier zu sitzen und Däumchen zu drehen.«

»Das verstehe ich, aber Steiner hat recht. Wenn die Typen so gewalttätig sind, dann weißt du nicht, was passieren wird, und dann wärst du ein leichtes Ziel. Es ist besser so, vertraue Steiner. Er hat alles in die Wege geleitet, um euer Leben zu retten. Er wird Pia befreien, verlass dich darauf. Hab ein bisschen Vertrauen.«

Leon legte seine Arme um Nicky und zog sie ein wenig mehr zu sich heran. Es hatte gut getan, ihr sein Herz auszuschütten, ihr all das zu erzählen, was er schon so lange sagen wollte.

Kapitel 49

Scars
Papa Roach, 2004

Nicky stand in der Küche und machte Kaffee. Es war inzwischen spät geworden, und sie hatten noch immer nichts von Steiner gehört. Er war seit zwei Stunden mit seiner Mannschaft unterwegs und auf der Suche nach Pia.

Leon war rastlos. Er tigerte die ganze Zeit durch das Zimmer. Nicky wollte ihm so gerne helfen, aber sie wusste nicht, wie. Sie wusste nur, dass sie jetzt bei ihm sein musste, dass sie versuchen musste, für ihn stark zu sein.

Sie drückte auf den Knopf der Espressomaschine. Die duftende, dunkelbraune Flüssigkeit ergoss sich in die kleinen Tassen, die sie darunter gestellt hatte. Der intensive Duft verbreitete sich schnell und spendete Nicky ein bisschen Trost. Kaffeeduft hatte schon immer diese Wirkung auf sie. Warum, wusste sie selbst nicht. Vielleicht verband sie den Geruch mit ihrer Kindheit, mit ihrem Vater, der morgens immer einen Kaffee getrunken hatte, während er ihr aus der Zeitung vorlas. Damals, als sie noch ganz klein gewesen war und die Liebe ihrer Eltern gespürt hatte. Bevor all die Erwartungen an sie ihr Selbstwertgefühl zerstört hatten. Aber das tat im Moment nichts zur Sache.

Immer wieder spielte sie in Gedanken Leons Geschichte durch. Er hatte ihr kein Detail vorenthalten, hatte ihr genau beschrieben, wie sich alles zugetragen hatte. Sie hatte viele Dinge vermutet, hatte oft überlegt, welches Geheimnis Leon mit sich herumtragen könnte und warum er so angespannt darauf reagierte, wenn sie danach fragte. Oft hatte sie sich ausgemalt, was es mit Pias abweisendem Verhalten auf sich hatte, warum sie sich so gar nicht in die Gemeinschaft einbrachte. Warum Leon sich so schwer damit tat, jemandem zu vertrauen. Inzwischen wurden ihr so viele Dinge klar. Natürlich hatte er ihr dieses Geheimnis nicht verraten können. Wie denn auch?

Sie konnte sich beim besten Willen nicht vorstellen, wie es sein musste, jeden Tag Angst um sein Leben zu haben. Und sie dachte darüber nach, welche Lappalien sie in den letzten Wochen in Aufruhr gehalten hatten. Im Vergleich zu Leons Problemen waren ihre Fußverletzung und ihr Liebeskummer, ja, selbst der Einbruch ins Studio, kaum der Rede wert. Das wurde ihr erst jetzt klar. Sie hatte sich in den letzten Wochen oft als Opfer der Umstände betrachtet, dabei musste sie jeden Tag dankbar sein, dass sie ohne Angst in Engeltal leben durfte. Oft nahm man Dinge für selbstverständlich, so lange, bis man sie nicht mehr hatte. Davon konnten Pia und Leon ein Lied singen.

Nicky nahm die beiden Kaffeetassen und trug sie ins Wohnzimmer. Sie ließ sich auf dem Sofa nieder.

»Hier, das hält uns ein bisschen wach. Wer weiß, wann Steiner sich meldet.«

Leon sah sie aus glasigen Augen an. Tiefe Sorgenfalten hatten sich in sein Gesicht gegraben, der Kiefer war noch immer angespannt, die Zähne hatte er zusammengepresst.

»Leon, eines muss ich noch wissen: Der Überfall auf das Studio. Meinst du, er hat etwas mit eurer Geschichte zu tun?«

Nickys Herz schlug bis zum Hals. Dieser Gedanke war ihr eben erst gekommen, und sie musste Gewissheit haben. Sie hatte so lange gegrübelt, was die Einbrecher in ihrem Studio gesucht hatten. So langsam hatte sie das Gefühl, dass sich der Nebel etwas lichtete.

»Ich befürchte es. Als Pia sich deswegen Sorgen gemacht hat, dachte ich noch, sie sieht nur überall Gespenster. Wahrscheinlich haben sie aufgrund deines Instagram-Posts herausgefunden, wer du bist, und haben gedacht, sie würden in deinem Studio Hinweise darauf finden, wo Pia und ich uns versteckt halten. Dass sie so nah dran waren, wussten sie vielleicht selbst nicht. Pia hat von Anfang an die Befürchtung geäußert, dass der Einbruch und unsere Geschichte zusammenhängen könnten. Aber ich habe es immer abgetan, wollte die Parallelen nicht sehen. Jetzt ist es zu spät. Sie hat recht gehabt.«

»Hey, mach dir keine Vorwürfe deswegen. Du wusstest ja nicht, dass ich das Bild veröffentlicht hatte. Es tut mir so unglaublich leid.«

Wieder traten Nicky Tränen in die Augen, ein Schluchzen bahnte sich seinen Weg nach oben. Sie konnte es beim besten Willen nicht mehr zurückhalten. Ja, sie wollte für Leon stark sein, aber die Schuld, die sie sich selbst gab, erdrückte sie. Sie musste diese Gefühle rauslassen, sonst würden sie sie innerlich zerreißen.

»Ich habe alles falsch gemacht. Ich bin schuld, ich ganz allein, wenn Pia etwas passiert. Bitte, Leon, du musst mir glauben, dass ich das niemals wollte. Ich habe immer gehofft, dass Pia und ich einen Draht zueinander finden könnten, um deinetwillen. Ich hätte sie doch niemals in Gefahr bringen wollen. O mein Gott, wenn ihr etwas zustößt, ich weiß nicht, wie ich damit umgehen soll.« Nicky schlug die Hände vor die Augen und weinte hemmungslos.

»Nicky, bitte, du darfst dich nicht zerfleischen. Du hast nichts falsch gemacht.«

»Doch, natürlich. Alles habe ich falsch gemacht. Ich bin schuld.«

Leon setzte sich zu Nicky und zog sie in seine Arme. »Nein, bitte rede dir das nicht ein. Und überhaupt, wo ist denn dein unerschütterlicher Optimismus geblieben? Müsstest du jetzt nicht hier sitzen und mir sagen, dass alles wieder gut wird? Dass Steiner Pia finden wird und dass sie wohlauf ist? Dass wir unser Leben hier in Engeltal alle gemeinsam fortführen können?«

Nicky lächelte ihn durch einen Vorhang aus Tränen an. »Ja, das wären eigentlich Worte gewesen, die zu mir gepasst hätten.« Doch die Angst umklammerte ihr Herz mit einem massiven Griff.

»Ich weiß, dass ich gerade jetzt positiv denken müsste. Schließlich bin ich hier, um dich aufzubauen, stimmt's?«

Leon nahm Nickys Kinn in seine Hand und drückte es ein wenig nach oben, so dass sie ihm ins Gesicht sehen musste. »Das musst du überhaupt nicht. Allein, dass du bei mir bist, ist genug. Du musst gar nichts tun.«

Sanft küsste er ihre Tränen weg. Eine nach der anderen. So lange, bis alle getrocknet waren. Eins wurde Nicky in diesem Moment klar. Leon hatte sehr lange gebraucht, um Vertrauen zu ihr zu finden. Inzwischen wusste sie, warum. Jetzt wurde ihr klar, dass es nicht an ihr lag, sondern an der schwierigen Situation, in der sich Leon befunden hatte. Und in ihrem Herzen spürte sie, dass Leon und sie ein Happy End erwartete. Sie wischte alle Zweifel beiseite und legte ihre Lippen sanft auf seine. Sie konnte nichts für Leon tun, außer ihm ihre Liebe zu geben. Und dazu wäre sie jederzeit bereit.

Kapitel 50

*Grateful
Jewel, 2022*

Nicky war an seiner Brust eingeschlafen. So lange hatte sie sich die größten Vorwürfe gemacht, und er hatte es nicht geschafft, sie vollständig beiseitezuwischen. Es tat ihm leid, dass sie sich so quälte, aber ihm war klar, dass sie das mit sich selbst ausmachen musste, und er nur wenig dagegen tun konnte. Egal wie oft er beteuerte, dass sie es nicht besser gewusst hatte, sie würde sich erst selbst verzeihen können, wenn sie dazu bereit wäre.

In diesem Moment klingelte es an der Tür. Leon fuhr zusammen, und Nicky schreckte auf. Er lief zur Haustür und blickte durch den Türspion hindurch. Als er Steiner erblickte, riss er die Tür auf und zog den Polizeibeamten in die Wohnung.

»Was ist los, habt ihr sie gefunden? Was ist passiert?«

»Oh, rieche ich hier Kaffee? Kann ich auch einen bekommen?«

»Natürlich, gerne.«

Nicky war schon aufgesprungen und auf dem Weg zur Kaffeemaschine, um Steiner seinen Wunsch zu erfüllen.

»Jetzt sag schon! Wo ist Pia? Habt ihr sie gefunden? Geht es ihr gut?« Leon packte Steiner an seinem Jackenkragen und schüttelte ihn.

»Eines nach dem anderen.« Steiner hatte Leon abgewehrt und die Hand erhoben, um ihn zum Schweigen zu bringen. Und Leon wusste ja, solange er

Steiner mit seinen Fragen bombardierte, konnte der ihm unmöglich alle Informationen geben, die er haben wollte.

»Wir haben Pia gefunden.«

Gott sei Dank. Leons Knie wurde weich vor Erleichterung.

»Wie geht es ihr? Ist sie verletzt?« Er spürte, wie seine Anspannung langsam etwas von ihm abfiel. Pia war wieder da, Steiner hatte recht gehabt. Und er hatte sich um alles gekümmert.

»Warum redest du nicht weiter? Wie geht es ihr? Sie ist doch ... Sie lebt, oder?«

»Natürlich lebt sie.«

Leon ließ sich in die Hocke sinken. Seine Beine gaben nach, und eine große Erschöpfung legte sich über ihn.

»Leon, setz dich ganz kurz hin. Ich erzähle dir alles, wenn ich dafür meinen Kaffee bekomme. Der Einsatz war ein bisschen anstrengend.«

»Wo war sie denn?«

»Also, alles der Reihe nach.«

Nicky drückte Steiner seinen Kaffee in die Hand und stellte sich neben Leon.

»Also, pass auf: Der Boss hat natürlich ein paar neue Handlanger gefunden. Es war ja klar, wenn ich ihm drei nehme, hat er mir nichts dir nichts fünf neue. Es ist so frustrierend, das ist wie ein Unkraut, das sich stetig vermehrt, und egal, wie viel ich davon rausreiße, es kommt immer wieder nach. So lange, bis man die Wurzeln hat. Und jetzt bin ich so nah dran.« Steiner zeigte einen Abstand von etwa zwei Zentimetern zwischen seinen Fingern.

»Toll, das hört sich gut an, aber was ist jetzt mit Pia?«

»Keine Eile, dazu komme ich jetzt. Der Boss hatte also fünf neue Handlanger auf Pias Spur angesetzt und sie hierher geschickt. Sie hatten sie in einer alten Lagerhalle eingesperrt und warteten darauf, ihre Befehle auszuführen. Anscheinend war ihr Auftrag gewesen, Pia zu finden und sicherzustellen, dass sie nicht mehr fliehen konnte. Sie haben sie bewusstlos geschlagen, und dann an ein altes Rohr gefesselt.« Leon stöhnte auf, aber Steiner redete weiter. »Pia hatte keine Chance. Aber sie lebt, und es geht ihr den Umständen entsprechend gut.«

»Wo ist sie jetzt?«

»Wir haben sie gleich ins Krankenhaus gebracht.«

»O mein Gott, ist sie so schwer verletzt?«

»Nein, ihre Verletzungen sind eher harmlos. Das hätte ganz anders ausgehen können, Leon, das kann ich dir sagen. Wir waren gerade noch rechtzeitig vor Ort. Zum Glück konnten wir die Typen überraschen und ausschalten, bevor sie Pia etwas antun konnten, was vermutlich nur wenige Minuten später passiert wäre. Damit hätte ich meine wichtigste Zeugin im Prozess gegen den Boss verloren und du deine Schwester. Bist du dir darüber bewusst, was du aufs Spiel gesetzt hast?«

Leon ließ den Kopf sinken. »Ja, inzwischen schon. Und es tut mir leid.«

Nicky legte ihre Hand auf Leons Schulter. »Steiner, ganz ehrlich, es war nicht Leons Schuld. Es war ganz allein meine. Ich habe das Foto veröffentlicht, ich hatte ja keine Ahnung …«

»Und inzwischen sind Sie im Bilde?«

»Ja, Leon hat mir alles erzählt. Und es tut mir leid. Ich wusste es einfach nicht besser. Ich habe mir nichts dabei gedacht, für mich ist es ganz normal, schöne Momente mit anderen Menschen zu teilen.«

Nicky war in Tränen ausgebrochen, und Steiners Miene wurde für einen Moment ein bisschen weicher. »Na, na, jetzt wird alles gut. Ihnen mache ich keinerlei Vorwürfe, Nicky. Aber unserem Freund hier, dem schon, denn der hat genau gewusst, worauf er sich einlässt.«

»Aber eines verstehe ich nicht: Wenn sie Pia hier aus der Wohnung entführt haben, warum gab es dann keine Spuren? Die Wohnung sah aus wie immer.« Leon blickte Steiner nachdenklich an.

»Das war kein Meisterstück. Sie haben die Wohnungstür geknackt, als Pia unter der Dusche war. Als die dann aus dem Badezimmer kam, haben sie sie von hinten angegriffen und betäubt. Pia hatte gar keine Chance mehr, irgendwas durcheinanderzubringen.«

Leon nickte. Etwas in der Art hatte er sich auch schon zusammengereimt, trotzdem hatte er es genau wissen wollen.

Steiner erhob sich und streckte die Beine durch. »Gut, die Sache ist ausgestanden und wir sind einen Schritt näher an der Lösung als vorher. Von daher hat das Ganze vielleicht sogar etwas Gutes. Ich muss jetzt wieder zurück. Ich habe zwei Männer vor Pias Krankenzimmer postiert, einer überwacht dich. Sie werden dort bleiben, bis ich eine andere Lösung gefunden habe. Ihr bleibt zunächst in Engeltal, und ich mache mich auf die Suche nach einer anderen Möglichkeit zum Untertauchen. Irgendetwas werden wir finden. Zugegeben, das hier hat sich so perfekt ergeben und hat super gepasst, aber wir finden auch eine Alternative. Du bleibst erst mal hier und machst weiter wie vorher. Es wäre gut, wenn du nicht allzu viele Worte über den Vorfall verlieren würdest, und auch Sie würde ich bitten, …«

Er blickte Nicky streng an.

»Bitte behalten Sie so lange wie möglich dieses Geheimnis für sich. Ich weiß, in einer Kleinstadt wie Engeltal spricht sich alles schnell herum, und es wird Fragen geben. Versucht einfach, sie so oberflächlich wie möglich zu beantworten. Ich bin mir sicher, dass wir in ein paar Tagen schon klarer sehen können. Wir hauen jetzt ab. Gute Nacht.«

Steiner erhob sich müde, hob die Hand zum Abschied und verließ die Wohnung.

Leon atmete tief ein. Er konnte es gar nicht richtig fassen. Pia war am Leben, und es ging ihr gar nicht so schlecht. Er musste auf jeden Fall sofort zu ihr, musste sie so schnell wie möglich in seine Arme nehmen und sich entschuldigen. Hoffentlich konnte sie ihm vergeben.

»Nicky, ich muss ins Krankenhaus, das verstehst du doch, oder?«

»Ja, natürlich, das würde mir an deiner Stelle genauso gehen. Möchtest du, dass ich dich begleite?«

Leon dachte kurz über dieses Angebot nach. Natürlich würde er Nicky gerne an seiner Seite haben, aber er wusste, dass er zunächst alleine mit seiner Schwester sprechen musste.

»Das ist lieb von dir, aber ich glaube, das müssen Pia und ich zuerst alleine austragen. Ich melde mich morgen bei dir, in Ordnung?«

Sie nickte. Sie hatte die Augen niedergeschlagen, und man sah ihr die Erschöpfung an. »Gut, dann bis morgen.« Sie gab ihm einen sanften Kuss und verließ ebenfalls die Wohnung.

Als die Tür ins Schloss gefallen war, ließ Leon sich auf die Knie sinken. Er legte den Kopf auf den Boden. Alle Anspannung fiel von ihm ab, all die Emotionen, die sich in den letzten Stunden aufgebaut hatten, wollten heraus. Endlich konnte er es zulassen. Ein lauter Schrei gefolgt von einem Weinkrampf ließen ihn erzittern, und für ein paar Minuten lag er einfach auf dem nackten Fußboden und weinte vor Erleichterung.

Kapitel 51

Goodbye My Lover
James Blunt, 2004

Nicky steckte sich die Zahnbürste in den Mund und bewegte sie langsam hin und her. Der Abend hatte ihr einiges abverlangt. Sie blickte sich in ihrem Bad um. Der restliche Schaum hing noch in der Badewanne. Zum Glück hatte sie wenigstens daran gedacht, die Kerzen zu löschen, sonst hätte sie in der ganzen Aufregung ihre eigene Wohnung abgefackelt. Das wäre dann das Tüpfelchen auf dem I gewesen.

Sie ließ ihre Gedanken durch den Abend gleiten. Was sie heute erlebt und was Leon ihr berichtet hatte, war weit mehr gewesen, als sie in der kurzen Zeit hatte verarbeiten können. Wie schrecklich musste es für Pia gewesen sein? Wie grausam war es für die beiden gewesen, wochenlang in einem Hotelzimmer eingesperrt zu sein, mit der Gewissheit, dass ihr Leben in Gefahr war? Und wie mutig war es von Pia gewesen, trotz allem gegen die Mörder ihres Auftraggebers auszusagen. Sie hatte gewusst, was diese Aussage für sie und ihr Leben bedeuten würde. Trotzdem hatte sie sich dafür entschieden, die Gerechtigkeit siegen zu lassen. Sie war nicht davor zurückgeschreckt, eine Aussage zu machen, und Nicky rechnete ihr das hoch an. Pia war sehr viel stärker, als sie erwartet hätte.

In den letzten Wochen hatte sie sich oft gewundert, was in Leons Schwester vor sich gehen mochte und warum sie so verschlossen war. Jetzt wurde ihr einiges klar, und es tat ihr leid um die lebenslustige und offene

Frau, die Pia laut Leons Aussage vor dem Ereignis gewesen war.

Nicky spuckte den Schaum aus und spülte ihren Mund mit Leitungswasser aus. Leon war unbeteiligt in die ganze Sache hineingerutscht. Und obwohl es ihn alles gar nicht direkt betroffen hatte, hatte er seiner Schwester beigestanden und mit ihr gemeinsam diese Last getragen. Das zeigte ihr, wie sehr Leon seine Schwester liebte. Kein Wunder, dass er so außer sich war vor Sorge. Wenn sie befürchten müsste, dass ein Mensch, den sie so sehr liebte, in Gefahr wäre, hätte sie auch keine ruhige Minute gefunden.

Zum Glück hatte dieser unsympathische Steiner mit seinem Team ganze Arbeit geleistet. Pia war wieder aufgetaucht. Auch, wenn sie wenig äußerliche Verletzungen hatte, so war sich Nicky doch sicher, dass ihre innere Wunde wieder aufgerissen war. Es tat ihr so unendlich leid, dass sie Pia in diese Situation gebracht hatte. Niemals hätte sie gedacht, dass ein einzelnes Foto ein Leben bedrohen könnte. Es war ihr überhaupt nicht in den Sinn gekommen, dass irgendetwas daran verwerflich sein könnte. Aber wie hätte sie auch auf so eine Geschichte kommen sollen? So etwas stand in der Zeitung, aber sie hatte noch nie jemanden kennengelernt, der ein solches Schicksal zu ertragen hatte. Sie war sich zunächst wie in einem schlechten Film vorgekommen, das Ganze hatte etwas von Hollywood, aber leider nicht im glamourösen Sinne. Was für eine Belastung musste es für Leon gewesen sein, ständig diese Lügen und Ausflüchte zu erfinden? Niemandem sagen zu können, was in ihm vorging und welche Probleme er hatte. Wie Marc wohl reagieren würde, wenn er herausfand, dass er die ganze Zeit angelogen worden war? Dass sogar der Bewerbungsprozess von Steiner initiiert und die

Bewerbungsunterlagen von Leon und Pia gefälscht waren? Da würde es noch einiges zu erklären geben.

Sie fragte sich, ob sie in diesem Moment genauso reagiert hätte. Ob sie es geschafft hätte, diese ganze Sache durchzustehen, ohne durchzudrehen? Sie blickte sich im Spiegel in die Augen und schüttelte entschieden den Kopf. Wohl eher nicht. Eingesperrt zu sein war für sie das Schlimmste, was sie sich ausmalen konnte. Schon, als sie mit ihrem Bein nicht ganz so mobil gewesen war wie sonst, war ihr die Decke auf den Kopf gefallen. Aber die Vorstellung, wochenlang in einem Hotelzimmer gefangen zu sein, verursachte ihr Übelkeit. Auf engstem Raum miteinander leben zu müssen, das Zimmer bewacht von Polizisten. Das war ein reiner Albtraum.

Der Neuanfang in Engeltal musste für die beiden trotz ihrer Vorgeschichte wie der Himmel auf Erden gewesen sein. Endlich wieder raus zu dürfen, die Natur zu genießen, sich normal in der Stadt bewegen zu können. Alles Dinge, die für Nicky alltäglich waren, die sie gar nicht genug zu schätzen wusste, weil sie noch nie darüber nachgedacht hatte, was für ein Privileg das war. Sie konnte jeden Tag in den Park oder einkaufen gehen, einfach auf der Straße mit Isabella quatschen, wenn sie sie zufällig traf. Sie durfte ihr Geld mit etwas verdienen, was sie liebte, und ihr Studio für all die lieben Menschen öffnen, die Zeit mit ihr verbringen wollten. Was für ein Glückspilz sie doch war. Wie oft beschwerte sie sich über die kleinen Dinge des Lebens, die nicht ganz so optimal liefen? Wie oberflächlich musste das in Leons Augen sein?

Sie hatte vorhin regelrecht seine Zerrissenheit gespürt. Sie hatte wahrgenommen, dass er ihr unbedingt seine Geschichte erzählen wollte, dass ihm die Worte bereits auf der Zunge lagen. Und doch hatte er selbst in diesem Augenblick nicht gewusst, ob er ihr alles verraten durfte.

Wenn Steiner nicht da gewesen wäre, hätte er es vielleicht nie getan. Aber Nicky war immer tiefer in die Geschichte hineingerutscht, bis er diese gar nicht mehr verheimlichen konnte.

Sie zog sich ihren Schlafanzug an und setzte sich auf die Bettkante. Das Bett erschien ihr so leer ohne Leon. Gestern noch hatte er neben ihr gelegen, sie in seinen Armen gehalten, sie mit Küssen überhäuft. Heute war sie alleine, und es fühlte sich alles andere als gut an. Nicht nur die andere Seite ihres Bettes war leer, sie selbst fühlte sich leer. Sie war restlos überfordert mit all dem, was sie heute erfahren und erlebt hatte.

Trotz all der Freude und Erleichterung über die Rettung von Pia gingen ihr Steiners Worte nicht mehr aus dem Kopf. Er hatte Leon angewiesen, zunächst einmal in Engeltal zu bleiben, bis er etwas anderes für sie gefunden hatte. Bedeutete das, dass Leon Engeltal verlassen musste? Dass er und Pia wieder ein Leben im Geheimen verbringen würden? Würde das immer so weitergehen, und vor allem würde sie den Kontakt zu Leon halten können? Wenn er zusammen mit Pia durch das Kronzeugenschutzprogramm wieder in einen anderen Ort eingeschleust würde, dann dürfte sie bestimmt nicht wissen, wo er war, geschweige denn mit ihm Kontakt halten. Wenn dies so käme, dann wäre das heute kein Abschied für eine Nacht gewesen, sondern für ein ganzes Leben. In diesem Moment wurde Nicky klar, was das bedeutete. Sie würde Leon niemals wiedersehen, würde niemals wieder in seinen Armen liegen, ihn spüren, sich nicht mehr mit ihm unterhalten und über einen seiner Witze lachen können. Leon würde für immer aus ihrem Leben verschwinden, so, als hätte es ihn niemals gegeben. Er würde Engeltal verlassen, zusammen mit seiner Schwester und seinem Geheimnis, das nur sie kannte. Alle würden sich fragen, was aus den beiden geworden war. Nach wenigen Monaten würde sich keiner mehr an sie erinnern. Nur sie würde immer noch hier sitzen und Leon vermissen. Für den Rest ihres Lebens.

Kapitel 52

Believe

Mumford & Sons, 2015

Leon nickte dem Polizeibeamten kurz zu, der die Position vor Pias Krankenhaustür bezogen hatte. Dann drückte er leise die Tür auf und steckte seinen Kopf hinein. Tränen traten in seine Augen, als er seine Schwester in diesem Krankenhausbett liegen sah. Sie wirkte so klein und verletzlich, all die Kraft, die sie in den letzten Monaten aufgebracht hatte, schien aus ihrem Körper gewichen zu sein, und eine leere Hülle zurückgelassen zu haben. Eine Platzwunde am Kopf war mit einer weißen Bandage verbunden, zahlreiche Blutergüsse waren in ihrem Gesicht und an ihren Armen zu sehen. Ihr linker Arm war eingegipst, offenkundig war er gebrochen. Der Rest ihres Körpers war in ein weißes Laken gehüllt. Pia hatte die Augen geschlossen, und ihr Atem ging flach. An ihrem Finger steckte eine kleine Klemme, die ihren Blutdruck und Puls maß. Auf dem Monitor neben ihrem Bett sah Leon eine gleichmäßige Zickzacklinie, ihre Werte schienen im Normalbereich zu liegen.

Als er nähertrat, öffnete Pia die Augen und blickte ihn müde an. »Leon. Gott sei Dank. Es geht dir gut.«

Leon zog sich einen Stuhl ans Bett und ließ sich darauf sinken. Erleichterung machte sich in ihm breit.

»Ja, es geht mir gut, und ich bin so froh, dass sie dich gefunden haben.«

Pia versuchte zu lächeln, zuckte bei dem Versuch aber zusammen. »Ja, das bin ich auch. Wie gut, dass du Steiner angerufen hast. Ohne ihn wäre ich jetzt nicht mehr am Leben. Er kam gerade im rechten Moment.«

Leon nahm Pias Hand, die am Ende des Gipses herausragte, in seine. »Es tut mir so leid. Ich weiß gar nicht, was ich sagen soll, Pia. Du hattest die ganze Zeit recht mit deinem Verdacht, dass sie uns aufgespürt haben. Ich war so dumm, ich war so unvorsichtig, und ich habe so viel falsch gemacht.«

»Das tut jetzt nichts mehr zur Sache, Leon. Wichtig ist doch nur, dass Steiner mich da rausgeholt hat. Ja, ich hatte dieses ungute Gefühl, ich habe gespürt, dass sie in der Nähe waren. Immer wieder haben sich meine Nackenhaare aufgestellt, und es kam mir so vor, als würde ich beobachtet werden. Aber ich konnte das Gefühl nicht in Worte fassen, es war eben nur eine Empfindung, nichts, was ich hätte beweisen können. Ich weiß ja, für dich war es auch nicht leicht. Du musstest dich entscheiden. Vielleicht hätte ich es an deiner Stelle genauso gemacht.«

»Nein, das hättest du garantiert nicht. Du bist so stark. Du hast in den letzten Monaten auf sehr viel verzichtet, und ich Idiot habe dir genau das vorgehalten. Pia, ich weiß nicht, ob du mir irgendwann verzeihen kannst, aber du sollst wissen, dass ich niemals dein Leben riskieren wollte. Wenn ich das alles gewusst hätte ... Ich hätte doch niemals zugelassen, dass dir irgendetwas passiert.«

Pia drehte ihren Kopf und sah Leon direkt in die Augen.

»Das weiß ich doch. Und es tut mir leid, dass ich dir das Leben so schwer gemacht habe. Ich weiß, dass du in den letzten Monaten wegen mir auch auf vieles verzichtet hast. Du hast genauso dein Leben aufgegeben wie ich, dabei warst du es gar nicht, hinter dem sie her waren. Du hast das alles für mich getan, und ich weiß, das hat dir viel abverlangt. Zu viel. Und deshalb wäre ich auch die Erste gewesen, die sich für dich und Nicky gefreut hätte, wenn ihr euch unter anderen Voraussetzungen kennengelernt hättet. Nicky ist eine tolle Frau, und ihr passt wunderbar zusammen. Und ja, vielleicht hattest du auch recht, und ich war tatsächlich ein bisschen eifersüchtig.«

»Ach, Pia, das habe ich nur im Streit gesagt, niemals habe ich das wirklich geglaubt.«

»Aber du hattest recht. Ich war neidisch, weil du dein Leben wieder in Angriff genommen hast, weil du es geschafft hast, diese schlimmen Erfahrungen in den Hintergrund zu rücken und wieder neu anzufangen. Mir ist das nicht gelungen. Jede Nacht hatte ich Albträume, jeden Tag hatte ich Angst, das Haus zu verlassen. Und diese Angst hat mich erdrückt, Leon.«

Tränen liefen über Pias Wangen und versickerten in dem weißen Krankenhauskissen.

»Vielleicht hätte ich schon längst mit einem Arzt reden müssen. Aber ich wollte es selber schaffen. Ich wollte stark sein, ich wollte kein Mitleid. Dass wir in diese Situation geraten sind, war allein meine Schuld, deshalb mache ich dir auch keinen Vorwurf, dass du einen Ausweg gesucht hast.«

Leons Herz flatterte kurz. Hatte Pia ihm tatsächlich vergeben? Machte sie ihm denn gar keine Vorhaltungen, dass er ihr Leben gefährdet hatte? War das ihr Ernst?

»Bitte gib dir doch nicht die Schuld an allem, was passiert ist. Du warst lediglich zum falschen Zeitpunkt am falschen Ort, sonst kannst du dir wirklich nichts vorwerfen. Dass alles so gekommen ist, wie es kam, hatte Steiner uns schon vorhergesagt. Wir haben es akzeptiert, und wir haben diese Entscheidung gemeinsam getragen. Pia, wenn du dich entschieden hättest, nicht auszusagen, um uns nicht in Gefahr zu bringen, hätte es dich aufgefressen. Du hättest ein Leben lang das Gefühl gehabt, diese kriminelle Bande zu schützen, und hättest nicht mehr in den Spiegel schauen können. Und ich hätte es auch nicht gut gefunden. Natürlich hatte diese Entscheidung weitreichende Folgen, und klar ist das Leben, das wir seitdem leben müssen, belastend, aber dennoch war es die richtige Entscheidung.«

»Leon, soll das jetzt immer so weitergehen? Ich weiß nicht, ob ich noch die Kraft dazu habe, dieses Leben zu führen.«

Er strich seiner Schwester sanft eine Strähne aus der Stirn und gab ihr einen Kuss auf die Wange. Pia zuckte kurz zusammen, lächelte dann aber leicht.

»Ich weiß, dass du jetzt denkst, du hättest keine Kraft mehr, und im Moment ist das ganz normal. Ich meine, die Schweine hatten dich gefangen genommen, du hast praktisch dem Tod ins Auge geschaut. Mein Gott, ich darf gar nicht darüber nachdenken.«

Ein großer Kloß hatte sich in Leons Kehle gebildet, er versuchte krampfhaft, ihn hinunterzuschlucken und die Tränen, die sich in seinen Augen gesammelt hatten, wegzublinzeln. Wenn Pia sich eingestand, keine Kraft mehr zu haben, dann sollte doch wenigstens er Stärke zeigen und nicht wie ein heulendes Kind an ihrem Krankenbett sitzen.

»Steiner wird etwas anderes für uns finden. Er hat sich bereits auf die Suche gemacht. Wir werden woanders hingehen und neu anfangen. Und ich verspreche dir, dann werde auch ich mich total bedeckt halten. Ich werde keine Freundschaften schließen, keinen Kontakt zu Frauen suchen. Wir werden gemeinsam die Abende zu Hause verbringen und ein Leben in Sicherheit führen. Ich verspreche es dir, Pia.«

»Leon, das kannst du doch gar nicht. Du wirst daran zugrundegehen.«

»Doch, natürlich kann ich das. Diese Erfahrung hat mir gezeigt, wie schnell die Gefahr wieder in unser Leben tritt, wenn wir uns ein bisschen gehen lassen. Ein normales Leben wird für uns einfach nie mehr möglich sein. Wir müssen das Beste daraus machen. Wir wussten beide, worauf wir uns einlassen. Natürlich, ich hätte es mir nicht so schwer vorgestellt, aber vielleicht lag es auch daran, dass wir hier mit offenen Armen empfangen worden sind. In einer anderen Stadt ist das sicher anders, erinnere dich daran, wie es in Köln und in Mainz war. Größere Städte gewähren einem mehr Anonymität. Dort wird es einfacher sein, Abstand zu halten.«

»Aber du kannst doch auf die Dauer gar keinen Abstand halten. Wie willst du das durchhalten? Du willst das alles nicht, rede dir das doch nicht ein.«

»Doch, Pia, wenn es bedeutet, dass du in Sicherheit bist, dann will ich das so.«

Pia nickte kurz, sagte aber nichts mehr dazu. »Ich bin müde, Leon. Macht es dir etwas aus, wenn ich die Augen ein paar Minuten schließe?«

»Nein, natürlich nicht, schlaf ein bisschen. Ich bin hier. Ich lasse dich nicht alleine.«

Ob Pia seine letzten Worte überhaupt noch verstanden hatte, wusste Leon nicht, denn im nächsten Moment hörte er ihre gleichmäßigen Atemzüge, die ihm verrieten, dass sie eingeschlafen war. Er ließ sich auf dem Stuhl zurücksinken und rieb sich die Augen. Er wusste weder ein noch aus. Das Einzige, was er wusste, war, dass er seine Worte ehrlich gemeint hatte. Er würde alles hier zurücklassen. Engeltal, seine Freunde und … Nicky. Auch, wenn ihm noch nicht klar war, wie er das schaffen sollte. Aber es gab nur diesen einen Ausweg.

»Guten Morgen.«

Leon schreckte hoch. Er war auf seinem Stuhl an Pias Krankenbett eingeschlafen. Sein Nacken war steif, die Schultern unnatürlich verspannt. Er öffnete schwerfällig die Augen und sah Steiner neben sich stehen. Er blinzelte kurz, denn er hatte sich eingebildet, er hätte ein Lächeln in Steiners Gesicht gesehen. Doch nach dem Blinzeln war es noch immer da.

»Na, wie geht's unserer Patientin heute?«

Auch Pia blickte Steiner verschlafen und nicht weniger verwundert an.

»Was genau hat das zu bedeuten? Warum hast du so gute Laune?«

»Ach, Leon.« Steiner klopfte Leon so stark auf die Schulter, dass er zusammenzuckte. »Ich habe gute Neuigkeiten für euch zwei. Wir haben ihn.«

»Was, wen?« Pia schien noch immer nicht richtig wach zu sein, was kein Wunder war, so viele Medikamente wie sie durch ihre Infusion zugeführt bekam.

»Den Boss, unseren Drahtzieher, unseren Hintermann, den Oberbösewicht!« Steiners Augen strahlten, und er wirkte, als wäre er schon seit Stunden wach.

»Wie? Ihr habt ihn? Im Ernst?«

»Ja, die Typen, die wir wegen Pias Entführung festnehmen konnten, sind alle eingeknickt. Wir konnten einen guten Deal für sie aushandeln, wenn sie sich gegen ihren Boss stellen und ihn mit ihrer Aussage belasten. Dazu hatten wir in den letzten Monaten noch weitere Beweise gesammelt, wir hatten sogar einen Kollegen in seinen Dunstkreis eingeschmuggelt. Und all das zusammen hat uns jetzt endlich zu ihm geführt. Mensch, Leute, wisst ihr eigentlich, was das heißt?« Steiner klatschte in die Hände. »Es ist vorbei.«

»Vorbei.« Leon sprach dieses eine Wort so ehrfürchtig aus, als wäre es ein heiliger Schwur. Und genau das war es für ihn auch. Wie lange hatte er sich das gewünscht? Nach einer Weile hatte er gar nicht mehr daran geglaubt, dass es je anders werden würde. Konnte es wirklich sein, dass das Versteckspiel nach der langen Zeit ein Ende hatte?

»Ohne diese Entführung hätten wir das nicht geschafft. Deshalb, Leon, entschuldige bitte, dass ich dich so angeschrien habe. In dem Moment hatte ich recht, das weißt du bestimmt auch, es war leichtsinnig und gefährlich. Aber unter dem Strich hat sich das Blatt durch deinen Fehler so gewendet, dass wir den Kerl jetzt endlich schnappen konnten. Und ich versichere euch, dieses Schwein wird nie wieder aus dem Knast kommen, solange ich lebe. Und ich habe vor, noch ein paar Jahre dranzuhängen. Jetzt sowieso.«

»Guten Morgen, hier kommt Ihr Frühstück. Oh, Sie haben ja schon Besuch.« Die Krankenschwester lächelte verunsichert in die Runde, stellte das Tablett mit dem dampfenden Kaffee auf den kleinen Beistelltisch und zog sich schnell wieder zurück. Sicher war sie es nicht gewohnt, Patienten zu betreuen, vor deren Tür zwei Polizisten stationiert waren.

»Lecker, Kaffee. Brauchst du den?« Steiner hatte sich die Tasse geschnappt und blickte Pia fragend an.

Sie schüttelte nur den Kopf, unfähig, irgendein Wort herauszubringen.

»Wollt ihr denn gar nichts dazu sagen?« Steiner schlürfte an seinem Kaffee. Die gute Laune war ihm anzusehen, und er wirkte wie ein komplett anderer Mensch. Seine Augen leuchteten auf einmal, sein ganzes Gesicht wirkte verändert, wenn er lächelte.

»Also, das ist wirklich großartig. Aber ich kann es noch gar nicht fassen.« Pias Augen füllten sich mit Tränen.

Auch Leon konnte nicht glauben, was er da gehört hatte. Seine Hände zitterten unkontrolliert, sein Herz klopfte ihm bis zum Hals, sein Atem kam stoßweise.

»Und was genau heißt das jetzt für uns?«

»Willst du noch was von dem Brötchen?«

Pia schüttelte wieder nur den Kopf, also bediente sich Steiner an ihrem Frühstückstablett. Er biss kräftig in das Brötchen hinein, bevor er Leons Frage beantwortete.

»Das heißt für euch, dass ihr euch nicht mehr verstecken müsst. Ich war gestern noch ein bisschen fleißig und habe nicht nur den größten Mafiaboss des Landes verhaftet, sondern auch ein neues Zuhause für euch gefunden. Sobald Pia wieder auf dem Damm ist, könnt ihr umziehen. Ich habe ein schönes Häuschen für euch gefunden in einem Vorort von Hannover. Da könnt ihr richtig von vorne anfangen. Ich weiß, es ist nicht euer altes Leben, aber das kann euch leider keiner mehr zurückgeben. Dort könnt ihr komplett neu anfangen. Hier in Engeltal ist doch alles voller böser Erinnerungen, dort ist alles neu und schön. Großartig, oder?«

Steiner blickte mit stolzgeschwellter Brust in die Runde. Vermutlich erwartete er jetzt, dass ihm irgendwer um den Hals fiel, doch Leon fühlte sich noch immer wie gelähmt von dieser Neuigkeit. Sein größter Wunsch war in Erfüllung gegangen, und doch konnte er das Ganze nicht so schnell verarbeiten.

»Nein.« Pia hatte sich etwas aufgesetzt. Das erste Mal seit ihrer Entführung hatte sie laut gesprochen.

Steiner zog die Augenbrauen fragend nach oben. »Wie?«

»Nein, ich ziehe nicht um.«

»Aber warum? Du verbindest mit Engeltal doch nur die schlimme Zeit, in Hannover kannst du neu anfangen, ohne den ganzen Ballast. Da hast du auch wieder ein Nachtleben, gut, nicht direkt vor der Haustür, aber doch in unmittelbarer Nähe.«

»Nein, ich ziehe nicht mehr um. Wir bleiben hier in Engeltal.«

Leon nahm Pias Hand in seine. »Warum möchtest du das? Steiner hat recht. Für dich wäre es besser, an einem neutralen Ort noch einmal anzufangen.«

»Ja, natürlich hat Steiner recht. Das hat er immer.«

Ein kleines Lächeln huschte über Steiners Gesicht, seine Stirn glättete sich wieder und er biss erneut in sein Brötchen.

»Für mich wäre es besser, aber für dich nicht. Steiner weiß von Nicky, nehme ich an?«

Steiner nickte mit vollen Backen.

»Also, dann ist das doch gar keine Frage. Die letzten Wochen haben mir gezeigt, dass Nicky die richtige Frau für meinen Bruder ist. Leon, ich habe gesehen, wie sehr du unter der Trennung von ihr gelitten hast. Wie schlecht es dir ohne sie ging. Ich weiß, dass du nur mit Nicky glücklich sein kannst, und ich möchte von ganzem Herzen, dass ihr beide euer Glück findet. Und ich möchte gerne ein Teil davon sein, wenn ich darf. Deshalb möchte ich in Engeltal bleiben. Zusammen mit meinem Bruder.«

Leon verschlug es die Sprache. Hatte Pia ihm gerade ihren Segen für seine Beziehung mit Nicky gegeben? War es wirklich möglich, dass er sich nicht zwischen den beiden entscheiden musste, sondern mit Nicky ein neues Leben beginnen konnte, mit Pias Einverständnis? Hatte sie einen Umzug nach Hannover ausgeschlagen, wo sie neu anfangen könnte, nur, um ihm sein Liebesglück zu ermöglichen?

Seine Schwester sah ihn strahlend an. Das Lächeln erreichte zum ersten Mal seit Monaten wieder ihre Augen.

»Leon, was sagst du dazu?«

»Ich … ich kann gar nichts dazu sagen, Pia. Ich bin … Gott, das ist fantastisch! Ich kann es einfach nicht fassen. Ist das dein Ernst?«

»Ja, mein voller Ernst. Ihr beide habt meinen Segen, und wehe, ihr werdet nicht glücklich miteinander.«

Leon sprang auf und zog seine Schwester in eine liebevolle Umarmung.

»Au, nicht so fest!«

Schnell ließ Leon seine Schwester wieder los. »Entschuldige bitte, ich habe nicht nachgedacht.«

»Soll das jetzt deine neue Ausrede für alles sein?« Steiner lachte.

»Ja, vielleicht. Möglicherweise ist es besser, nicht immer so viel nachzudenken, sondern auf sein Herz zu hören.«

Leon schloss die Augen und atmete tief ein. Sein größter Wunsch war in Erfüllung gegangen. Von heute an würden Pia und er ein normales Leben führen können. Ohne Angst, ohne Heimlichtuerei und ohne sich verstecken zu müssen. Er würde in Engeltal bleiben und das mit Nicky an seiner Seite.

In diesem Moment spürte er, wie die Anspannung der letzten Monate endgültig von ihm abfiel und einem neuen Gefühl der Leichtigkeit Platz machte. Einem Gefühl der allumfassenden Liebe.

Epilog

Love Is All Around
Wet Wet Wet, 1994

Endlich konnte sie das Studio neu eröffnen. Es erstrahlte in frischem Glanz, sogar ein riesiger Spiegel verschönerte erneut die Wand im Kursraum. Nicky stand in ihrem frisch renovierten Reich und sah freudig in die vielen strahlenden Gesichter ihrer Freunde und Bekannten. Alle Kunden hatten ihr die Treue gehalten und feierten mit ihr. Sie zog Leon noch etwas enger an sich und kuschelte sich in seinen Arm.

Die Farbe glänzte, und der Eingangsbereich war komplett umgestaltet worden. Nun hatte sie mehr Platz für ihre Buchhaltung und die Verwaltungstätigkeiten, die das Studio unweigerlich mit sich brachten. Neue Besucher konnten durch ein kleines Fenster in den Kursraum schauen und sich selbst ein Bild von Nickys Training machen. Auch die Umkleide- und Sanitärräume hatten sie komplett umgestaltet.

»Endlich wieder ein Grund zum Strahlen, oder?«

Emma war neben sie getreten und hielt ihr ein Sektglas entgegen. Mit einem leisen Kling stießen die Gläser aneinander.

»Und ob. Und nicht nur einen, gleich mehrere.« Nicky lächelte zu Leon hinauf und stahl sich einen kleinen Kuss.

»Ich freue mich für dich, Süße. Du hast in den letzten Monaten wahrlich genug durchgemacht. Jetzt wird es Zeit, dass das Leben dir auch mal zeigt, dass es auf deiner Seite ist. Du wirst sehen, jetzt wird alles gut.«

»Ja, jetzt wird alles gut.«

In diesem Moment trat Pia durch die Tür des Studios. Sie blickte einmal in die Runde und trat auf Nicky und Leon zu.

»Pia, wie schön, dass du hier bist. Hier, nimm ein Glas!«

Nicky umarmte Leons Schwester fest und drückte ihr ein Glas mit prickelndem Sekt in die Hand.

»Ohne dich gäbe es ja nichts zu feiern, weißt du?«

Nicky sah Pia in die Augen und erkannte dort weder Argwohn noch Misstrauen. Es war noch immer etwas ungewohnt für sie, dass Pia sich um hundertachtzig Grad gewandelt hatte. Seit sie aus dem Krankenhaus entlassen worden war, war Pia ein anderer Mensch. Eine Last war von ihr abgefallen. Sie war offen und fröhlich, war inzwischen sogar Teil des Stammtisches. Nicky strahlte mit ihr um die Wette. Sie hatten sich schon einige Male getroffen und sich unter vier Augen unterhalten. Pia hatte ihr erzählt, was sich in ihrem Leben zugetragen hatte, aus ihrer Sicht. Leon hatte viele Dinge richtig wiedergegeben und interpretiert, aber bei manchen Details war er oberflächlich geblieben. Pia wiederum hatte sich Nicky komplett geöffnet. Sie hatte ihr auch erzählt, was für eine große Stütze Leon in der schlimmsten Zeit für sie gewesen war. Ohne ihren Bruder hätte sie es vielleicht nicht geschafft, die ständige Angst zu ertragen. So bedrückt und erstarrt sie in ihrem Inneren auch gewesen war, Leon hatte dafür gesorgt, dass sie ihren Lebensmut nie komplett verloren hatte. Mit jedem Tag schien sie sich nun von den Folgen ihrer schicksalhaften Zeugenaussage zu erholen.

»Ich freue mich schon, ab morgen bin ich beim Zumba dabei, richtig?«

»Und ob! Bestimmt wird es dir Spaß machen. Vielleicht hast du ja Lust auf einen Auftritt?«

Pia lachte auf. »Jetzt lass mich erst mal schauen, ob ich das überhaupt kann.«

»Da bin ich mir sicher, Cara.« Marietta hatte sich von hinten an sie herangeschlichen und nahm Pia und Nicky herzlich in den Arm. Alle Mädels hatten Pia offen in ihren Kreis aufgenommen. Keine hatte Vorbehalte oder hatte Pia aufgrund ihres abweisenden Verhaltens Vorwürfe gemacht. Nicky hatte sie in Pias Geschichte eingeweiht, hatte ihnen zumindest so viel erzählt, dass sie ihre Verschlossenheit besser nachvollziehen konnten.

»So gut wie Isabella kannst du das allemal.« Marietta grinste. »Weißt du, meine Großnichte hat zwei linke Füße, da fällt es dir bestimmt leicht mitzuhalten.«

»Na, das werden wir sehen. Vielleicht stellt sich heraus, dass ich das gleiche Problem habe.«

An Mariettas Arm hatte sich wie immer Vincenzo eingehakt. Er begleitete die Italienerin inzwischen fast überall hin. Nur beim Stammtisch und beim Zumba hatten sie Marietta noch für sich. Ansonsten genossen die beiden ihre Zweisamkeit.

Vincenzo hatte sich immer mehr aus dem Eisgeschäft zurückgezogen, und Matteo hatte inzwischen sein Praktikum bei Emma beendet. In diesem Moment trat er auf seinen Onkel zu und stieß mit ihm an.

»Onkel Vincenzo, wollen wir gleich die große Neuigkeit verkünden? Das wäre doch ein guter Zeitpunkt, meinst du nicht?«

»Ach, bist du sicher? Ich weiß nicht, ob du überhaupt schon so weit bist, Matteo.«

Matteo hob eine Augenbraue hoch, und Marietta schlug Vincenzo spielerisch auf die Schulter.

»Vincenzo, wir haben doch darüber gesprochen. Matteo ist jetzt mehr als bereit für neue Herausforderungen. Du hast doch Emmas Empfehlungsschreiben gelesen, oder?«

»Natürlich, darin steht, dass Matteo ein fantastischer Barista ist. Gibt ihm das auch das Recht, das Eiscafé zu führen? Das eine ist ja nicht das andere.«

»Aber, Onkel, du hast mir versprochen, wenn ich das Praktikum bei Emma mit Bravour bestehe, dann steht der Übernahme des Eiscafés nichts mehr im Wege. Und du hast selbst gelesen, ich habe alles richtig gemacht, und ich habe sogar Neuerungen in Emmas Café eingeführt.«

Der alte Italiener lächelte schelmisch. »Das war doch nur ein Witz. Natürlich, ich weiß doch, wir hatten es so vereinbart, und ich stehe zu meinem Wort.«

Vincenzo hob sein Glas und klopfte dagegen. »Liebe Freunde, ich möchte etwas sagen, bitte, hört mir einmal zu.«

Die meisten Gäste schwiegen, nur das eine oder andere leise Murmeln durchzog den Raum.

»Also, liebe Freunde, ich weiß, dass das heute eigentlich Nickys Tag ist, aber ich möchte etwas verkünden. Mein lieber Großneffe Matteo - das ist der hier.« Er zeigte auf Matteo und erntete dafür ein paar Lacher. »Matteo wird ab dem nächsten Monat das Eiscafé von seiner Mutter übernehmen. Ganz offiziell.«

Ein Jubeln ging durch den Raum. »Er ist jetzt alt genug, und ich denke, ich habe ihm genug beigebracht. Ich bin mir sicher, dass ich ihm das Eiscafé unserer Familie anvertrauen kann und dass er es in Ehren halten wird. Deshalb möchten wir hier nicht nur die Eröffnung von Nickys Studio feiern, sondern auch unseren neuen Eiscafé-Inhaber!«

Applaus brandete auf, und Matteos Wangen färbten sich ein wenig rosa. Er räusperte sich, bevor er das Wort ergriff.

»Danke, wie schön, dass ihr euch so mit mir freut. Ich begrüße euch gern in meinem neuen Eiscafé, und ich hoffe, dass wir uns dort bald wiedersehen. Dann lade ich euch alle auf eine Kugel Eis ein. Versprochen!«

Nickys Herz wurde noch ein bisschen weiter. Diese wunderbaren Menschen, die heute mit ihr feierten, ließen ihr Leben in ganz bunten Farben erstrahlen.

Glücklich lächelte sie Leon an und schmiegte sich in seinen Arm. Er hielt ihr sein Glas entgegen.

»Auf unsere Zukunft.«

Nicky stieß freudestrahlend mit ihm an. »Auf unsere wunderbare Zukunft in meiner rosaroten Welt.«

Ende

Nachwort

Liebe Leserin, lieber Leser,

ich danke dir von Herzen für das Lesen meines Buches. Ich hoffe, du hattest viel Freude mit Nicky und Leon und natürlich mit den anderen Einwohnern von Engeltal. Und ich wünsche mir, dass du eine wunderschöne und entspannte Zeit in Engeltal verbracht hast – meinem absoluten Herzensort.

Vielleicht hast du bereits andere Bücher von mir gelesen, dann weißt du, was folgt: Mein Dank an all die Herzensmenschen, die mich auf meinem Weg begleiten. Und davon gibt es zum Glück einige ♥

Wie immer danke ich allen voran meiner Familie: Meiner fantastischen Tochter, die mir jeden Tag Freude bereitet und mir zeigt, wie wundervoll das Leben sein kann. Und meinem Mann, der mich immer unterstützt und oft mehr an mich glaubt als ich selbst. Ohne ihn wäre ich heute nicht da, wo ich jetzt bin. Ich liebe euch über alles und bin wahnsinnig dankbar, dass es euch in meinem Leben gibt.

Ich möchte mich auch bei dem Rest meiner wundervollen Familie bedanken: bei meiner Mama, meiner Schwiegermama und bei meiner Schwester. Danke für eure aufbauenden Worte, euren Glauben in meine Fähigkeiten und eure Unterstützung. Ich wüsste nicht, was ich ohne euch tun würde ♥

Ein großer Dank geht wie immer an meine lieben Testleserinnen. Ihr habt wieder viel Zeit in meine Geschichte investiert. Ich danke euch von Herzen dafür. Ohne euch wäre ich nicht da, wo ich jetzt bin. Danke, dass es euch gibt!

Ein großer Dank geht an meine Lektorin Doro, die jedes meiner Manuskripte zu Büchern macht, auf die ich stolz sein kann, und die mich immer antreibt, weiterzumachen.

Danke an Torsten für das wunderschöne Cover, das wieder fantastisch in die Reihe passt.

Danke an alle, die mich auf meinem Autorenweg begleiten und mich unterstützen: an meine lieben Freunde, meine sagenhaften Bloggerinnen, meine Follower, meine Autorenkolleginnen und natürlich an dich. Wie schön, dass es euch gibt ♥

Ich hoffe, wir lesen uns bald wieder.

Deine Suki

Songübersicht (nach Kapiteln sortiert)

Raise Your Glass, Pink, 2010
Happy New Year, ABBA, 1980
Dance Again, Jennifer Lopez ft. Pitbull, 2012
Welcome to My Life, Simple Plan, 2004
I Want to Hold Your Hand, The Beatles, 1964
Here Comes the Sun, The Beatles, 1969
Scars to Your Beautiful, Alessia Cara, 2015
I Won't Back Down, Tom Petty, 1989
Kiss Me, Sixpence Non the Richer, 1999
Can't Help Falling in Love, Elvis Presley, 1961
Eye of the Tiger, Survivor, 1982
Let's Get It On, Marvin Gaye, 1973
Crazy in Love, Beyoncé ft. Jay-Z, 2003
Demons, Imagine Dragons, 2012
Can't Stop the Feeling, Justin Timberlake, 2016
Someone Like You, Adele, 2011
Bleeding Love, Leona Lewis, 2007
Counting Stars, OneRepublic, 2013
Wenn das Liebe ist, Glashaus, 2001
Boulevard of Broken Dreams, Green Day, 2004
Fix You, Coldplay, 2005
Yesterday, The Beatles, 1966
Don't Stop Believin, Journey, 1981
Mad World, Tears for Fears, 1983
Count on Me, Bruno Mars, 2010
Everybody Hurts, R.E.M., 1992
Crawling, Linkin Park, 2000
Unwell, Matchbox Twenty, 2002
I'll Be There for You, The Rembrandts, 1995
Hurt, Johnny Cash, 2002
Perfect, Ed Sheeran, 2017
From The Dining Table, Harry Styles, 2017

I Don't Want to Miss a Thing, Aerosmith, 1998
Breathe, Taylor Swift, 2008
Last Resort, Falling in Reverse, 2023
Blinded by the Light, Manfred Mann's Earth Band, 1976
Hold My Hand, Jess Glynne, 2015
Everytime We Touch, Electric Callboy, 2023
Love Story, Taylor Swift, 2021
Down with the Sickness, Disturbed, 2000
Best Day of My Life, American Authors, 2014
Sorry, Justin Bieber, 2015
Lean on Me, Bill Withers, 1972
Photograph, Ed Sheeran, 2014
Hey, Soul Sister, Train, 2009
Waiting for the End, Linkin Park, 2010
Apologize, OneRepublic, 2007
I Will Follow You Into the Dark, Death Cab for Cutie, 2005
Scars, Papa Roach, 2004
Grateful, Jewel, 2022
Goodbye My Lover, James Blunt, 2004
Believe, Mumford & Sons, 2015
Love Is All Around, Wet Wet Wet, 1994

Impressum

Copyright © 2024 Suki Bluhm
Alle Rechte vorbehalten. Sämtliche Personen, Namen und Handlungen sind frei erfunden. Ähnlichkeiten mit real existierenden Personen sind rein zufällig und nicht beabsichtigt.

Lektorat: Dorothea Kenneweg /
www.lektorat-fuer-autoren.de

Covergestaltung: Buchgewand Coverdesign
www.buch-gewand.de

Unter Verwendung von Motiven von
depositphotos.com: MarabuDesign, KaterinaReka, vectorvalera@gmail.com, deagreez1
stock.adobe.com: jakkapan, M88, deagreez, Christoph Stamm

♥♥♥

Mehr von Suki Bluhm:
Website: www.sukibluhm.de
E-Mail: hallo@sukibluhm.de
Faceboook: www.facebook.com/sukibluhm
Instagram: www.instagram.com/sukibluhm

♥♥♥

Weitere Bücher von Suki Bluhm:

„Willkommen in Engeltal":

- ♥ Liebe auf High Heels (2020)
- ♥ Anti-Aging für die Liebe (2020)
- ♥ Liebe in Latzhosen (2021)
- ♥ Check-In für die Liebe (2022)

„Herzklopfen in der Toskana":

- ♥ Zypressen, Liebe & Du (2023)

♥♥♥

Du möchtest mehr Zeit in Engeltal verbringen? Kein Problem.

Melde dich gleich bei meinen „Engeltaler Zeilen" an und schnapp dir die exklusive **Kurzgeschichte „Sommernacht in Engeltal" völlig kostenfrei.**

Außerdem erhältst du exklusive **Bonuskapitel, Gewinnspiele** und vieles mehr.

Hört sich gut an?

Hier gehts zur Anmeldung:
www.sukibluhm.de/engeltalerzeilen

Ich freue mich auf dich!

♥♥♥

S. Wittmann
Martin-Luther-Straße 1
74405 Gaildorf

Liebe auf High Heels (Willkommen in Engeltal 1)

Neuanfang in der Kleinstadt – Liebe inklusive. Oder doch nicht?

Isabellas Leben liegt in Scherben. Frisch von ihrem Verlobten getrennt und ohne Job macht sie sich auf den Weg, um ihre beste Freundin Emma zu besuchen. Von der norddeutschen Großstadt in die süddeutsche Provinz. Im Gepäck nichts als High Heels, Kostüme und Tränen. Doch in der zauberhaften Kleinstadt Engeltal findet sie nicht nur Trost und Unterstützung von Emma, sondern gleich drei unvergleichliche neue Freundinnen.

Und auch der ehemalige Fußballprofi Chris, von dem sie sich unwiderstehlich angezogen fühlt, spielt schon bald eine nicht zu unterschätzende Rolle in ihrem Leben. Auch, wenn sie es sich zu Beginn nicht eingestehen möchte, lässt Chris schon bald ihr Herz schneller schlagen und die Schmetterlinge in ihrem Bauch fliegen.

Ist das der Mann ihrer Träume, mit dem sie endlich die romantische Liebesgeschichte erleben kann, die sie sich immer gewünscht, aber eigentlich schon abgeschrieben hat?

Eine Liebesgeschichte rund um wahre Freundschaft, Gefühle und die ganz große Liebe.

Anti-Aging für die Liebe (Willkommen in Engeltal 2)

Was tun, wenn der Himmel auf Erden sich plötzlich in die Hölle verwandelt?

Nachdem Alina jahrelang nur für ihr Kosmetikstudio gelebt und gearbeitet hat, wird ein Traum für sie wahr: Endlich traut sie sich, ihren langjährigen Schwarm Ben nach einem Date zu fragen. Beide merken sehr schnell, dass sie wie füreinander geschaffen sind, und stürzen sich Hals über Kopf in eine stürmische Beziehung. Sie vergessen alles um sich herum und genießen ihren gemeinsamen Himmel.
Bis ein Überraschungsbesuch die Hölle ausbrechen lässt und ihr ganzes Leben auf den Kopf stellt.

Auch im zweiten Roman aus der Reihe „Willkommen in Engeltal" dreht sich alles um die einzig wahre Liebe und unbezahlbare Freundschaft.

Alle Teile sind in sich abgeschlossene Geschichten und können unabhängig voneinander gelesen werden.

Liebe in Latzhosen (Willkommen in Engeltal 3)

Kann Liebe alle Schatten der Vergangenheit überwinden?

Annika ist anders als ihre Freundinnen, ja, anders als die meisten Frauen: Sie ist direkt, sarkastisch und hat eine Vorliebe für Latzhosen und Oldtimer. Auf den ersten Blick passt sie überhaupt nicht zu Marc, einem ehemaligen Fußball-Profi mit langem Haar, unzähligen Tattoos, einem Sixpack und einer ganzen Horde an Verehrerinnen.

Und doch hat Marc ein Auge auf Annika geworfen, und er ist äußerst hartnäckig, bis er sein erstes Date bekommt.

Doch Annika hat sich geschworen, sich auf keinen Mann mehr einzulassen. Auch, wenn der gutaussehende und charmante Marc beginnt, ihr den Kopf zu verdrehen und ihre Schutzmauern einzureißen.

Gerade, als sie sich eine Zukunft mit Marc vorstellen kann, lässt eine Begegnung aus ihrer Vergangenheit ihren Traum von einer neuen Liebe wie eine Seifenblase zerplatzen und ihre schlimmsten Erinnerungen erwachen.

Kann Marc Annika aus ihrem Alptraum befreien?

Auch im dritten Roman über das romantische Städtchen Engeltal geht es um Liebe, Freundschaft und Zusammenhalt.

Alle Romane der Reihe „Willkommen in Engeltal" sind in sich abgeschlossene Geschichten und können unabhängig voneinander gelesen werden.

Check-In für die Liebe (Willkommen in Engeltal 4)

Liebe auf Distanz? Nicht mit Sandra! Oder doch?

Sandra eröffnet ihr Hotel in Engeltal. Alles läuft wie am Schnürchen, wenn da nicht der griesgrämige Langzeitgast Alexander Beyer wäre. Und überhaupt fehlt ihr noch der perfekte Mann zu ihrem Glück. Sind denn alle interessanten Männer nur für eine Fernbeziehung zu haben?

Alex wird für einige Monate von Berlin nach Engeltal versetzt. Ausgerechnet in eine Kleinstadt am Ende der Welt! Als ihn dann auch noch seine langjährige Freundin Madeleine sitzen lässt, hat Alex endgültig genug.

Auch in der vierten Geschichte aus dem romantischen Städtchen Engeltal geht es um große Gefühle, tiefe Freundschaften und unvergleichliche Charaktere.

Alle Romane der Reihe „Willkommen in Engeltal" sind in sich abgeschlossene Geschichten und können unabhängig voneinander gelesen werden.

Liebe, Zypressen und Du – Herzklopfen in Florenz

Suki Bluhm

Zypressen, Liebe und Du

HERZKLOPFEN in Florenz

Schluss mit Hamburger Nieselwetter, her mit dem sonnigen Süden!

Maras Leben gleicht einem Scherbenhaufen: Sie muss nicht nur ihre bevorstehende Hochzeit absagen, auch in ihrem geliebten Job in einer Hamburger Boutique läuft es alles andere als geschmiert.

Völlig überhastet flieht sie an den einzigen Ort, der ihr etwas bedeutet: Florenz.

Dort trifft sie einen alten Schulfreund wieder, der ihr Herz schneller schlagen lässt.

Sergio ist Professor an einer der bedeutendsten Universitäten in Italien. Malerei, Architektur und Kunstgeschichte sind sein ganzer Lebensinhalt. Natürlich lässt er es sich nicht nehmen, Mara durch ihre Herzensstadt zu führen.

Bei ihren gemeinsamen Erkundungstouren in die idyllischen Hügellandschaften der Umgebung lässt die Atmosphäre der Toskana ihr Leben in ganz neuen Farben erstrahlen. An Sergios Seite entdeckt Mara, dass ausgerechnet die italienische Leichtigkeit ihr hilft, sich selbst wiederzufinden.

Und doch spürt sie, dass das Glück mit Sergio in Florenz nicht von Dauer sein kann.

Eine romantische Geschichte über die ganz große Liebe, Freundschaft und die wichtigste Reise des Lebens – die zu sich selbst.